中央高校基本科研
Fundamental Research

大宗商品资产战略配置模型研究

Strategic Asset Allocation in Commodity Markets

尹力博　著

中国财经出版传媒集团

经济科学出版社
Economic Science Press

图书在版编目（CIP）数据

大宗商品资产战略配置模型研究/尹力博著．—北京：
经济科学出版社，2017.2
ISBN 978 - 7 - 5141 - 7841 - 8

Ⅰ．①大… Ⅱ．①尹… Ⅲ．①商品市场 - 资产管理 -
研究 Ⅳ．①F713.58

中国版本图书馆 CIP 数据核字（2017）第 051142 号

责任编辑：王　娟　张立莉
责任校对：王肖楠
责任印制：邱　天

大宗商品资产战略配置模型研究

尹力博　著

经济科学出版社出版、发行　新华书店经销
社址：北京市海淀区阜成路甲 28 号　邮编：100142
总编部电话：010 - 88191217　发行部电话：010 - 88191522
网址：www. esp. com. cn
电子邮件：esp@ esp. com. cn
天猫网店：经济科学出版社旗舰店
网址：http://jjkxcbs. tmall. com
北京季蜂印刷有限公司印装
710 × 1000　16 开　13. 25 印张　220000 字
2017 年 6 月第 1 版　2017 年 6 月第 1 次印刷
ISBN 978 - 7 - 5141 - 7841 - 8　定价：39. 00 元

前　言

中国经济进入新常态，"创新、协调、绿色、开放、共享"五大发展理念成为我们的主流发展观。这就意味着创新、质量和环境成为经济发展的重点。新常态下增长节奏稳定了，我们心平气和、聚精会神，更加追求长期利益和战略价值。这就为大宗商品配置的指导思想与操作理念提出了新的课题。因此，要完善战略配置的思想，要形成新的战略配合的策略与技术。

由此出发，本书从多个角度探讨大宗商品战略配置的模型思想与方法。贯穿全书有一个战略思维的主导思想，体现在以下五个方面：

第一，大宗商品资产配置应当具有战略视角，形成以战略性、安全性、流动性和收益性为原则的投资指导思想。主权财富基金和其他长期机构投资者不应当仅仅作为财务投资者，应当是面向实体经济需求的战略投资者，应当通过国际资产的长期动态配置获取战略价值。

第二，商品资产应当成为国际资产战略配置的重心。本书所建立的理论模型从逻辑上证明了国际投资中商品资产特别是资源类商品与证券类投资并重对于经济增长的长期可持续性具有决定意义。为此，本书建立了金融类资产与商品资产的混合动态配置模型，从短期需求、长期需求和跨期需求的角度经验论证了商品资产的战略配置对于提升国民效用的长期价值。

第三，在商品期货金融化的背景下，实体因素与投机因素的影响呈现复杂局面。本书的讨论丰富了对商品资产价格演化影响因素的认识。2004年实行商品指数化投资以来，大宗商品金融化趋势明显，其价格指数受单纯供需及库存因素的影响并不显著。从长期来看，实体经济和金融市场状况是影响国际大宗商品价格的主要因素，即经济基本面因素与商品期货价格指数具有长期成长中的动态均衡关系；供需及库存因素仍发挥作用，但影响较小。就短期而言，在实体经济因素、投机因素和供需及库存因素同时存在的条件下，投机因素是造成大宗商品市场价格波动的最主要原因。商品期货指数化投资直接加剧了市场波动，其冲击的后果具有持续性；而后危机时期美元的量化宽松是加强投机力量推动价格波动的主要外部因素，对商品期货投机行为起到推波助澜的作用。值得思考的是，中国因素不是大宗商品价格上涨与波动的主导力量，但是，投机力量借助中国因素炒作掩盖其自身是大宗商品价格波动推手的事实。事实上，中国更是大宗商品价格波动的风险承担者。

第四，商品指数系列的组合优化可以实现长期稳定收益。本书提出宏观层面的商品指数行业配置动态组合优化模型。作为第一步，运用以商品综合指数收益率和外部市场信息作为解释变量的分整自回归条件异方差模型（FIGARCH）模型刻画商品行业指数收益率及其变动特征，获得投资者对于各行业指数的收益率观点及其置信程度。作为第二步，将所获得的投资者观点与均衡收益融合，形成行业指数配置。针对主要商品指数及其分类行业指数日度数据的组合优化和稳健性检验表明行业配置策略能够在长期获得稳定的超额收益。

第五，建立对冲通胀风险的微观选择机制。本书建立盯住CPI的商品投资组合整数随机规划模型，设定下偏跟踪误差、资产配置比例、交易限制、交易成本和管理费用等约束条件，动态调整大宗商品资产配置，实时跟踪目标指数CPI。对通胀保护能力的检验结果表明，商品期货投资组合不仅可以对冲预期通胀，而且可以对未预期通胀提供更大的保护，能够有效对冲通胀风险，有助于建立长期价格稳定机制。

1973年，伴随着布雷顿森林体系的解体，开启了石油博弈的时代，也吹响了产业转移和信息革命的号角。进入21世纪中国经济的快速增长与全球化的深化，将铁矿石、铜、玉米、大豆等大宗商品推到了世界经济的前沿；随后而至的大宗商品金融化将商品期货市场与证券市场更加紧密地联系在一起。商品期货指数的起落成为经济波动的晴雨表。2008年以后，在发达经济去杠杆、美元量化宽松和新兴经济逆市增长的背景下，大宗商品又呈现新的高涨。随后，与中国经济新常态同步的是世界大宗商品市场的低迷，石油价格又回到了21世纪初的起点。这一切都引发人们再次思考大宗商品市场的运行规律，预测其周期性演化。但是，世界人口的90%处于发展中，他们在追赶世界经济的增长步伐，世界的需求就在那里。大宗商品需求的高潮会回来的。我们认真总结石油危机以来大宗商品市场演化规律，总结并提炼服务实体经济和长期财富积累的大宗商品投资规律，形成更加稳健和去泡沫的投资理念、投资文化和投资策略，这将有益于世界经济的长期发展。

目　　录

第 1 章

绪　论

1.1　选题背景

　　未来 10 年是中国进入中等收入国家的关键阶段。工业化进入后期发展阶段，环保化和信息化成为最重要的特征，产业升级和经济转型是发展的主要抓手，此间城镇化率将突破60%，消费升级基本实现。在这样一个历史阶段我们面临两个关键问题。

　　第一，战略资源保障问题。中国在成为国际贸易第一大国之后，对外直接投资成为发展标志，资源的对外综合依存度将持续上升。以排在第一位的石油为例，2009 年石油对外依存度达到 51.3%，已突破工业国家公认的 50% "能源安全预警线"，2013 年更是成为第一大石油进口国。战略性资源约束强化将成为影响中国经济可持续发展的关键。在新的世界经济再平衡的大趋势下，如何构建新型战略资源储备体系，保障战略资源安全，将是中国由经济大国迈向经济强国的战略重心。但是，自 2004 年大宗商品指数化投资形成势头以来，商品期货市场价格呈现上升趋势中的剧烈震荡，2008 年金融危机前后达到历史高潮。许多文献表明，投机需求和实际需求交织在一起，使得大宗商品市场价格呈现前所未有的复杂局面。

　　第二，长期战略性投资问题。人均 GDP 超过 5000 美元进入后小康时代之后，预防性的长期国民财富积累就是一个关乎安全与稳定的战略问题。一方面是主权财富的战略储备和保值，另一方面是国民养老体系的市场化运作。在刚刚向中等收入国家迈进的时候，2013 年，60 岁以上人口就逼近 15%，劳动力人口经过 9 亿顶峰而转头向下[①]。未富先老和停滞不

---

① 数据来源：中华人民共和国国家统计局。

前的风险呈现在国人面前。担负长期安全与保障使命的主权财富基金、社保基金、养老金和企业年金如何利用高达3.5万亿美元的金融资源（当然是央行负债）在国际投资中获得满足安全性、流动性和收益性要求的成绩？在传统金融资产的选项之外，还有什么高招？此时，美债和欧债危机、欧美经济复苏不确定性、美国再工业化设想、新兴经济体增长放缓而通胀高企，在国际宏观经济不确定性越来越难以把握的环境下，中国长期投资机构的国际资产配置向何处去？

在这样一个历史背景下，服务国际资产配置的金融工程方法研究就要超越以往战术性和套利性思维，形成全新的战略思维。因此，关于大宗商品资产战略配置模型研究具有重要的理论意义和实际应用价值。

1.2 研 究 意 义

1.2.1 理 论 意 义

第一，本书有助于丰富国际投资战略配置的内涵、目标与基本理念。在寻求"制度改革红利"的同时，进一步开放就是方向。这就是"全面走出去"，形成全方位、宽领域、多层次的对外开放格局。企业对外投资，金融对外投资。这样一种直接投资与间接投资齐头并进的战略举措，不是以短期财务收益为目标，而是以战略利益为目标。战略目标的核心是国民效用提升、产业升级和保障经济安全。由此而生的国际资产的战略配置应具有如下特征：

（1）长期性。战略配置属于战略行动，自然服务于国家的战略目标和战略意图，具有3年以上的投资周期。这是主权财富基金、养老基金和社保基金等长期机构投资者的投资行为的基本属性，而且其投资周期平均在5~10年。

（2）动态调整性。在现阶段，我们面临的是新兴经济体与发达经济体的互动所导致的经济失衡以及最终爆发的金融危机所形成的世界经济的长期不确定性，这就使得曾经发挥作用的购买并持有的长期投资策略不再有效，跟随周期性波动的适度动态调整策略就成为战略投资的主导策略。

（3）实体性。服务国民效用提升、产业升级和经济安全目标的实现，战略配置的任何行为都应当最终落实在实体范畴，要服从具体的实体项目运作的需要。以财务投资为主的主权财富基金和金融机构，在其资产的长期配置中必然要考虑宏观经济周期和行业技术周期的因素，也自然得与实体经济相关联。2004 年以来，伴随新兴经济体的成长，大宗商品题材进入金融化运作模式，指数化投资成为主流。这是联系实体经济的有效途径。

（4）全局性。一方面，在战略思维下，长期性可能与流动性、收益性有冲突，此时就要求战略配置具有全局观念，不计较一时一地收益的降低乃至损失，以期稳健的财富积累。另一方面，战略配置需要具有高瞻远瞩的历史眼光和政治视角，其不仅是投资手段，更是战略手段，要服务于国家长期国际竞争力提升的需要。特别的，战略配置需要配合提升中国在国际市场上对大宗商品定价的话语权。

第二，本书提出金融资产与商品资产混合配置的多阶段随机规划模型，丰富长期战略投资的方法论。迄今，金融资产组合投资和商品期货组合投资由于目标的单一性，缺少混合配置模型，而长期投资配置模型也不具备过程调整的功能。在这样一个长期战略性投资目标下，资产配置就是间断进行的，无法有效实现战略投资目标。从以往模型的结构上看，优化模型约束的确定性无法刻画随时间演化的状态的不确定性，也就不具备长期目标下的动态调整的依据。本书所提到的模型可能达到方法论上的突破，创新性地实现长期投资与动态调整的统一；针对不同资产和市场的特殊性，可以实现随机约束的多样性；在资产收益的不确定性上，放弃分布的先验假设，探索具有贝叶斯信息调整的情景树生成新技术，由此加强了长期配置方法的稳健性。

第三，本书有助于理解商品定价形成机制，尤其是后危机时代宏观不确定性加剧、商品金融化进程深化背景下商品均衡价格的形成机理与过程，为证券市场与商品期货市场的关联性和大宗商品市场金融化研究提供研究思路。资产配置属于金融工程的理论范畴，主要是针对金融资产而言的，而商品作为资产进行配置的历史并不长。直到 2004 年商品期货指数化投资的兴起，学者们才注意到商品期货投资收益的价值。而在此之前，商品期货的主要功能是套期保值和价格发现。

然而，商品资产和传统证券资产并不完全一样。大部分传统证券资产是基于人们对未来预期的、依据未来现金流的贴现来定价的，其价格往往先于实体经济波动。而商品资产在很大程度上与实体经济密切相关，主要是受供需关系的影响。虽然商品期货也包含人们对未来的预期，但其收益不是现金流的贴现。而且，在经济全球化时代，有形商品交易越来越紧密地与金融运作交织在一起，而后者则反过来在相当程度上决定了前者的交易形态与效率。随着商品期货指数化投资的兴起，大宗商品价格动态演化所呈现的特点已经远远超出了传统微观经济学均衡价格理论所能解释的范畴。学者对于商品期货收益的定价还没有统一的观点，诸如风险转移收益、期限结构溢价收益等。

本书的理论重点不在于为商品资产进行定价，而在于找出影响商品资产投资收益波动的影响因素。这些因素将会影响到商品资产配置的决策，而资产配置的好坏将直接关系到国际投资风险收益的大小。因此本书将从国际影响因素和国内经济转型的特征出发，重点考虑新增长模式下的国内资源需求、国际市场供需关系的变化，以及宏观经济不确定性的冲击下来自传统金融市场的系统性风险对商品资产配置的影响。

1.2.2　应用价值

第一，商品资产配置有利于优化传统金融资产的资产结构，降低主权财富基金、养老金等资金的机会成本，提高其长期投资收益。由于金融资产和商品资产具有不同的特点与功能，因此，优化国际投资结构，必然要求金融资产与商品资产保持合理比例。在外汇储备规模高企与持续增长的条件下，我国应将其中一部分用于增加石油、黄金、有色金属等战略物资储备，这也是在美元双向波动和国际大宗商品价格波动剧烈条件下的必然选择。

第二，本书提出适用于我国产业发展需求和外汇储备投资管理的商品资产与金融资产的最优配置比例，为战略性资源与能源储备提供决策依据。现有资产配置模型往往是从单个家庭或者单个机构投资者出发的，目的只是获取收益。而本书的投资人是国家，其扮演着最后担保人的角色，需要从国民效用提升、产业升级和保障经济安全角度考虑问题。所以本书试图在一系列的约束条件下，建立多阶段优化模型，形成一系列服务于多目标、多层次、多种类商品资产的动态调整的战略配置框架和战术配置策略，这为开拓国际投资的投资渠道、丰富和发展国际资产配置提供了新的方法依据。

1.3 国内外研究现状

商品资产配置，即对资源类商品进行投资。尽管大宗商品被视为一种资产的观点已经存在多年，但将商品作为资产配置类别的一部分进行考虑，近年来才兴起。这其中主要原因包括：主要商品指数可以回溯的历史不长；商品资产在市场组合中的角色还不是很确定；商品资产定价还没有广泛可以接受的模型；对商品资产便宜收益率的理解还不深入。随着近年来几个重要商品指数的影响日益扩大，无论是学术界还是实务界对商品资产配置的关注度越来越高。

1.3.1 投资价值研究

关于商品投资价值的文献，最早可以追溯到博迪和罗桑斯基（Bodie and Rosansky，1980）的早期工作。两位学者对23种大宗商品期货在1950年到1976年间的表现进行了研究。结果发现，如果投资者把40%的资金投入到大宗商品期货、把60%的资金购买股票，这个组合的收益和100%购买股票的收益一样，但风险减少了30%。延森（Jensen，2000）等和乔治耶夫（Georgiev，2001）又测量了将大宗商品期货加入一个由股票、债券、国库券和房地产构成的组合后对原有组合的改善程度。结果发现，加入大宗商品期货的组合收益要高于原有组合的收益。

随着相关市场的发展，学术界对商品资产投资价值的研究逐步展开。主要观点集中在以下三个方面：第一，商品期货投资的风险收益优于传统证券投资且与证券市场相关性较小，有利于形成有效的分散化投资组合，其长期投资收益来源于分散化和资产调整（Erb and Harvey，2006）。具体表现为商品作为有吸引力的资产，对传统股票、债券配置分散化风险具有重要作用。虽然商品期货同股票有着相似的平均收益，但对于经济周期的不同时段，商品投资收益波动性比股票和债券小得多，而且增加商品期货投资能够降低资产组合波动而不影响收益（Gorton and Rouwenhorst，2006）。此外商品期货可以改善投资组合的有效前沿（Nijman and Swinkels，2008；Idzorek，2007；Scherer and He，2008；You and Daigler，2010；Conover et al.，2010；Chong and Miffre，2010）。第二，组合策略投资大大提升了商品期货投资的盈利空间（Jensen, Johnson and Mercer, 2002; Erb and Harvey, 2006; Miffre and Rallis, 2007; Chng, 2009; Fuertes, Miffre and Rallis, 2010; Szakmary, Shen and Sharma, 2010; Conover, Jensen and Johnson, 2010; Hong and Yogo, 2012）。第三，长期而言，商品期货投资能够很好地抵抗通货膨胀。金融投资的商品在一揽子商品中占有很大的比例，因此商品投资收益同通货膨胀率有着很大的相关性，而且商品期货价格及其波动还包含了对商品未来价格走势的预期信息，反映了通货膨胀组成商品预期外的波动。戈顿和卢文赫斯特（Gorton and Rouwenhorst, 2006）研究发现商品期货投资收益不仅与通货膨胀、预期到的通货膨胀有相关性，还与未预期到的通货膨胀的变化有相关性。其他相关文献也得到类似的证据（Erb and Harvey, 2006; Geman and Kharoubi, 2008; Chong and Miffre, 2010）。部慧和汪寿阳（2010）基于中国数据也发现商品期货可以对冲通货膨胀风险，尤其是未预期通货膨胀风险，而行业股票不具备这种性质。

由于国内大宗商品期货市场的总体规模和影响力较小，而且对于大多数金融投资者的割裂，国内学者对大宗商品期货在资产组合中应用的研究相当有限，对大宗商品在资产配置中的战略地位与投资价值尚在探索阶段。但是，一些学者已经呼吁超额外汇储备和主权财富基金的投资应符合国家整体发展战略，提出以超额外汇储备去购买黄金、石油、矿产等稀缺资源（张燕生等，2007；梅松和李杰，2008），但是关于相关投资策略的讨论大多集中在原则性和方向性上。

上述文献从获得超额收益、对冲通胀风险角度论证了大宗商品投资价值，为本书开展大宗商品配置框架和策略的研究提供了经验支持。

1.3.2　投资策略研究

目前，投资商品资产主要有三种途径（Idzorek, 2007, 2008）：直接购买商品实物、购买与生产商品有关企业的股票和投资商品期货。其中追踪商品期货价格指数的被动投资是众多机构投资者青睐的一种方式。国际商品价格指数已运作多年，指数化投资兼顾流动性、多样性、连续性以及投资能力动态调整性，追踪这些指数获得展期收益（不断更换近月期合约而获得的收益），为战略性投资对于商品期货的配置提供了可能。

商品期货指数构建有两种方法：一种是等权重指数，一种是调整权重指数。由于商品期货可以卖空，所以各种商品的投资额并不能像股票一样作为权重，所以学术研究主要以等权重为主，如 1950～1976 年间季度商品期货指数（Bodie and Rosansky，1980）和 1978～2005 年间月度商品期货指数（Gorton and Rouwenhorst，2006）。

商业化的商品期货价格指数（如路透商品研究局指数 CRB、道琼斯—瑞银商品指数 DJ—UBS、标普高盛商品指数 SP—GSCI 和罗杰斯商品指数 RICI 等）主要是调整权重商品期货指数。其中，CRB 是最经典也是最有影响的指数，能够准确反映商品价格整体趋势。标普—高盛商品期货指数和道琼斯—瑞银商品期货指数是被跟踪复制的主要指数，约占该类交易投资量的95%。这两个指数的编制范围包括在全球主要期货交易市场上交易的 25 种商品期货，覆盖能源、工业金属、贵金属、农产品、畜产品五个类别。这两个指数最大的特点是为了方便投资者复制投资，以真实的价格发现、成本节约、实际可投资为编制原则、通过展期操作使投资者持有流动性强的近月期合约，提升了指数的波动性；同时，仅考虑交易量大的商品，因此能更好地反映经济需求和潜在通货膨胀。RICI 改善了以往的指数，多以美国为中心设计的缺陷，包括的商品种类最广，最具有国际性、交易透明度、协调性和流动性。这些指数发展情况和指数特点的详细比较可参见部慧，李艺和王拴红等（2007）的介绍。

当然针对中国投资者，更好的策略是编制一套适应中国产业发展对商品资源的战略需求的指数。通过追踪这一指数进行国际资产配置，既可以为产业发展提供支持，又可以获得投资收益。再者，该指数还可以成为反映中国对外商品需求的预警信号。但目前我国商品期货指数的研究和发展相对缓慢。学术领域对于商品期货指数的研究尚在设计阶段。如罗孝玲和张杨（2004）对我国工业原材料期货价格指数的研制进行了探讨，部慧、李艺和陈锐刚（2007）阐述了中科—格林商品指数的编制方法并验证了其功能。而目前已发布的中国大宗商品价格指数（CCPI）和大宗商品供需指数（BCI）还未能形成市场影响力。

关于如何进行展期操作以提升商品期货投资盈利空间，部分学者在投资策略方面做了一些探索，主要包括动量交易策略（Shen et al.，2007；Miffre and Rallis，2007），定量市场择时策略（Marshall et al.，2008）及趋势跟踪交易策略（Szakmary et al.，2010）。国内学者方面，尹力博和韩立岩（2014）基于 Black—Litterman 框架提出了国际大宗商品资产行业配置策略，为实现大宗商品投资组合收益能力和风险规避的有效匹配提供了一个系统而稳健的途径。

截至目前，关于商品投资方法，学术界尚在探索阶段，远未成型。而商品金融化进程日益深化、后危机时代国际宏观经济不确定性加剧，这些投资环境的变化都使得我们有理由去思考新形势下大宗商品资产国际配置方法。

1.3.3　价格演化影响因素研究

上述关于商品投资价值的研究均发现商品期货具有风险收益，即套期保值者为了转移商品价格风险所让渡的收益。戈顿和卢文赫斯特（Gorton and Rouwenhorst，2006）指出商品风险溢价本质上和证券风险溢价相同，但商品期货收益与股票和债券收益呈负相关，这种负相关主要原因是商品期货价格走势和经济周期有关，表现为与通货膨胀呈正相关，而股票和债券收益与经济周期变化呈负相关。与戈顿和卢文赫斯特（Gorton and Rouwenhorst，2006）的研究结果不同，厄尔布和哈维（Erb and Harvey，2006）认为商品期货投资收益主要来自商品投资组合的调整，因为单个商品的平均超额收益近似为零，各个商品期货收益之间相关程度较低，而调整后的商品期货组合超额收益却和股票相似。这说明某些证券特征（如期货价格期限结构）和某些组合策略产生了超额收益。二者差别在于前者认为是商品期货本身存在超额收益，而后者认为是投资策略产生了收益。二者相同之处是，都指出商品期货投资需要关注其潜在的影响因素。因此有必要梳理商品价格波动的影响因素。

造成大宗商品价格波动的原因从20世纪80年代以来就受到众多学者的广泛关注。国际大宗商品价格波动是由多方面原因造成的，且在不同的历史阶段呈现不同特点，可以归结为以下六个方面：

（1）供给方面。在以往的经济周期中，国际大宗商品价格的波动多由供给驱动，如20世纪70年代以来的三次石油价格冲击。一方面，大多数国际大宗商品由于其特殊生产周期增加产能需要较长时间，包括劳动力、原材料等在内的生产成本不断上升使得国际大宗商品供给增加幅度有限。另一方面，资源性大宗商品的需求价格弹性小，生产具有专用性强、高风险等特征，卖方寡头垄断比较多，控制了供给的数量和价格，对国际大宗商品的定价机制形成起了重要作用，使其价格形成变得更为复杂。奥伦斯坦和莱因哈德（Orensztein and Reinhar，1994）将商品供给加入分析框架，分析了 20 世纪 80 年代发达国家大宗商品出口突然增多对大宗商品价格的影响，得出的结论是供给对商品价格有反向影响，另外一些学者从存货的角度解释了大宗商品价格波动的原因，他们认为，大宗商品构成了存货投资的主要部分，而存货投资的波动对大宗商品价格波动也起着重要的反作用。迪顿和拉罗克（Deaton and Laroque，1992，1996）发现以套利为目的的存货会导致大宗商品价格呈现出较强的波动性和序列自相关。

（2）需求方面。近 10 年来由于新兴市场经济的快速发展，需求因素逐渐成为影响大宗商品价格的重要因素。特别的，在最近几轮的大宗商品价格波动中，"中国需求"受到越来越多的关注，许多研究报告和学术论文中都将"中国需求"作为影响大宗商品价格的主要原因之一进行阐述。当新兴经济体工业化和城镇化快速推进、全球经济繁荣时，对大宗商品尤其是对金属原材料和原油等的旺盛需求引发国际大宗商品价格全面上涨（Krugman，2008；Trostle，2008；Hamilton，2009；Kilian，2009；Zagaglia，2010）；而当金融危机导致市场预期逆转及全球经济尤其是新兴经济增速放缓时，需求下降则导致大宗商品价格下降，但是自 2009 年起，一旦世界经济初现复苏苗头，大宗商品价格就再燃上涨势头。

（3）宏观经济方面。一些学者的观点认为，造成大宗商品价格波动的来源主要在于宏观经济变动。经济发展状况是大宗商品供求的根本，宏观经济因素诸如经济周期、国际贸易状况和经济景气程度是一直影响大宗商品价格影响因素之一。初和莫里森（Chu and Morrison，1984）认为 1957 ~ 1982 年的非能源大宗商品价格波动与世界经济总量（世界实际 GDP）的变化、由通货膨胀引发的进口国的替代产品价格的变化以及供给的变化（主要针对农产品）正相关，与进口国对美元的汇率的变化和世界利率水平变化速度负相关。多恩布什（Dornbusch，1986）、初和莫里森（Chu and Morrison，1986）等学者发现，用工业化国家所处的经济周期和美元汇率这两个因素能很好地解释大宗商品的价格波动。同时代的吉尔伯特（Gilbert，1989）也得出相似的结论，并且将商品价格作为外生变量引入部分均衡模型。此后很多学者也做过类似研究并得出相似的结论（Pindyck and Rotemberg，1990；Hua，1998；Hess，Huang and Niessen，2008；Batten，Ciner and Lucey，2010；Roache and Rossi，2010；Zagaglia，2010）。除此之外，利率也是影响大宗商品价格的重要因素之一。弗兰克尔（Frankel，1986，2006）深入阐述了实际利率上升导致实际商品价格下跌的原因。

除了发达国家宏观经济变动外，国外一些学者也曾经就发展中国家的经济发展因素对于国际大宗商品价格波动的影响做过一些探讨，这对本书的研究也具有一定参考意义。1984 年以后，学者们将发展中国家对 20 世纪 80 年代债务危机的态度以及转型经济体如东欧和苏联的经济发展当作对商品价格波动的一个冲击进行探讨，如奥仁斯坦和莱因哈德（Orensztein and Reinhar, 1994）将东欧和苏联的需求情况引入世界需求用以解释 1980～1990 年间商品价格的持续下跌。

　　（4）金融市场方面。自 2004 年以来，随着商品期货指数化投资的深入，国际大宗商品价格受金融因素影响日益增大。金融因素主要包括三个方面：投资需求、市场流动性和主要计价货币美元币值。从投资需求方面来看，大宗商品具备一定的保值性和增值性，这使得该市场成为机构和个人投机者的重要投资渠道。当资金在各品种之间频繁进出时，大宗商品市场就表现为不同品种的轮番上涨或下跌（Erb and Harvey, 2006；Gorton and Rouwenhorst, 2006；Geman and Kharoubi, 2008；Büyükşahin, Haigh and Robe, 2010；Chong and Miffre, 2010）。从市场流动性方面来看，当世界各主要经济体为恢复经济而采取积极的财政政策和宽松的货币政策时，市场流动性大量增加，会在一定程度上助推大宗商品等资产价格上涨（Browne and Croin, 2010；Frankel, 2008；Roache, 2008；Akram, 2009；Gilbert, 2010）。弗兰克尔（Frankel, 1986）借鉴多恩布什（Dornbusch, 1976）的汇率超调模型说明，在制成品存在价格粘性的情况下，货币政策会影响短期真实利率，从而影响投资者在美元资产及商品存货之间的配置。这一资产市场上的套利行为将使得商品价格相对其长期均衡出现超调。而初级产品对货币供给冲击的反应较制成品要迅速得多（Frankel and Hardouvelis, 1985）。克里钦（Krichene, 2008）在向量误差修正模型框架下估计了原油、黄金、非燃料商品和 CRB 指数四组商品指数的共同趋势部分，认为它们的共同趋势是由扩张性的货币政策驱动的。另外，不同商品的供需特性也会使得它们在短期对货币冲击的反应大相径庭（Parks, 1978；Belke, Bordon and Hendricks, 2009）。从美元币值方面来看，由于美元是大部分国际商品和服务贸易定价和结算的货币，在其他条件不变时，美元币值变动会影响国际大宗商品标价变动。近年来，美国推行的弱势美元政策，在一定程度上助推了以美元计价的国际大宗商品的价格上涨（McCalla, 2009；Akram, 2009；Harri, Nalley and Hudson, 2009；Gilbert, 2010）。

（5）投机方面。自 2004 年开始，机构投资者开始大量涉入商品期货市场，受游资和对冲基金的追捧，很大程度上造成了大宗商品价格波动对基本面的偏离（Tang and Xiong，2012）。2009 年 6 月 23 日，美国参议院常设调查小组委员会发布报告，认为期货指数交易者过度的投机行为是商品价格剧烈波动的主要根源，导致某些大宗商品期货价格扭曲，与现货价格差异偏大。然而，格里利和柯里（Greely and Currie，2008）则认为金融投机投资者参与并非是商品价格波动的根源，而是帮助市场揭示了供求基本面关系的变化。

（6）联动因素方面。本轮国际大宗商品间联动涨价效应比较明显。由于能源、资源和农产品之间存在价格联动机制（Pindyck and Rotemberg，1990），原油价格的不断上涨不仅能够带动煤炭、天然气等能源产品价格上涨，而且石油等化石能源价格相对高位的运行会增加以农产品为原料的生物能源的需求，继而抬高玉米等农产品价格（Yu，Bessler and Fuller，2006；Baffes，2007；Campiche，Bryant and Richardson et al.，2007；Banse，Van Meijl and Tabeau，2008；Gohin and Chantret，2010；Zhang，Lohr and Escalante，2010）。杜高斯（Tokgoz，2009）证实了在生物能源部门不断地扩张进一步增加了能源价格对欧盟农业部门的影响。另外，能源价格上涨也会逐渐拉升其他诸如金属等商品价格（Baffes，2007；Hammoudeh，Sari and Ewing，2008；Soytas，Sari and Hammodeh et al.，2009；Sari，Hammoudeh and Soytas，2010）。

（7）关于中国因素的讨论。国内有相当数量的文献从"中国因素"角度出发，研究大宗商品价格波动影响因素。李敬辉和范志勇（2005）实证研究发现，货币供应量增长率的变动会引起通货膨胀率的波动，而通货膨胀率的波动改变了可储存商品的收益率，从而导致经济主体存货行为的改变，进而对大商品的价格产生影响。卢锋、李远芳和刘鎏（2009）观察了近年大宗商品价格波动的基本事实和特征，考察了"中国因素"的直接和间接影响。罗贤东（2011）从理论上分析了人民币汇率与国内大宗商品、黄金和石油价格的相互关系。顾国达和方晨靓（2010）发现中国农产品价格受到国际市场因素的影响较大，且波动具有明显的局面转移特征，价格波动呈现出暴涨缓跌的特征。张利庠和张喜才（2011）基于农业产业链的视角阐述了外部冲击对产业链中农产品的价格波动有重要影响，并最终传导到国内市场。王孝松和谢申祥（2012）更进一步证实了国际农产品价格对国内价格具有经济意义上的显著影响。

1.3.4 大宗商品市场的新特征——商品金融化

自 2002 年以来，国际商品价格出现快速攀升。以石油期货价格为例，自 2003 年初至 2008 年金融危机发生前的 5 年间，价格上涨了近 5 倍，达到每桶 147 美元；而受金融危机的影响，2009 年 2 月，石油价格暴跌至 34 美元左右，其后 2 年内又上涨了近 4 倍，达到每桶 110 美元。在这期间，铜、铝、小麦等期货品种也都出现了逾几倍的价格涨幅[①]。与此同时，美国商品期货交易委员会（CFTC）报告显示，各类金融机构通过各种商品相关的指数工具投资于期货市场的资金规模已经从 2003 年的 150 亿美元增长到了 2008 年的 2000 亿美元[②]。

在这种背景下，国际大宗商品的金融化问题引起理论界与实务界的广泛关注。一部分政策制定者、经济学家、对冲基金经理认为商品指数投资是该轮商品期货价格暴涨的主要推手（Tang and Xiong，2012），商品指数基金的过度投资使得商品价格偏离基本价值而产生泡沫。多曼斯基和希思（Domanski and Heath，2007）称之为商品期货市场的"金融化"。

另一方面，有些市场分析人士和经济学家对泡沫论持怀疑态度，他们认为 2007~2008 年间的商品市场价格变化是由基本的供给与需求因素推动的，价格的确被推高但是不存在过度投机行为（Krugman，2008；Hamilton，2009；Kilian，2009）。

然而，自 2011 年 3 月开始，商品期货市场变动更加扑朔迷离。国际主要大宗商品价格纷纷出现大幅下滑。5 月 11 日，纽约商品交易所（NYMEX）的各类原油期货品种出现暴跌行情，迫使交易所罕见地暂停了所有能源期货品种交易 5 分钟。5 月初，白银价格曾连续 4 天累计跌幅高达 27%，创 1983 年以来最大跌幅[③]。关于大宗商品金融化问题的争论鹊起。

1.3.4.1 支持观点回顾：国际大宗商品市场金融化程度高、泡沫显著

除了商品期货价格变化呈现出与实际供求关系相脱节的特征之外，还有以下四个原因被理论界认为是大宗商品金融化的主要证据：

第一，不同商品期货收益率之间的相关性明显增强。汤和熊（Tang

---

①③ 数据来源：Datastream 数据库。

② 数据来源：美国商品期货交易委员会（CFTC）http：//www.cftc.gov/MarketReports/index.htm。

and Xiong，2012）提出在商品指数投资兴起之前，商品期货市场与金融市场并没有价格联动的现象，但是随着指数投资者的不断进场，逐渐在商品期货市场上形成了一个金融化的基本过程，通过这一过程，商品价格与其他金融资产的价格相关性越来越高。实证结果支持了该观点。他们发现，自 1986 年至 2004 年期间，石油期货与农产品期货品种大豆的收益率之间的相关系数维持在 -0.1 ~ 0.2 之间波动；而在 2004 年至 2009 年底期间，即使扣除市场波动率较大导致各类资产相关性增加这一外在因素的影响，石油期货与大豆期货收益率之间的相关系数也单边上升至 0.6 左右。类似地，石油期货与棉花、活牛、铜等期货品种收益率之间的相关系数也由 2004 年之前的较低值上升至 2009 年底时的 0.5 左右。进一步地，用 SP—GSCI 能源类商品期货指数与非能源类商品期货指数来衡量，两者之间的相关系数由 2004 年的 0.1 左右上升至 2009 年底的 0.7 以上。

第二，被计入大宗商品价格指数的期货品种之间的相关性明显高于未被计入商品价格指数的期货品种之间的相关性。汤和熊（Tang and Xiong，2012）、稻村和科尔玛塔（Inamura and Kirmata，2011）将主要的大宗商品分为指数化大宗商品和非指数化大宗商品两类。结果发现，1973 年至 2007 年期间，各类列入指数的大宗商品之间收益率的相关系数与未被列入指数的各类商品之间的相关系数基本都在 0.2 以下，并呈现同步变化。但自 2008 年下半年开始，列入大宗商品价格指数的各类大宗商品收益率之间的相关系数大幅上升，平均值达到 0.5 左右的历史高位；而未被列入大宗商品价格指数的各类大宗商品收益率之间的相关系数则涨幅较小。

第三，商品期货与金融类资产收益率之间的相关性上升。比于克沙欣和罗布（Büyükşahin and Robe，2012）发现股票与商品期货之间的动态条件相关系数在 2008 年危机发生前在 -0.38 ~ 0.4 之间波动，且没有显著的、单向的变化趋势，但该系数在 2008 年之后大幅增加，并持续在 0.4 之上变化。比于克沙欣等（Büyükşahin et al.，2009）、西尔文诺伊宁和索普（Silvennoinen and Thorp，2010）均得出类似结论。巴尔和汉姆得（Bhar and Hammoudeh，2011）、陈等（Chan et al.，2011）研究了在机制转换存在状态下商品期货与其他金融变量之间的相关关系，结果表明在危机状态下，商品期货与其他金融资产的相关程度更高。

第四，商品指数基金的交易活动异常。吉尔伯特（Gilbert，2009）考察了 2006 ~ 2008 年间原油期货、3 个金属期货、3 个农产品期货价格变动行为。结果表明在 9 个市场当中有 7 个存在泡沫，而且所有存在泡沫的交易日都集中在 2008 年夏天价格高点附近，且指数基金交易与原油、铝、铜市场之间存在显著相关性。吉尔伯特（Gilbert，2010）进一步指出商品指数投资对于食品类期货价格存在更显著影响。爱因洛斯（Einloth，2009）基于便利收益与商品期货市场价格的联动行为设计了一个关于价格泡沫的检验。结果发现在原油价格到达顶点附近的过程中，投机交易扮演了一个相当重要的角色。

1.3.4.2　反对观点回顾：商品期货市场金融化程度低、不存在泡沫

反对者给出了相反的事实，认为商品期货市场价格是被基本面因素推高的，表现为以下三个事实：

第一，如果说大宗商品指数化投资推高了商品价格，那么没有大宗商品指数化投资的市场应该不存在价格高企现象。然而，桑德斯、欧文和梅林（Sanders，Irwin and Merrin，2009）指出，在 2006~2008 年间，没有大宗商品指数化投资的市场（如液态奶和大米期货）与没有大宗商品期货交易的市场（如苹果和食用豆类）同样经历了价格飞涨。斯托尔和惠利（Stoll and Whaley，2010）在小麦期货市场和贵金属期货市场也得出类似的结论。他们发现，在 2006~2009 年间，芝加哥商品交易所（CME）小麦、堪萨斯城期货交易所（KCME）小麦和明尼纳波理谷物交易所（MGEX）小麦期货价格高度相关，而只有 CME 小麦和 KCME 小麦是指数投资者深度参与的。他们还注意到，在同一时期内，纽约商品交易所（COMEX）黄金、COMEX 白银、NYMEX 钯金和 NYMEX 铂金期货价格也是高度相关，而只有黄金和白银包含在大宗商品指数中。

第二，比于克沙欣和哈里斯（Büyükşahin and Harris，2009）基于美国商品期货交易委员会（CFTC）内部大宗交易日度数据，发现在 2004~2009 年间，原油期货市场的投机活动 T 指数[①]与原油期货价格基本平行，而且该指数的峰值仍处于历史正常水平内。蒂尔（Till，2009）也得出类似结论。桑德斯、欧文和梅林（Sanders，Irwin and Merrin，2010）证明在 2006~2008 年间，所有被考察的 9 个农产品期货市场上投机交易活动并不过度，其投机活动 T 指数水平均在历史正常范围内。几乎在所有市场上，大宗商品指数基金的买进量都与现货交易商（或套期保值者）的卖出量相抵消。

---

①　投机活动的测度必须相对于套保需求来衡量。即，只能相对于市场上的套期保值活动水平来衡量投机活动是否过度。

第三，卡巴雷罗、法尔希和古兰沙（Caballero，Farhi and Gourinchas，2008）、汉密尔顿（Hamilton，2009）指出，当市场泡沫使得市场交易价格高于实际均衡价格，商品供给将会增加。但是事实上，在 2006～2008 年间，大部分商品期货市场上库存在减少，而不是在增加。这一现象构成了对于这些市场上存在价格泡沫的一个重要反驳。

从已有研究可以发现，金融市场对商品市场存在显著的信息溢出效应，因此有必要在商品资产和传统金融资产混合配置时考虑商品金融化因素，将这些信息量化并指导商品资产配置。如何有效利用来源于传统金融市场的信息来指导大宗商品资产配置是具有重要意义的。

1.4 主 要 内 容

相关文献已经认识到商品资产的投资价值，但对其战略价值关注不足。忽略了商品期货指数和具有资源特征的重要品种作为保障生产安全、提升国民效用和对冲国际输入型通胀风险的战略价值，也缺少基于国家长期资产优化配置战略性原则的系统化运作策略。

针对现有研究的不足，从战略的高度出发，本书提出针对国家主权财富基金、长期投资基金、能源资源类相关企业的大宗商品全球配置思路与实施策略，形成自顶向下的战略配置框架；提出实现长期投资动态调整的多阶段随机规划模型和应对系统性风险的应急管理策略。商品资产战略配置的基本宗旨是服务国家经济安全、对冲通胀风险以及保值增值。拟解决如下问题：

第一，建立以商品资产为重点的战略型资产配置框架。确定传统类金融资产和商品期货类资产最优配置比例，为长期机构投资者在传统金融资产和大宗商品类非传统金融资产之间进行平衡投资提供行动指南。

（1）提出服务于实体经济的战略配置的内涵、目标与基本理念。

（2）从国际影响因素和国内经济转型的特征上，重点考虑新经济增长模式下资源需求和国际市场供需关系的变化，认知战略配置商品资产的必要性。

（3）从大宗商品金融化角度论证商品资产与金融资产配合，提出相应的经验依据。

（4）在跨期优化目标下给出商品资产与金融资产的长期最优配置比例。

第二，建立一系列服务于多需求、多目标、多层次的战术型配置策略的多阶段随机规划模型，实现金融类资产和大宗商品资产在国际市场上的长期投资和动态配置。该模型服务对象主要分为两类：一类是具有商品现货需求的生产性企业，从企业生产需求的角度建立组合套期保值模型，使得资源进口价格波动最小；另一类是具有非商业需求的长期机构投资者，从国家战略安全的高度或者战略投资者的长期利益出发实现商品期货合约滚动投资。

（1）形成不依赖状态分布的各资产收益未来不确定性刻画，构建针对宏观经济不确定性加剧、不同资产类型特征差异化的情景树生成机制。

（2）针对主权财富基金、社保基金、企业年金、保险基金等长期机构投资者的非商业需求，形成操作性强的多种类商品期货滚动投资的长期投资与动态调整。

（3）针对生产性企业的商业需求，从企业视角认知大宗商品资产配置的作用，提出具体的套期保值策略。

（4）提出长期机构投资者在企业层面实施大宗商品资产配置过程中的参与模式。

第三，建立商品资产风险管理与应急策略，提出国家现货储备、重点国有企业套期保值和长期机构期货投资相结合的综合应急机制。

1.5 特色与创新之处

1.5.1 本书的特色

第一，研究视角的战略性与全局性。本书提出长期国际投资中金融资产与商品资产混合配置的战略性和全局性理念，形成安全性、流动性、战略性、收益性和全局性指导原则。在资产品种选择上将金融投资紧紧扣住实体经济需要，在长期投资的风险管理策略上抓住基于系统性风险控制的应急策略。

第二，研究方法的综合性，从整体上分析，本书主要采取理论研究和仿真分析相结合、多种学科方法相互融合的综合性研究方法，主要运用随机动态优化、经济计量学、动态仿真等方面的前沿理论和方法。

第三，研究内容的系统性。从系统论的角度，本书研究内容从过程上涵盖了理论研究、模型建立、方法应用和实证模拟的各个阶段。将战略设计和战术安排紧密结合，形成顶层设计的理论分析结构。将实证分析与仿真实验相结合，形成从模型到实验再到模型的回路反馈结构，实现了战略配置与战术调整内在关联的整体结构。通过这些研究环节的有机融合，将形成一个系统而完整的商品资产战略配置的理论研究与实际应用的体系。

第四，突出理论创新，并注重理论成果的实际应用。在研究内容上，既包括基于拉姆齐经济增长分析范式和跨期优化模型所得出的创新性战略配置框架，也包括切实可行、针对性强的战术调整的随机规划策略模型。相对于现有的相关研究成果，这些模型与方法显示出很强的理论创新和应用价值，因而也有很强的前沿性。

1.5.2 创新之处

第一，提出商品资产与金融资产混合战略配置思路，完善国际资产配置战略性内涵，指导战略配置；在跨期优化目标下给出国际投资在商品资产与金融资产之间的适度比例和配置策略，形成两层配置的模型体系和动态系统仿真的方法；通过模型体系的动态系统仿真，实现整个国际资产配置的长期投资和动态调整；在两类资产独立运行的框架中，评价国际投资和风险管理效率，为管理层提供决策支持。

第二，在情景树生成方面，提出结合实体经济和大宗商品金融化的情景树构建方法，同时兼顾了新经济增长模式的结构特征，使之具有贝叶斯修正功能。

第三，针对商品资产投资传统上以商品期货为主的局限，提出兼顾生产安全性与投资收益性的短期商品现货投资和长期商品期货投资相结合的积极的动态配置策略，最终形成商品现货和期货投资、短期与长期搭配的动态调整的模型体系。为确定商品现货和期货投资的平衡点，提出含过程约束的多目标优化模型，给出具有动态调整性质的商品资源配置的基础规模和弹性规模。

第四，在长期配置方面，提出商品资产多阶段随机规划模型，形成一系列服务于多目标、多层次、多种类商品资产动态调整的战术配置策略，提出经济周期差异化的品种配置原则。在短期资产配置方面，提出分品种短期现货储备与相关期货合约对冲组合的配置策略，估计动态套保率，并实施滚动套期保值。

第2章

商品期货资产配置的战略意义

为什么在国际投资中配置商品期货就相当于形成了战略资源储备呢？为说明这种联系，本章给出基于商品期货投资建立战略资源储备的配置途径，并就商品期货资产配置的必要性和战略意义进行详细讨论。

2.1 战略资源储备配置途径

战略资源储备体系可以分别在三个不同的市场实现：现货市场、期货市场和股票市场。与之相应的三种途径：直接购买商品实物、投资商品期货和购买与生产商品有关企业的股票（Idzorek，2007，2008）。但是，三个市场所能发挥的储备功能是依次减弱的，即相对于现货所具有的便利性收益在降低。

在现货市场进行资源储备是指直接储备现货。这是最传统的储备方式，可用于对冲市场价格风险、规避短时突发事件和战争等危机出现的断供所造成的风险。目前，我国有色资源储备、石油储备的建立正是基于这一目的。但储备商品资产在获取便利性收益的同时，存在储藏成本，且流动性较差（贵金属除外）。实践表明，不能为了资源储备而将国际资产配置中的商品资产押注在现货上。而且，若对国际初级产品和能源市场的未来行情判断不准确，在高价位上建立实物储备是一种非常不明智的投资策略。

在股票市场上进行资源储备即投资资源行业的企业股票或股权，也可以对冲资源价格波动风险。近年来，各种资源型企业市值急剧膨胀，就与其拥有的资源价格升值有关。同时，股权投资意味着对海外资源的间接控制，变相储备商品资产。日本是典型代表之一。日本企业参股海外许多企业且股权相对分散，受原材料价格飞涨的影响较小。但是，直接购买或参股资源型企业也存在隐患。其一，高收益隐藏着高风险，要从战略投资中获益，需要对投资对象的深入了解和对未来行情的准确判断，对于国际资产机构投资者而言，需要较长时间来熟悉市场和培养挑选企业的能力。其二，中国目前能够增加海外投资的地区往往是欧美等国进入较少的地区，这些地区的政治格局往往更加动荡，因此增加了海外投资的政治风险。其三，国际股市的波动受到多重因素影响，包括政治因素、国际货币因素等，其市值偏离内在价值的情景经常出现，此时的对冲效果就大打折扣。其四，购买与生产商品有关企业的股票涉及控股权等法律限制，易引起欧美等发达国家的警惕，在对某些战略性行业进行股权投资时必然会遭遇政治阻力。因此购买与生产商品有关企业的股票并不是最佳的投资途径。

因此，对于商品资产配置，笔者选择商品期货及其指数。虽然购买期货合约不能直接消费，但期货可交割现货，决定了期货同样具备储藏功能，而商品期货指数则对应"一篮子"商品期货。与现货相比，期货具备良好的流动性，这使得长期储备商品期货具有相对低的机会成本。

更为重要的是商品期货配置有助于国家发展战略目标的实现。第一，在期货市场进行配置，有助于对冲整个国家对战略资源需求的价格风险，有效控制国民福利损失。实际上，这几年所谓的"中国因素"就是我国资源需求助推国际商品期货价格上涨的市场现象，对于这样一种长期存在的战略性风险，目前还没有实施长期对冲手段的战略部署。随着中国工业化和城市化的推进，未来二三十年内中国战略资源的供给瓶颈还会更加突出，必然长期拉动国际市场的实际需求。如果现在买入商品期货及其指数，也就对未来需求进行了套期保值，就可以对冲未来资源价格上升所带来的损失。虽然目前有很多资源行业的工商企业在期货市场进行套期保值，但没有机构投资者对整个经济体的战略资源供给风险进行战略对冲。国际商品期货合约不仅品种众多而且流动性高，对其实施长期滚动投资有助于绕开股权保护壁垒，2004 年以来国际上逐渐流行起来的众多机构投资者青睐的追踪商品价格指数的被动投资就是最好的例证。国际商品指数化投资兼顾流动性、多样性、连续性以及投资能力的动态调整性，还有其特有的展期收益（不断更换近月期合约而获得的收益），这一切都为国际商品资产的战略性配置提供了实践上的支持。

第二，一个期货品种，背后对应的是一个行业乃至一个产业，服务的则是相关产业的众多生产者。一个成功的期货品种可以成就一个产业，服务于新技术引导下的产业升级。投资于与实体产业需求相关的期货品种，不仅能帮助领域内众多企业有效管理价格波动风险，稳定生产经营，更能优化相关市场结构，为产业升级保驾护航，从而提升我国实体产业在国际市场上的综合竞争力。在中国当前经济结构调整和转型时期，这种作用将更加突出。

第三，若中国不从事境外期货品种投资、不参与相关期货交易所的经纪业务，不仅使中国企业不能使用世界期货与衍生品的市场资源，更无法参与全球大宗商品的话语权与定价权。反之，若实施大宗商品期货配置将为促进我国实体经济与资本市场对接，对提升我国在全球大宗商品市场上的定价权和影响力起着重大推动作用。

2.2 投资主体与战略性实现

以中国为例，从流程上看，中国的国际投资分为外汇储备形成的前后两个阶段。外贸顺差首先用于境外直接投资和境外金融投资，结余通过商业银行出售给中央银行，形成外汇储备。外汇储备则以商业银行存款和外国政府国债为主要投资形式。在外汇储备的充足额度以上部分以特别国债购买的形式注入主权财富基金——中国投资有限责任公司，再进行海外投资。因此海外投资活动主要是形成外汇储备之前的非政府投资和形成外汇储备之后的主权财富基金投资和外汇管理局的投资（如在香港注册的华安公司）。所以金融意义下的国际投资由两个投资主体构成：国家层面的主权财富基金和市场层面的 QDII 机构和个人。考虑到国家层面的投资主体——主权财富基金的规模和特殊使命，本书以主权财富基金为例来说明。

2.2.1 主权财富基金界定

主权财富基金（Sovereign Wealth Funds，SWFs）始见于 2005 年 3 月安德烈·罗扎诺夫（Andrew Rozanov）撰写的《谁持有国家财富》一文中。该文阐述了传统外汇储备管理向主权财富基金管理的变迁，阐明了二者性质与管理上的差异。此后主权财富基金的名称逐渐为各国官方广泛接受并使用。

近 20 年来，主权财富基金的规模已经在悄悄地快速膨胀，并伴随着全球失衡的加剧而不断扩充其规模，如今已经成为国际资本市场上一支重要的机构投资力量。根据国际货币基金组织及 OECD 的不同口径统计，迄今已有 40 多个国家设立了 50 余只主权财富基金，在全球资本市场上的影响力日益增强。

关于主权财富基金的定义。美国财政部报告指出，主权财富基金是指利用国家外汇资产设立的政府投资工具，这些外汇资产区别于货币当局掌控的外汇储备资产。福布斯数据公司网站（investopidia）认为主权财富基金源自于国家储备的资金池，是为了提升国家经济和国民福利而设立的基金。资金来源为国家财政盈余和对外贸易盈余，或是出口自然资源的收益。经济合作与发展组织（OECD）主权与公共保险储备基金研究小组（2008）认为主权财富基金是由政府拥有、直接或非直接地受控于政府、服务于国家产业提升及战略和政治目的、基于外汇储备或是商品出口盈余进行资产多样化管理以提升回报目的而设立的基金。国际货币基金组织（SWF）国际工作组（2008）认为主权财富基金是具有特殊目的的投资基金或安排，由中央政府或者地方各级政府拥有，为实现宏观经济目的而设立的。无论如何定义，主权财富基金具备如下特点：属于主权国家的基于本币负债的外汇资产，源自政府财政盈余的直接划拨或政府财政对货币当局外汇储备的间接转化，是为实现国家宏观经济长期目标在全球进行金融资产配置的战略投资基金。

2.2.2　主权财富基金的战略使命

要实现主权财富基金的战略意图仍要从其产生来源出发。究其根源，主权财富基金是世界经济发展失衡的产物。其表现为美国双赤字、石油输出国和东亚出口国的巨额外汇盈余。一方面，石油矿产资源产出国和东亚新兴经济体国家利用经常项目盈余，积累了巨大的外汇储备，并大量输出资本到美国。另一方面，美国承受着巨大的财政赤字和经常项目赤字，内部过度消费。国际政治格局变迁、经济增长模式与结构失衡、国际贸易失衡、全球金融创新与监管失衡等方面构成了全球失衡的总图谱。

这种全球产出和消费不平衡是因为美元作为国际储备货币的特殊地位得以继续维持，并有愈演愈烈的趋势。自 20 世纪 70 年代以来，随着金融自由化与金融一体化的兴盛，世界经济的金融导向与驱动特征愈加明显。

从布雷顿森林体系奠定美元的国际地位开始，美国充分认识到了金融的影响力。美国金融发展的制高点地位通过三个途径来加强：第一，美国利用国内金融市场的深化与完善，进行产业创新革命和产业核心知识产权的垄断，强化全球产业链的高端地位以及跨国公司的全球利益；第二，美国充分利用国际货币体系的美元独特地位在全球进行廉价融资以满足其全球投资与国内消费需求；第三，美国依靠全球资本管理能力，在全球新兴市场进行金融投资享受新兴经济体的高增长。这三个渠道和垄断优势造就了美国金融大国的地位与全球利益，也导致了全球产业失衡与金融泡沫的状态。

而巨大的国家收入和外汇储备给贸易顺差国带来了管理上的挑战。资源出口型国家面临当期收入过高和资源可持续性的矛盾，而且容易激发国内经济的不均衡，产生典型的"荷兰病"① 现象，或是引发国内剧烈的通货膨胀。出口型发达经济体如日本出现经济"流动性陷阱"和资本剩余，中国出现巨额外汇储备，新加坡出现内部经济饱和，其他出口驱动型的东亚新兴经济体实施高额预防性储备策略，这些成因各异的外汇资本形成了东亚加工出口国的巨额外部财富和资本溢出。由于这些国家的外汇储备总量远远超过了其自身流动性和安全性的需求，而美国和其他发达国家主权债券又长期处于弱势，因此主权财富基金的盈利性动机就日益凸显。

古人云："以其人之道还治其人之身"。以新兴经济体为主的主权财富基金的出现和全球化投资，从各自战略目标出发，也应从美国如何获得金融霸权的途径向美国的金融垄断优势发起挑战。第一，进行全球产业资源配置以配合产业升级；第二，扩大新兴经济体在国际金融市场和大宗商品市场的定价权，以提升其金融竞争力；第三，扩大全球新兴市场投资视野以期分享全球经济增长收益。

当然，与发达经济体的对冲基金相比，主权财富基金的力量仍然弱小，全球化投资经验仍非常欠缺。但是，作为一个新生事物和新兴市场国家的金融觉醒，主权财富基金的全球化积极管理与投资有着深远的战略意义。

---

① 荷兰病指一国特别是指中小国家经济的某一初级产品部门异常繁荣而导致其他部门衰落的现象。20 世纪 50 年代，已是制成品出口主要国家的荷兰发现大量石油和天然气，荷兰政府大力发展石油、天然气业，出口剧增，国际收支出现顺差，经济显现繁荣景象。可是，蓬勃发展的天然气业却严重打击了荷兰的农业和其他工业部门，削弱了出口行业的国际竞争力。到 20 世纪 80 年代初期，荷兰遭受到通货膨胀上升、制成品出口下降、收入增长率降低、失业率增加的困扰。

一方面，如果全球经济失衡的根本问题暂时得不到解决，新兴经济体的外部财富还将日益积累与膨胀，这就注定了主权财富基金的规模在未来还将继续逐步扩大。而事实上全球经济失衡还必将在相当长的时期维持；美元的国际货币地位短期不可能大幅降落；美国的国际融资能力与全球资本投资能力仍然有很大的控制权；在全球利益竞争的经济格局下，不可奢望发达国家主动调整其金融优势地位来降低对经济的控制力度；新兴经济体的产业结构调整与产业升级也需要相当长的时间，从新兴产业培育到形成国际竞争力更非一朝一夕之功。但是，伴随着积极投资管理的深化以及主权财富基金规模的增大，主权财富基金在国际金融市场的影响力必将逐步上升，对全球经济再平衡的功效也将逐渐积淀，最终不仅成为世界实体经济也包含金融经济的主导力量之一。

反之，如果全球经济再平衡能够在未来十年顺利进行，随着失衡程度的降低，全球生产与消费能够得到一定程度的平衡，外部财富的剩余将减少，资本流动的短期冲击影响力也将弱化。按照逻辑推断，外汇储备和主权财富基金的规模必然将逐步减小，甚至走向消亡。但是主权财富基金的消亡过程恰是全球稳定经济格局的形成过程，正是在这个过程中主权财富实现了其战略意图。

失之全球失衡，得之全球再平衡。应当看到，主权财富基金不仅是新兴经济体积累的国民储蓄财富，更是难得的金融资本和战略手段。经济全球化为主权财富基金提供了宽广的视野，更为其全球资产配置提供了良好的渠道和便利。从实体经济的视角，贸易与产业投资的全球化使国际贸易与投资壁垒逐渐减低或消除，开放程度日益提高，商品、资本与技术的跨国流动不断加强，形成全球性的商品和资本市场，主权财富基金可以在全球范围进行战略安排和部署，根据国内经济与国际经济的共生程度进行战略投资，也可以根据全球各区域的经济增长态势进行动态资产配置。从金融经济的视角，经济全球化导致的金融一体化使得国际主导货币的多元化格局逐步形成，全球资本流动性大大提高，在国际合作模式下的综合监管机制中，金融工具的创新更加有序，金融资产配置的可选择性更强，动态配置效率也将更高。

因此，经过全球金融与经济危机的洗礼之后，在经济全球化的大环境下，主权财富基金作为新兴国家外部资产管理的重要战略手段，在服从国家整体宏观战略的长期方针下，将制定全球投资战略与资产配置战略，并实行动态化管理。

中国已经是典型的加工出口经济体，成为世界制造业的主导，新的发展阶段的战略目标是在信息化与环保化的标准下全面实现工业化与城镇化，因此，产业升级与科技创新成为长期的战略部署。目前，制造业低端困境、能源资源瓶颈、内部消费升级动力不足、内部储蓄消化能力不强是造成国家经济多重外部依赖的重要原因。如何培植高端产业，以寻求产业链利益的再分配；如何降低对国内资源的重度开发利用，保证外部起源供给的稳定性，也同时降低单位国内生产总值（GDP）的综合能耗与物耗，已经是中国经济持续增长的战略重点。所以，中国主权财富基金的战略应当是：进行全球战略资源合理配置，服务产业升级与新兴战略产业发展，确保主要资源供给安全，确保国家实体经济发展的战略目标的实现。因此在国际投资决策中，基于国际投资的战略属性，须形成自上而下的战略安排与部署，形成服务于国家经济安全尤其是战略资源安全和服务于产业升级与国际竞争力提升的国际资产配置的两大系列。

　　为此，本书提出从国家整体发展战略出发将部分国际资产用于以商品期货形式的战略资源储备，这样商品资产既能作为国家对战略资源需求的一种储备形式，降低外部资源的价格冲击，又能有效提高国际资产投资的收益性。

第3章

商品期货价格波动影响因素分析

对商品期货价格波动影响因素的分析有助于理解宏观经济波动对商品期货指数价格信息的传导机制，有助于厘清实际需求因素和投机因素在长短期对于国际商品期货价格的影响。而这两者对于理解商品期货配置的必要性有不可或缺的意义。

3.1 基于广义视角的分析

3.1.1 基于广义视角分析的必要性

在第2章中，笔者已对有关大宗商品价格波动影响因素的研究现状做了详细梳理。但是从现有研究看，存在方法论上的两个明显不足。一是影响因素不系统。相关文献都是针对某一特征化事实或成因理论，从一个特定的角度对影响大宗商品价格波动的方向和程度进行实证分析与探讨。对于直接影响效果有深入分析，而忽略了众多因素的间接影响。对大宗商品价格波动影响因素的广义视角分析尚属于空白。二是在多因素分析中缺乏具有经济学意义的解释和众多影响因素的层次归纳与提炼。商品期货价格的波动看似简洁明了的机制却包含着众多因素的交叉影响和复杂的传递过程，使得大宗商品价格波动时常呈现出复杂性、非线性和动态性特征。对此，我们需要一个更为清晰的分析框架。

因此，需要充分利用大量经济指标中的众多信息，全面、系统地评估影响大宗商品价格波动的潜在冲击因素，需要基于一个更合理的实证分析框架分析大宗商品价格波动影响因素及其程度，需要一个涵盖所有主要因素的提炼机制，逐级形成对于大宗商品价格的长期和短期的影响机理的描述。于是，笔者尽可能充分地将文献曾经考虑过的反映国际大宗商品价格波动的实体经济指标、金融市场信号、供需及库存情况和国际投机力量状态等众多信息纳入考虑范畴，形成考察大宗商品价格波动的系统性视角。

3.1.2 实证分析框架

如果采用传统的向量自回归（VAR）模型研究大宗商品价格波动影响因素，主要存在三个方面的缺陷：第一，影响大宗商品价格波动的经济因素很多，而 VAR 模型处理的变量十分有限，难以完全覆盖市场中的信息集，例如，古普塔、尤尔吉拉斯和卡本迪（Gupta, Jurgilas and Kabundi, 2010）指出目前运用 VAR、VEC、SVAR 及 DSGE 模型的相关研究最多可以处理 12 个变量。有限的经济变量不能反映大宗商品价格波动的真实情况，这样对大宗商品价格影响因素的分析难免会出现偏差。第二，影响大宗商品价格波动的潜在经济因素也十分众多，而这些潜在因素并不能为经济学家和政策制定者们所观察到，即使可以通过其他方式诸如寻求代理变量方式间接获得，但仍然存在代理误差和统计误差等诸多问题。第三，由于传统的 VAR 模型处理的变量过少，只能采用一般的 VAR 模型筛选关键变量进行脉冲响应分析，却难以满足全面分析各因素对大宗商品价格波动冲击效应的需要。

因素增强型向量自回归模型（Factor—Augmented Vector Auto—Regressive Model, FAVAR）模型可以为基于广义视角定量研究大宗商品价格影响因素提供一个较好的计量框架。与 VAR 模型相比，FAVAR 模型其最大优点就是能够有效解决在标准 VAR 模型中所遇到的有限信息问题。在本节实证分析中，FAVAR 模型不仅通过基本因素的形式给出了反映影响大宗商品价格因素的有代表性的子空间，而且能够涵盖相当广泛的经济信息，从而提炼出影响大宗商品价格波动的一些潜在因素。巴尔加斯席尔瓦（Vargas—Silva, 2008）、博伊文、詹诺尼和米霍夫（Boivin, Giannoni and Mihov, 2009）、古普塔、尤尔吉拉斯和卡本迪（Gupta, Jurgilas and Kabundi, 2010）等实证发现 FAVAR 模型的实证分析效果明显优越于 VAR 模型。

大宗商品价格及其影响因素的动态变化可以通过 VAR 模型来表示。该模型描述如下：

$$\begin{bmatrix} F_t \\ Y_t \end{bmatrix} = \mu + \varPhi(L) \begin{bmatrix} F_{t-1} \\ Y_{t-1} \end{bmatrix} + \nu_t, \qquad \text{式（3.1）}$$

其中，Y_t 为 $M \times 1$ 可观测的大宗商品价格，F_t 为 $K \times 1$ 不可观测的影响大宗商品价格的变量向量。$\varPhi(L)$ 为 p 阶滞后多项式，$\nu_t \sim N(0, \sum)$ 是均值为零、协方差矩阵为 $\sum$ 的随机误差项。方程式（3.1）从形式上看是标准的 VAR 模型，但是由于假定 F_t 是不可观测的，所以方程式（3.1）区别于一般 VAR 模型，无法直接估计。伯南克、博伊文和埃利亚斯（Bernanke，Boivin and Eliasz，2005）假定，F_t 和 Y_t 与大量的经济信息集合 X_t 有关，从而假定 F_t 和 Y_t 共同引起了的 X_t 变化，因而引入方程式（3.2）即：

$$X_t = \varLambda^f F_t + \varLambda^y Y_t + \varepsilon_t, \qquad \text{式（3.2）}$$

其中，$\varLambda^f$ 和 $\varLambda^y$ 分别为 $N \times K$ 和 $K \times M$ 因子载荷矩阵，X_t 为 $N \times 1$ 向量，N 为经济变量个数，且 $N >> K+M$，ε_t 为均值为零、协方差矩阵为 R 的随机误差项，ε_t 之间可以弱相关。方程式（3.2）是典型的正交因子模型。据此方程来估计 F_t 即 $\hat{F}_t$，然后以 $\hat{F}_t$ 代替 F_t 代入方程式（3.1）。这样就实现了因子分析模型和 VAR 模型的结合。

该模型也可以这样理解。假定 X_t 是一个高维的数据（变量）集，从 X_t 中提取 K 维的共同因子 F_t，使之综合反映宏观经济的背景和动态调整。而大宗商品价格 Y_t 对于 X_t 中的每一个变量而言，不仅是相同而且也是可观测的共同因子，由不可观测的 F_t 和 Y_t 构成 $K+M$ 维的共同因子 $C_t = (F_t, Y_t)$。从 A 中提取共同因子的模型即为式（3.2）。共同因子的 VAR 模型设定为：

$$C_t = \varPhi(L) C_{t-1} + e_t, \qquad \text{式（3.3）}$$

式（3.3）和式（3.2）共同构成了因子增强型向量自回归模型（FA-VAR）。

不可观测因子 F_t 的估计即 $\hat{F}_t$ 是整个 FAVAR 模型估计的关键。一旦估计出适当的 $\hat{F}_t$，然后代入方程式（3.1）就变成一个标准的 VAR 模型。关于 $\hat{F}_t$ 的估计，主要有三种方法即两步主成分分析法（Stock and Watson，2002）、反复迭代法及吉布斯抽样法（Boivin，Giannoni and Mihov，2009）。伯南克、博伊文和埃利亚斯（Bernanke，Boivin and Eliasz，2005）通过对比不同的估计方法的结果，得出这三个估计方法得出的估计结果差异不大，而古普塔、尤尔吉拉斯和卡本迪（Gupta，Jurgilas and Kabundi，

2010）的对比结果则显示吉布斯抽样法的效果稍差。黄（Hwang，2009）证明了两步主成分分析法的有效性。因此，本书采用两步主成分分析法来估计 FAVAR 模型。

两步主成分分析法具体步骤如下。第一步：运用扩展的主成分分析估计模型式（3.2）。方程式（3.2）可以简化为 $C_t = (F_t，Y_t)$。这样，在本书的实证框架中影响大宗商品价格变化的变量均被 C_t 覆盖。对 C_t 进行主成分分析，取出前 $K + M$ 个主成分构成一个新的信息集合即 $\hat{C}_t$，$\hat{C}_t$ 表示引起 X_t 变化的共同因素。将 X_t 中的所有因素分为两组即慢速变化和快速变化的经济变量[①]，快速变化的经济变量被假定为可观测的，再对慢速变化的经济变量进行主成分分析，得出信息集合估计量 $\hat{F}_t^s$。第二步：基于斯托克和沃森（Stock and Watson，2002）的结果用 $\hat{F}_t^s$ 替换方程式（3.3）中的 F_t，使用普通最小二乘法（OLS）估计方程式（3.3）：

$$\hat{C}_t = \beta_{F^s}\hat{F}_t^s + \beta_Y Y_t + e_t, \qquad 式（3.4）$$

得到 β_{F^s}，β_Y 和 e_t 的估计值。由方程式（3.4）得到的不可观测因子 F_t 的估计值 $\hat{C}_t - \beta_Y Y_t$，并将其代入方程式（3.1）得到一个标准的 VAR 模型即：

$$\Gamma(L)\begin{bmatrix}\hat{F}_t \\ Y_t\end{bmatrix} = u_t. \qquad 式（3.5）$$

根据方程式（3.5）可以得到 $\hat{F}_t$ 和 Y_t 的脉冲响应函数为：

$$\begin{bmatrix}\hat{F}_t \\ Y_t\end{bmatrix} = \Psi(L)u_t, \quad \Psi(L) = \Gamma(L)^{-1}. \qquad 式（3.6）$$

再结合方程式（3.2）可以得出 $\hat{X}_t$ 的脉冲响应函数为：

$$\hat{X}_t = \begin{bmatrix}\hat{\Lambda}^f & \hat{\Lambda}^y\end{bmatrix}\begin{bmatrix}\hat{F}_t \\ Y_t\end{bmatrix} = \begin{bmatrix}\hat{\Lambda}^f & \hat{\Lambda}^y\end{bmatrix}\Psi(L)u_t. \qquad 式（3.7）$$

3.1.3　变量选取及数据处理

笔者将文献中所涉及的因素分为全球实体经济因素、全球金融市场信号、全球大宗商品供需及库存情况和全球投机因素四个方面，以此来研究影响大宗商品价格波动的国际经济与金融市场因素。结合数据的可得性，

---

① 慢速变化的经济变量是指对经济因素变动反应较慢的经济变量，如产出、出口、就业人口、消费及价格等；快速变化的经济变量是指对经济因素变动做出立即反应的经济变量。

本节共选取了由 532 个变量的时间序列数据作为经济信息集合 X_t。数据频率均为月度，时间跨度自 1999 年 1 月至 2011 年 12 月，包括了 2004 年以来持续到 2008 年的大宗商品价格的持续走高和 2009 年 4 月以来大宗商品价格走势新动向。为了考察商品指数化投资深化对大宗商品价格的影响，需要对整个样本数据进行分段处理，因此笔者特别选取 2004 年 1 月至 2011 年 12 月为子样本进行对比研究。

第一方面是全球实体经济因素变量。本书选取美国和中国宏观经济变量，共 144 个指标。美国是全球最大的单一发达市场经济体，又是主要大宗商品的主产区和消费国，在一定程度上能够代表全球经济状况。中国是世界最大的发展中国家经济体，也是能源、农产品和各类金属的消费大国，在一定程度上能够代表新兴经济体发展状况。具体指标包括实际产出、国民收入、就业人数、工资水平、失业率、消费、新屋开工率和销售额、库存和订单数、各类价格指数（如工业生产者购进价格指数、各行业工业产品出厂价格指数、零售商品价格指数、分类进出口商品价格指数）、外汇储备（包括黄金储备）、进出口量、外资利用情况。另外，为了较为全面地对宏观经济进行考查，本书还选取了有关经济景气指数的各种指标（先行指数、一致指数、滞后指数、预警指数、消费者信心指数、消费者满意指数、消费者预期指数、工业生产指数、采购经理人指数等）。上述美国宏观经济因素和金融市场因素指标选取完全参考了伯南克、博伊文和埃利亚斯（Bernanke，Boivin and Eliasz，2005）等研究的指标选择，中国宏观经济因素和金融市场因素根据美国宏观经济因素和金融市场因素对照选取[①]。

第二方面变量来源于全球金融市场信号。本书依然选取美国和中国金融变量，共 104 个指标。具体指标包括股票市场数据（如股票成交额、成交量、各种主要股指水平、市价总值等）、债券市场数据（如国债现货期货成交额、成交量等）、国内期货市场数据（如各类大宗商品成交额、成交量和连续合约价格水平）、各种期限结构下的利率水平和同业拆借利率、货币供应量和信贷情况以及与各主要货币双边汇率。特别地，自 2008 年金融危机之后，美国采取了两轮量化宽松的美元政策，并且美元发行量与美元指数在最近十几年间保持着稳定的反向关系，所以本书加入美元指

---

① 以上美国宏观数据均来源于美联储网站 www. federalreserve. gov，中国宏观数据来源于国泰安 CSMAR 数据库。

数，以反映国际商品市场的流动性因素①。

　　第三方面是关于全球大宗商品供需及库存情况的变量。本书选取能源类和农产品为代表②，共 68 个指标。其中能源供需和库存数据来源于美国能源资料协会（EIA）库存周报③，选取指标为包括原油、战略石油储备、汽油、成品汽油、混调汽油、航空煤油、馏分燃料油、取暖用油、含渣燃料油、丙烷、丙烯、半成品油和其他油品在内的各种能源产品的库存量。农产品供需和库存数据来源于美国农业部（USDA）编写的市场供需月报④，选取指标为期初库存、产量、进口、饲料消费、国内消费总计、出口和期末库存，品种包括小麦、粗粮、玉米、大米、棉花、大豆、粕和豆油。

　　第四方面是有关投机因素的变量，选取商品期货指数交易者（Commodity Index Trader，简称 CIT）数据⑤，共 216 个指标。品种包括来源于主要期货市场的 26 种合约的非商业多头、空头、套利持仓数量、持仓占比和交易者数量，品种包括在 CME 市场交易的小麦、玉米、大豆、大豆油、粕、大米和燕麦期货，在 ICE 市场交易的 2 号棉花、糖、可可、咖啡和冷冻浓缩橙汁期货，在 CME 市场交易的三级牛奶、精猪、活牛、菜牛和木材期货，在 NYMEX 市场交易的 WTI 原油，轻质低硫原油、汽油、天然气和 2 号供热油期货，在 COMEX 交易的黄金、1 号铜、银和铂期货。

---

　　①　以上美国宏观数据均来源于美联储网站 www. federalreserve. gov，中国宏观数据来源于 Wind 数据库。

　　②　大宗商品主要包括能源类、农产品类（包括牲畜和软饮料）和金属类。但是关于金属类供需及库存的权威数据的频度为年度数据，与本书实证部分需要的频度不合适。而且三大指标中，能源类和农产品类权重比例相当高，其中能源类和农产品类权重占 CRB 指数的 79.3%，占 S&P GSCI 指数的 88.24%，占 DJUBS 指数的 68.2%，故以能源类和农产品为代表的供需和库存可以大致反映全球大宗商品供需及库存情况。

　　③　该数据对能源市场、汇市以及贵金属市场影响较大，广为投资者密切关注。目前市场的交易员和国际权威的能源咨询机构均采用 EIA 的库存数据。

　　④　该月报被认为是世界农产品市场的风向标，能够较为全面地反映当期全球农产品供需及库存状况。任何变动都会在市场上引起投资者和加工贸易企业的决策调整。

　　⑤　美国商品期货交易委员会（CFTC）对 CIT 头寸的界定是：COT（Commitments of Traders）报告中，"非商业交易者"类别下的管理型基金、养老基金等被动型资产管理风格的投资者，以及"商业交易者"类别下的互换交易者的持仓头寸。由于 2004 年以前指数化投资者还没有形成规模，而在金融危机前后是期货市场上投机交易者的投资量加速扩大的时期，因此对这一时期的投机因素，选择自 2004 年以来新兴的期货指数交易者的投资头寸是比较恰当的代理变量。再者，考虑到在 CFTC 对于商品市场的参与者分类中，利用期货和期权市场对现货交易进行风险对冲的参与者持有的头寸被称为商业头寸，其余的头寸被称为非商业头寸（例如在商品期货和期权市场中进行的投机和套利交易的基金等机构所持有的头寸归入非商业头寸）。因此，为了剔除套期保值交易头寸的影响，本书在实证中选取商品期货指数交易者 CIT 关于期货市场多种合约的非商业多头、空头、套利持仓数量、持仓占比和交易者数量作为大宗商品投机因素的代理变量是恰当合理的。

（以上数据来自彭博数据库和 CFTC 网站等。）

关于国际大宗商品价格，笔者选择国际上最具代表性的三种商品价格指数：CRB、DJ—UBS 和 GSCI[①]。

笔者对数据做了四方面的预处理：一是统一数据频率，将非月度频率数据按月取平均调整为月度数据；二是采取三次样条插值方法对个别缺漏数据进行填充（缺失数据较少，仅中国宏观经济部分变量有几处缺失）；三是进行了季节性调整；四是做了同比/环比/定基比转换。然后根据伯南克、博伊文和埃利亚斯（Bernanke，Boivin and Eliasz，2005）和扎嘎利尔（Zagaglia，2010）等人的做法，视量纲对原数据进行变换，变换方式包括以下五种方式（z_{it} 为变换前序列，x_{it} 为变换后序列）：1）直接取对数 $x_{it} = \ln(z_{it})$；2）取对数后一阶差分序列 $x_{it} = \ln(z_{it}) - \ln(z_{it-1})$；3）取对数后二阶差分序列 $x_{it} = \ln(z_{it}) - 2\ln(z_{it-1}) + \ln(z_{it-2})$；4）保持不变 $x_{it} = z_{it}$；5）取原数据一阶差分序列 $x_{it} = z_{it} - z_{it-1}$。

3.1.4　实证结果与分析

下面利用上述四大类因素指标与大宗商品价格指数变量一起构建 FA-VAR 模型，定量分析影响国际大宗商品价格波动的国际市场因素。

3.1.4.1　投机还是实需：1999 年 1 月至 2011 年 12 月

首先对所提炼的主因素进行考察和对比，从模型的稳定性、简洁性和主因素的解释力度出发，最终选取了 4 个主因素，这 4 个主因素是笔者从众多的经济变量中提取的影响大宗商品价格变动的潜在基本因素，其累计解释力达到 76.4337%。为了挖掘各主因素的经济学含义，表 3 - 1 给出了各主因素对信息集内所有变量的回归分析结果。表中数值分别对应不同解释变量对主因素指标进行 OLS 回归后得到的 R^2 统计量。对于每个主因素，笔者选取 R^2 值最高的前 5 个变量指标汇报结果（下同）。

---

① CRB 数据来源于 Wind 数据库，DJUBS 来源于道琼斯数据网 www.djindexes.com，GSCI 来源于标准普尔数据网 www.standardandpoors.com。

表 3 – 1　　萃取的主因素相关变量分析：1999 年 1 月至 2011 年 12 月

因素 1		因素 2	
美国工业生产指数：制造业	0.6539	美国：员工数：耐用品行业	0.7523
美国芝加哥联邦储备银行全国活动指数	0.6393	美国：员工数：制造业	0.7413
美国工业生产指数：耐用材料	0.6318	美国：员工数：轻工业	0.7027
美国产能利用率：制造业	0.6275	美国：员工数：非农业	0.6456
美国工业生产指数：耐用消费品	0.6106	美国：平均每周小时工资：制造业	0.6448
因素 3		因素 4	
中国外资企业实际利用外资累计额	0.7351	全球：豆油：产量	0.8378
中国实际利用外商直接投资累计额	0.7351	全球：大豆：压榨量	0.8319
中国合作经营企业实际利用外资累计额	0.7331	全球：豆粕：产量	0.8295
中国合资经营企业实际利用外资累计额	0.7325	全球：大豆：国内消费总计	0.8123
中国进口累计额	0.7296	全球：豆粕：国内消费总计	0.8109

　　结果显示，因素 1 和因素 2 主要为以美国为代表的全球实体经济发展状况，其中因素 1 主要与工业生产状况相关，因素 2 与工业生产规模相关。因素 3 为以中国为代表的来自新兴经济体的实体经济水平，因素 4 为供需及库存因素。结果表明，从长期来看，实体经济因素是影响国际大宗商品价格的主要因素，供需及库存因素仍发挥作用，但是尚没有证据表明某个主因素与投机行为有关。

　　接下来对提取的主因素和大宗商品指数建立 VAR 模型。考虑到 VAR 模型的稳定性和不同滞后阶数选择标准，笔者发现选取 2 期滞后变量的 VAR 模型效果最好。结果如表 3 – 2 所示，篇幅有限，只汇报各主因素的系数、标准误差项和统计显著水平（下同）。

表 3 – 2　　　　　大宗商品收益率与主因素 FAVAR 模型结果：
1999 年 1 月至 2011 年 12 月

	GSCI	CRB	DJUBS
$\Phi(1)$			
因素 1	1.8779 ***	1.7888 ***	1.8681 ***
	(0.6511)	(0.6640)	(0.6662)
因素 2	0.3515	0.3140	0.3735
	(0.5990)	(0.6108)	(0.6128)

续表

	GSCI	CRB	DJUBS
$\Phi(1)$			
因素 3	− 0. 2212	− 0. 0566	− 0. 0113
	(0. 4217)	(0. 4300)	(0. 4315)
因素 4	− 0. 1715	0. 0684	0. 0994
	(0. 4793)	(0. 4888)	(0. 4904)
$\Phi(2)$			
因素 1	− 0. 1651	− 0. 4456	− 0. 4953
	(0. 6396)	(0. 6523)	(0. 6544)
因素 2	− 0. 6480 *	− 0. 6609 *	− 0. 5801 *
	(0. 5226)	(0. 5329)	(0. 5347)
因素 3	0. 3942	0. 4579 *	0. 5627 *
	(0. 4175)	(0. 4257)	(0. 4271)
因素 4	0. 8080 **	0. 5415 *	0. 4208
	(0. 4748)	(0. 4842)	(0. 4858)
R^2	21. 8194%	18. 8517%	18. 4685%

注：$\Phi(1)$ 为滞后 1 期的主因素参数估计结果，$\Phi(2)$ 为滞后 2 期的主因素参数估计结果。括号内为标准差项，* 为 10% 显著性水平，** 为 5% 显著性水平，*** 为 1% 显著性水平，下同。

从表 3 − 2 可以看出，因素 1 滞后 1 期系数对三大商品期货指数在 1% 置信水平下显著，因素 2 滞后 2 期系数对三大商品期货指数在 10% 置信水平下显著，表明以美国为代表的实体经济发展状况对大宗商品价格具有显著解释力。因素 3 滞后 2 期系数对 CRB 和 DJUBS 指数在 10% 置信水平下显著，而滞后 1 期系数不显著，表明中国因素对大宗商品有影响，但传导速度较美国实体经济慢且程度弱。因素 4 的结果与因素 3 类似，表明随着商品期货金融化的深入，供需及库存因素对大宗商品价格影响较实体经济和金融因素弱。

下面运用脉冲响应函数分析大宗商品期货价格指数与各主因素各期之间的互动关系，以衡量来自各主因素随机扰动的一个正的单位大小的冲击所引起的大宗商品价格脉冲响应函数。在模型中，笔者将响应函数的追踪期数设定为 21 期。图 3 − 1 显示了主因素的结构冲击引起的 GSCI 指数波动的脉冲响应函数图。其中，横轴代表响应函数的追踪期数，纵轴代表响应程度。

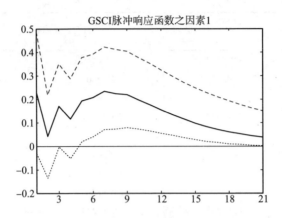

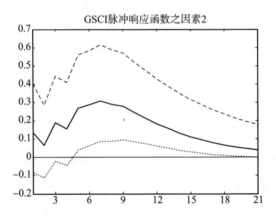

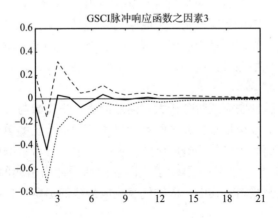

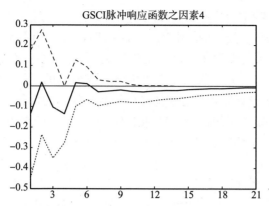

图 3 - 1　主因素结构冲击引起的 GSCI 指数波动的脉冲响应函数：
1999 年 1 月至 2011 年 12 月

注：自上至下分别是 GSCI 对因素 1 ~ 4 的脉冲响应函数。

从图 3 - 1 可以看出，商品期货价格对于因素 1 和因素 2 的一个标准差扰动反应最大，在第 1 期均有正向反应，幅度分别达到 0.22 和 0.14，继而窄幅波动，在第 6 ~ 8 期达到顶峰，分别为 0.23 和 0.28，之后缓慢下降，但冲击效果具有延续性，在滞后 21 期时仍保持在 0.05 左右；而对于因素 3 和因素 4，大宗商品价格在第 1 期响应为负，随后在震荡中迅速递减，从第 9 期开始冲击效果逐渐消失。其他两大商品期货指数 CRB 和 DJUBS 对于不同因素冲击的响应函数曲线走势与 GSCI 相似，只是响应程度有所小幅变动。因此总的来看，1999 年 1 月至 2011 年 12 月期间，实体经济因素冲击导致期货价格响应的程度高于供需及库存因素冲击，而投机因素更不明显。

接下来利用格兰杰检验判断主因素与大宗商品价格之间因果关系。因为笔者旨在研究大宗商品价格影响因素，因此只报告主因素是否是引起大宗商品指数波动原因的格兰杰因果原因，如表 3 - 3 所示。

表 3 - 3　　主因素引起大宗商品指数波动的格兰杰因果检验结果：
1999 年 1 月至 2011 年 12 月

	因素 1		因素 2		因素 3		因素 4	
GSCI	5.4733 *	(0.0648)	7.9852 **	(0.0185)	3.7536	(0.1531)	0.9446	(0.6236)
CRB	6.0680 **	(0.0481)	1.0893	(0.5800)	3.8720	(0.1443)	0.2553	(0.8802)
DJUBS	12.3788 ***	(0.0021)	3.7867	(0.1506)	1.4497	(0.4844)	0.1572	(0.9244)

注：原假设为主因素不是大宗商品指数波动的原因，下同。

结果表明，因素 1 能够直接引起三大商品期货价格指数变动，因素 2

能够直接引起 GSCI 指数变动。另外，因素 2 在 1% 置信水平下引起因素 1 变动，因此因素 2 能够间接引起三大商品期货价格指数变动。因素 3 在 5% 置信水平下引起因素 2 变动，可以认为因素 3 通过直接作用于因素 2 间接传导至因素 1，是三大商品期货价格指数变动的间接原因，这点可以解释中国因素传导速度较美国实体经济慢且程度弱的现象。

图 3-2 是模型系统的结构性冲击对于两大商品期货指数 GSCI、CRB 变动贡献程度的走势图。

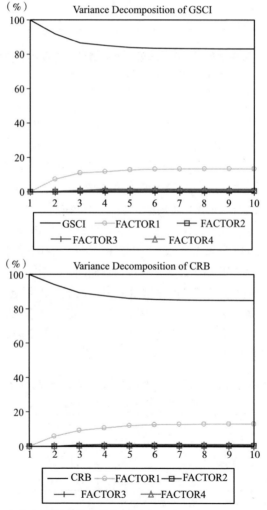

图 3-2　大宗商品指数的预期方差分解：1999 年 1 月至 2011 年 12 月

注：上、下图分别是 GSCI、CRB 指数方差分解结果。

由图 3-2 可以看出，商品期货价格的变动首先来自于自身；以美国为代表的实体经济因素对其贡献度均呈现逐步增加的趋势，在 10 期以后稳定在 17% 左右；而其他因素诸如中国因素和供需及库存因素的贡献度虽有上升趋势，但是解释力明显较低。结果表明，在 1999 年 1 月至 2011 年 12 月期间，来自美国的实体经济因素对于商品期货价格变化的解释力最为显著，明显超过其他因素，如金融、实需和投机因素。

3.1.4.2　投机还是实需：2004 年 1 月至 2011 年 12 月

自 2004 年起，伴随着对冲基金等短期投机力量在大宗商品期货市场的兴起，商品期货指数化投资成为企业年金、养老金等机构投资商品市场的主要手段，投资量增长迅速。通过观察，笔者发现投机因素成为挑战实体经济因素、金融市场因素和供需及库存因素的影响商品期货市场价格的重要力量。因此，笔者特别考察 2004 年 1 月至 2011 年 12 月投机因素与实需因素的影响力度的变化。

首先萃取主因素，仍然选取 4 个主因素，其累计解释力达到 81.9577% 。表 3-4 给出了各主因素对信息集内所有变量的回归分析结果。与样本期为 1999 年 1 月至 2011 年 12 月的结果显著不同，因素 1 主要为以报告非商业持仓情况为代表的全球投机因素，因素 2 为以美国为代表的世界实体经济水平，因素 3 为来自中国的新兴经济体进出口和外资利用状况，因素 4 主要代表全球供需及库存因素。

表 3-4　萃取的主因素相关变量分析：2004 年 1 月至 2011 年 12 月

因素 1		因素 2	
美元指数	0.8322	美国：员工数：制造业	0.8438
CME：大豆油：非商业空头持仓数量	0.7967	美国芝加哥联邦储备银行全国活动指数	0.8412
CME：小麦：非商业空头持仓数量占比	0.7347	美国：员工数：耐用品	0.8400
CME：玉米：非商业空头持仓数量占比	0.7006	美国：员工数：非农业	0.8299
CME：三级牛奶：非商业空头持仓数量	0.6928	美国：员工数：轻工业	0.8263
因素 3		因素 4	
中国进口累计额	0.6026	全球：豆油：产量	0.8835
中国进出口累计总额	0.6009	全球：大豆：压榨量	0.8755
中国出口累计额	0.5993	全球：豆粕：产量	0.8750
中国外资企业实际利用外资累计额	0.5950	全球：豆油：国内消费总计	0.8698
中国实际利用外商直接投资累计额	0.5933	全球：豆粕：国内消费总计	0.8673

结果表明，自 2004 年 1 月以来，投机因素超越实体经济因素和供需及库存因素，成为影响国际大宗商品价格走势的主导力量。同时，美元指数的出现值得关注。自 2008 年金融危机之后，美元的量化宽松是加强投机力量推动价格波动的主要外部因素。

继而对提取的主因素和大宗商品指数建立 VAR 模型，结果如表 3 – 5 所示。

表 3 – 5　　　　　　大宗商品收益率与主因素 FAVAR 模型结果：
2004 年 1 月至 2011 年 12 月

	GSCI	CRB	DJUBS
$\Phi(1)$			
因素 1	0. 8198 **	0. 9611 **	1. 1212 **
	(0. 6362)	(0. 6358)	(0. 6381)
因素 2	1. 7487 **	1. 7544 **	1. 8748 **
	(0. 8990)	(0. 8984)	(0. 9016)
因素 3	0. 0243	0. 0661	0. 1378
	(0. 5315)	(0. 5311)	(0. 5330)
因素 4	– 0. 0175	– 0. 2355	– 0. 1776
	(0. 5625)	(0. 5622)	(0. 5642)
$\Phi(2)$			
因素 1	0. 5676	0. 5377	0. 5568
	(0. 5775)	(0. 5771)	(0. 5792)
因素 2	0. 9936	0. 8127	0. 7224
	(0. 8734)	(0. 8728)	(0. 8759)
因素 3	0. 3953	0. 5371	0. 6109
	(0. 5262)	(0. 5258)	(0. 5277)
因素 4	– 0. 7679 *	– 0. 4109 *	– 0. 3137 *
	(0. 5450)	(0. 5446)	(0. 5465)
R^2	22. 1397%	21. 5861%	21. 4209%

估计结果对三大商品期货价格指数均表现稳健。因素 1 滞后 1 期系数对三大商品期货指数在 5% 置信水平下均显著，表明投资力量开始成为影响大宗商品价格的新的主导力量。因素 2 滞后 1 期系数对三大商品期货指

数在5%置信水平下依然显著，表明无论是长期还是短期，以美国为代表的实体经济发展状况是大宗商品价格的重要影响因素。因素4滞后2期系数对三大商品期货指数在10%置信水平下显著，而滞后1期系数不显著，表明供需及库存因素对大宗商品价格有影响，但存在滞后效应。而因素3系数对三大商品期货指数均不显著，表明在考虑投机因素后，中国因素对大宗商品价格变动解释力变弱。上述结果表明随着商品期货金融化的深入，投机因素开始超越于实体经济因素、金融因素和供需及库存因素，成为大宗商品价格变动的主导力量。

　　接下来考虑脉冲响应函数，笔者特别考察了投机因素和实需因素。图3-3显示了两因素的结构冲击引起的GSCI指数波动的脉冲响应函数。

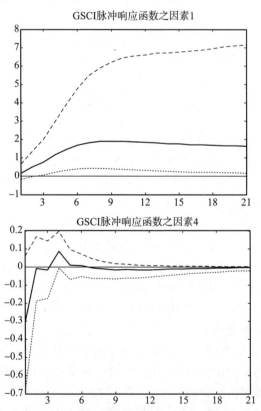

图3-3　主因素结构冲击引起的GSCI指数波动的脉冲响应函数：
2004年1月至2011年12月

注：上、下图分别表示GSCI对因素1和因素4的脉冲响应函数。

可以看出，商品期货价格对于实需因素的一个标准差扰动在第 1 期反应较小，表现为负，之后继续下降，窄幅震荡，并在第 9 期之后冲击效果逐渐消失；而对于投机因素的一个标准冲击，商品期货价格在第 1 期响应为较大的正数，之后稳步上升，并在第 8 期达到顶峰 2 之后响应幅度小幅降低，但其对商品期货价格影响力持续性强，在 21 期后依然维持在 1.8 左右。结果表明，2004 年 1 月至 2011 年 12 月间，投机因素冲击导致期货价格响应的程度显著高于实需因素冲击。

表 3 - 6 报告了主因素是否是引起大宗商品指数波动原因的格兰杰因果检验。

表 3 - 6   主因素引起大宗商品指数波动的格兰杰因果检验结果：
2004 年 1 月至 2011 年 12 月

	因素 1		因素 2		因素 3		因素 4	
GSCI	6. 9585 **	(0. 0308)	7. 6515 **	(0. 0218)	0. 9265	(0. 6292)	6. 6902 **	(0. 0353)
CRB	1. 4840	(0. 4762)	4. 0890	(0. 1294)	0. 6126	(0. 7362)	3. 3179	(0. 1903)
DJUBS	6. 6043 **	(0. 0368)	6. 4660 **	(0. 0394)	3. 2056	(0. 2013)	5. 1936 *	(0. 0745)

结果表明，因素 1、因素 2 和因素 4 至少在 10% 置信水平下能够直接引起 GSCI、DJUBS 商品期货价格指数变动，而因素 3 对三大商品期货价格指数均不显著。表明 2004 年 1 月至 2011 年 12 月，投机因素、美国实体经济因素和供需及库存因素均直接引起大宗商品价格变动，而中国因素作用则不明显。但是，因素 3 能够直接引起因素 1 和因素 4 变动，因此因素 3 能够通过因素 1 和因素 4 的传导作用间接引起三大商品期货价格指数变动。表明中国因素可以通过影响全球大宗商品供需状况间接影响大宗商品价格，或者全球投机力量借助中国因素伺机炒作，推动大宗商品价格变动。

图 3 - 4 是模型系统的结构性冲击对于两大商品期货指数 GSCI、CRB 变动贡献程度的走势图。

由图 3 - 4 可以看出，商品期货价格的变动首先来自于自身；投机因素对其贡献度均呈现逐步增加的趋势，在 10 期以后稳定在 16% 左右；而美国、中国实体经济因素和供需库存因素的贡献度虽有上升趋势，但是解释力明显较低，仅在 5% 左右。结果表明，在 2004 年 1 月至 2011 年 12 月期间，投机因素对于商品期货价格变化的解释力明显提高，明显超过实体经济因素和供需库存因素。

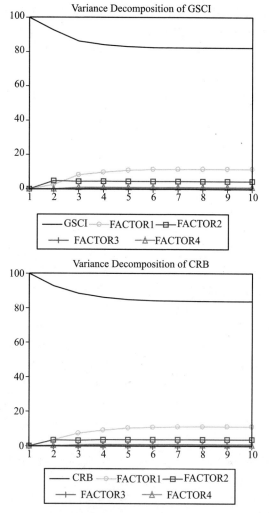

图 3 - 4　大宗商品指数的预期方差分解：2004 年 1 月至 2011 年 12 月

注：上、下图分别是 GSCI、CRB 指数方差分解结果。

3.1.4.3　关于实需还是投机的深入讨论：供需及库存 vs. 投机因素

针对 2004 年 1 月至 2011 年 12 月这段时间，笔者将全球实体经济因素和金融因素作为基本信息，分别将投机因素和实需库存因素作为附加信息，以此对投机因素和实需因素作对比研究，旨在深入比较实需因素与投机因素对于大宗商品期货价格的影响。

首先萃取主因素，仍然分别选取 4 个主因素，累计方差贡献率分别达到 77.2086% 和 65.5649%，具有较强的解释力。表 3 - 7 给出了各主因素对信息集内所有变量的回归分析结果。

表 3 - 7　　　萃取的主因素相关变量分析：供需及库存 vs. 投机因素

	供需及库存	投机因素
	美国：芝加哥联邦储备银行全国活动指数	美元指数
	美国：员工数：制造业	CME：大豆油：非商业套利持仓数量
因素 1	美国：员工数：耐用品	CME：大豆油：非商业多头持仓数量占比
	美国：员工数：非农业	CME：玉米：非商业空头持仓数量占比
	美国：员工数：轻工业	CME：小麦：非商业多头持仓数量占比
	中国：股票流通市值	美国：员工数：制造业
	中国：深证收盘 A 股成分指数	美国：员工数：耐用品
因素 2	中国：深证收盘成分指数	美国：芝加哥联邦储备银行全国活动指数
	中国：上证收盘综合指数	美国：员工数：轻工业
	中国：上证收盘 A 股综合指数	美国：员工数：非农业
	全球：豆油：产量	中国：进口累计额
	全球：豆油：国内消费总计	中国：进出口累计总额
因素 3	全球：大豆：压榨量	中国：出口累计额
	全球：豆粕：产量	中国：实际利用外资累计额：外资企业
	全球：大豆：国内消费总计	中国：实际利用外资累计额：外商直接投资
	中国：进口累计额	CME：大豆油：非商业空头持仓交易者数量
	中国：实际利用外资累计额：外资企业	CME：豆粕：非商业多头持仓数量占比
因素 4	中国：进出口累计总额	CME：豆粕：非商业多头持仓数量
	中国：实际利用外资累计额：外商直接投资	CME：玉米：非商业空头持仓数量
	中国：出口累计额	CME：大豆：非商业多头持仓交易者数量

对比结果显示，在考虑实需因素的信息集中，因素 1、因素 2 和因素 4 均为实体经济因素，因素 3 主要代表全球供需及库存因素；而在考虑投机因素的信息集中，因素 1 和因素 4 主要为以报告非商业持仓情况为代表的全球投机因素，因素 2 为以美国为代表的世界实体经济水平，因素 3 为来自中国的新兴经济体进出口和外资利用状况。从各因素贡献度上来看，自 2004 年 1 月以来，投机因素超越实体经济因素，成为影响国际大宗商品价格走势的主导力量。而实体经济因素对大宗商品价格的影响力超越供需及库存因素。

下面分别对提取的主因素和大宗商品指数建立 VAR 模型，结果如表 3 – 8 所示。

表 3 – 8　　　　　大宗商品收益率与主因素 FAVAR 模型结果：
供需及库存 vs. 投机因素

	供需及库存			投机因素		
	GSCI	CRB	DJUBS	GSCI	CRB	DJUBS
$\Phi(1)$						
因素 1	1. 3375 *	1. 4209 *	1. 5407 **	0. 6851 *	0. 9712 *	1. 1324 **
	(0. 7294)	(0. 7385)	(0. 7389)	(0. 5993)	(0. 6006)	(0. 6028)
因素 2	– 0. 7205 *	– 0. 7081 *	– 0. 9185 *	1. 5902 *	1. 5815 *	1. 7246 **
	(0. 4910)	(0. 4971)	(0. 4973)	(0. 8257)	(0. 8275)	(0. 8306)
因素 3	– 0. 0983	0. 0929	0. 0319	0. 0411	0. 0139	0. 1370
	(0. 4620)	(0. 4678)	(0. 4680)	(0. 5215)	(0. 5226)	(0. 5246)
因素 4	– 0. 3427	– 0. 2209	– 0. 1639	– 0. 2849	– 0. 0330	– 0. 2261
	(0. 4552)	(0. 4609)	(0. 4611)	(0. 5709)	(0. 5722)	(0. 5743)
$\Phi(2)$						
因素 1	– 0. 7211	– 0. 6895	– 0. 6367	– 0. 5854	– 0. 5389	– 0. 4882
	(0. 7089)	(0. 7177)	(0. 7180)	(0. 5681)	(0. 5693)	(0. 5715)
因素 2	– 0. 5838	– 0. 5284	– 0. 5063	1. 0497	0. 8298	0. 7962
	(0. 5020)	(0. 5083)	(0. 5085)	(0. 8048)	(0. 8066)	(0. 8097)
因素 3	0. 8403 *	0. 7938 *	0. 8321 *	0. 0831	0. 3288	0. 4154
	(0. 4637)	(0. 4695)	(0. 4697)	(0. 5011)	(0. 5022)	(0. 5040)
因素 4	– 0. 5326	– 0. 2428	– 0. 2116	0. 7441 *	0. 5278 *	0. 4377
	(0. 4442)	(0. 4498)	(0. 4500)	(0. 5264)	(0. 5275)	(0. 5295)
R^2	25. 9611%	23. 4651%	23. 7700%	22. 6398%	21. 6374%	21. 4397%

三大商品期货价格指数结果表现类似。在不考虑投机因素的情况下，来自美国和中国的实体经济因素和供需及库存因素均显著，而考虑投机因素后，只有来自美国的实体经济因素和投机因素显著，来自中国的实体经济因素解释力下降。表明中国因素是大宗商品的影响因素之一，但其影响力在考虑投机因素后降低甚至消失，该结果至少为中国因素和投机行为何为本轮大宗商品价格上涨幕后推手提供了证据。实证表

明，中国因素对大宗商品价格影响力有限，其主要通过影响全球供需及库存间接传导至大宗商品市场，但是其作用在过去几年间被投机力量借机放大。从本质上来看，投机因素对大宗商品价格变动影响力显著高于实体经济因素、金融因素和供需及库存因素，是大宗商品价格上涨的主导力量。

接下来，结合两类信息集的结果，笔者分别考察了美国实体经济因素、中国实体经济因素、投机因素和实需库存因素对大宗商品价格的影响程度。图 3-5 显示了上述 4 个因素的结构冲击引起的 GSCI 指数波动的脉冲响应函数。

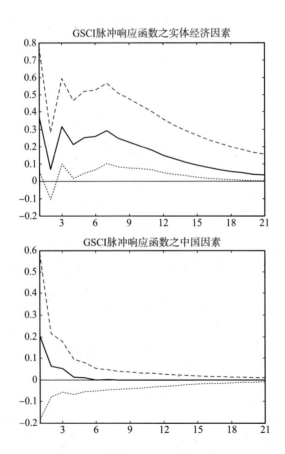

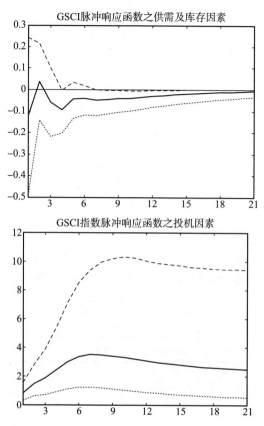

图3-5 各主因素的结构冲击引起的 GSCI 指数波动的脉冲响应函数比较

从图3-5中可以看出，商品期货价格对于美国实体经济因素、中国实体经济因素和投机因素的一个标准差扰动在第1期反应均为正，其中投机因素的冲击程度最大，约为1，美国实体经济因素次之，约为0.45，中国实体经济因素最弱，约为0.2。美国实体经济因素第1期之后在大幅震荡中缓慢下降，在第21期依然保持0.05左右。中国实体经济因素冲击在第1期之后迅速下降，并在第6期之后冲击效果逐渐消失。而对于投机因素的一个标准冲击，商品期货价格在第1期大幅响应后，稳步上升，并在第8期达到顶峰3.7之后响应幅度小幅降低，但其对商品期货价格影响力持续性强，在21期后依然维持在2.2左右。与之相反，供需及库存冲击幅度最小，在第1期达到最大值-0.1，之后缓慢下降直至冲击效果几乎完全消失。该结果表明，2004年1月至2011年12月间，投机因素冲击导致期货价格响应的程度显著高于实需因素冲击。

图 3-6 给出分别考虑实需库存因素和投机因素的模型系统结构性冲击对于 GSCI 指数变动贡献程度的走势图。

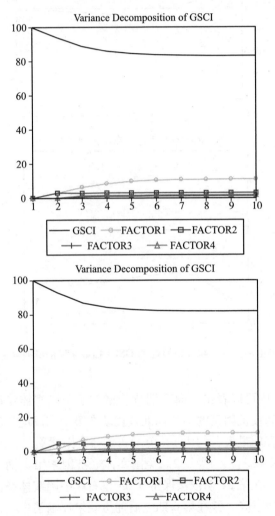

图 3-6　GSCI 指数的预期方差分解：供需及库存（a）vs. 投机因素（b）

由图 3-6（a）可以看出，在不考虑投机因素情况下，实体经济因素和金融因素对 GSCI 指数变动贡献程度仅次于 GSCI 指数本身，远高于实需因素；而在考虑投资因素的情况下，图 3-6（b）表示投机因素的解释力在第 1~2 期略低于实体经济因素，之后大幅上升，从第 3 期开始强势超越实体经济因素，在第 10 期后趋于稳定，保持在 0.17 左右。对比结果表明，在 2004 年 1 月至 2011 年 12 月期间，投机因素对于商品期货价格变化的解释力最显著，实体经济因素次之，供需及库存因素最次。

3.1.5 对于商品资产配置的启示

基于上述结果，笔者得到以下结论：第一，2004 年实行指数化投资以来，大宗商品金融化趋势明显，其价格指数受单纯供需及库存因素的影响并不显著。第二，长期来看，实体经济和金融市场状况是影响国际大宗商品价格的主要因素，即经济基本面因素与商品期货价格指数具有长期成长中的动态均衡关系；供需及库存因素仍发挥作用，但影响较小。第三，短期而言，在实体经济因素、投机因素和供需及库存因素同时存在的条件下，投机因素是造成大宗商品市场价格波动的最主要原因；商品期货指数化投资直接加剧了市场波动，其冲击的后果具有持续性；而后危机时期美元的量化宽松是加强投机力量推动价格波动的主要外部因素，对商品期货投机行为起到推波助澜的作用。第四，鉴于上述结果，中国因素不是大宗商品价格上涨与波动的主导力量，投机力量借助中国因素炒作，掩盖其自身是大宗商品价格波动最大推手的事实。事实上，中国更是大宗商品价格波动的风险承担者。

基于上述认识，笔者认为应当从战略的高度形成防御性与主动性相结合的应对策略。除了需要完善国际资产价格波动监测体系，形成动态预警机制和加快中国商品期货市场体系建设以获得重要资源类商品的与中国经济发展规模相适应的国际定价权份额外，应当建立实物储备、实体投资和金融投资互补的多层次战略商品储备体系。这其中非常重要的一个方面就是，借鉴国际养老金等长期投资基金参与商品期货指数化投资的经验，鼓励国内金融机构参与国际商品期货的指数化投资，支持主权财富基金、金融机构和民间资本积极参与商品期货指数化投资，既可以对冲大宗商品风险，又能获得安全第一准则下的投资收益。

3.2 量化宽松与国际大宗商品市场

美联储 2013 年度最后一次货币政策会议决定于 2014 年 1 月 1 日起逐

步退出量化宽松政策,每月削减 100 亿美元政府购买额度,其中美国国债和住房抵押贷款支持证券分别缩减 50 亿美元,这标志着美国为应对金融危机而推出的非常规货币政策退出启动。美联储量化宽松政策已伴随美国经济近 5 年之久,对美国以及世界经济造成深远影响,过去几年内美联储实施了四轮量化宽松政策,在政策实施期间,全球保持低息环境和持续的流动性充裕,大量剩余资金进入大宗商品市场或新兴经济体,推高大宗商品市场,并加剧新兴经济体输入型通胀。量化宽松导致美元指数走跌,黄金价格上扬,国际油价持续上行,有色金属普遍上涨,个别产品小幅下降。而在经历最初政策刺激的上涨之后,强势行情出现停滞,部分商品价格下跌,大宗商品市场价格波动剧烈。因此有必要研究量化宽松政策对大宗商品市场的影响。

3.2.1 溢出性、非对称性和长记忆性

3.2.1.1 考察后危机时代大宗商品波动特征的必要性

量化宽松作为一项非常规的货币政策,相比于传统的货币政策,它的政策效果如何,对本国和国际市场的各类资产有何影响仍存在较大的不确定(Roache and Rousset,2013)。国际大宗商品市场是国际金融市场的重要组成部分之一,它的特殊之处在于连接着实体经济和金融市场,沟通了期现货价格,其市场的繁荣程度和价格走势将对各国实际生产、物价水平乃至经济稳定都有着重要影响。因此,对于美联储 QE 政策究竟对国际大宗商品价格产生何种影响,以及影响方向和影响程度的探讨都具有重要意义。

而实际上,量化宽松政策已成为影响大宗商品市场波动的主要因素。短期来看,量化宽松政策实施确实达到刺激经济的目的,而从长期来看,实体经济萎靡,虚拟经济膨胀,实体经济与虚拟经济背离严重,在此背景下量化宽松政策实施给全球经济带来巨大风险。特别是对发展中国家,由于对大宗商品需求巨大,发展中国家一方面需要被动承担输入型通货膨胀,另一方面量化宽松政策导致的市场波动也将给发展中国家带来较大风险。中国作为世界上最大的发展中国家,工业化与城镇化处于较快发展时期,无论是出于对战略资源保障的考虑还是长期战略性投资的需要,我国对大宗商品市场的依赖程度将进一步加深,必须深刻认识后危机时代大宗

商品市场的波动特征。另外，大宗商品市场金融化特征更加明显，量化宽松政策释放的流动性也将通过金融市场传导至大宗商品市场。在美联储量化宽松政策逐步退出阶段，考虑到欧债危机升级、美债问题悬而未决、新兴市场增长动力不足等复杂背景，历次量化宽松政策究竟对大宗商品市场起到了何种作用，这是一项具有挑战性的研究议题。

本节基于大宗商品市场与传统金融市场联动性和信息传递在金融危机期间及后期更为显著的事实，首次考察了在考虑金融因素的情况下量化宽松政策对国际大宗商品市场的直接影响，以及量化宽松政策通过金融因素传导对国际大宗商品市场信息溢出效应的变化。

3.2.1.2　量化宽松政策的文献述评

量化宽松的货币政策作为一种非常规性的货币政策，近年来开始受到研究者们越来越广泛的关注，研究方向包括量化宽松政策的传导机制、对实体和金融经济的冲击效应以及政策效果等。潘成夫（2009）在对量化宽松货币政策的理论基础进行分析的前提下，研究了日本量化宽松政策实践的经验与教训，认为实施初期效果并不明显，但满足了金融机构的流动性需求，稳定了金融体系。王树同等（2009）对美联储实施该政策的原因进行了分析，并指出积极与消极影响并存。刘克崮和翟晨曦（2011）阐述了美联储量化宽松政策效应对华传导路径并指出中国为应对量化宽松政策所需进行的全面而系统的战略调整。张礼卿（2011）分析了QE2的经济后果以及中国面临的政策挑战。盛夏（2013）指出量化宽松政策对中国宏观金融的短期影响大于长期影响。胡援成等（2012）结合SVAR模型分析了美元贬值对我国通货膨胀的影响，货币扩张主要通过外汇占款和人民币升值预期影响我国通货膨胀。何正全（2012）从大宗商品价格、国际资本流动两方面说明美联储先后两次量化宽松货币政策给中国带来输入型通货膨胀，并以此来推测QE3对中国通货膨胀的可能影响。李建伟和杨琳（2011）认为量化宽松政策增加的基础货币将导致美元贬值，加大全球通货膨胀压力，刺激国际市场短期资本流向中国、印度等新兴市场，加大其他国家持有美元固定收益资产的投资损失。

近年来在全球流动性扩张与商品市场金融化大讨论的背景之下，量化宽松政策对商品市场的影响受到学界和业界的广泛关注，例如韩立岩、尹力博（2012）分析了大宗商品市场异常波动是否来自宽松的流动性。但未得到一致性的结论。以金属类大宗商品为例说明。许多研究表明，宽松的货币政策使金属类大宗商品价格升高，紧缩的货币政策使其下跌。例如，斯克林杰（Scrimgeour，2010）采用事件分析法研究 1998～2008 年联邦公开市场委员会（FOMC）货币政策声明与大宗商品的关系，结果发现非预期的利率升高使金属类商品指数下跌。安阳尼等（Anzuini et al.，2012）通过构建 1978～2008 年间联邦基金利率、货币供应量（M2）、CPI、工业生产指数和大宗商品及其分类指数的标准 VAR 模型分析货币政策与大宗商品的关系，脉冲响应结果表明宽松的货币政策冲击在短期内会拉动金属分类商品的价格。巴菲和瑟韦斯库（Baffes and Savescu，2014）采用 OLS 方法研究短期、中期和长期利率对六种工业金属的作用（铝、铜、锌、铅、镍、锡），结果显示长期利率的降低有助于拉升它们的价格。

然而，也有文献指出宽松的货币政策不一定使金属类商品价格上升。格里克和勒迪克（Glick and Leduc，2012）采用事件分析法对美元量化宽松政策第一轮和第二轮期间重要事件公布日的 GSCI 商品指数及其分类指数的波动进行研究。结果发现美联储的大规模资产购买计划公布当日会使贵金属类期货价格降低。戈斯波迪诺夫和贾马利（Gospodinov and Jamali，2013）构建无套利模型分析了 1990～2008 年间利率的非预期变动对大宗商品价格的影响，实证发现紧缩的货币政策引致的非预期利率升高将拉动黄金、铂金期货的价格。

综上，将 QE 政策效果和国际大宗商品相结合的国内外研究相对较少，尚未有很成体系的实证文章，且结果呈现一定的分歧。由于美国货币政策的国际性和金融市场的本质异化，使美联储 QE 政策的任何变化都会对全球市场造成巨大冲击和影响。因此，本书以大宗商品市场为研究对象，在考虑金融因素背景下，实证考察美联储的量化宽松货币政策对大宗商品市场冲击的直接和间接效应，相关结果旨在为非常规货币政策对大宗商品市场的影响提供新的证据。

3.2.1.3 数据

从学术规范的角度出发，在本书实证研究中选择的是国际上最具代表性之一的道琼斯—瑞银商品指数（DJ—UBS）及其 7 个相关性相对比较弱的分类行业指数（Sub—Indexes）。DJ—UBS 于 1998 年创建并在芝加哥期货交易所（CME）交易。目前包括 23 种商品，其权重设计主要依据流动性同时兼顾产量指标，每年由委员会调整一次。其最突出的特点是具有经济意义，品种呈现多样性、连续性和流动性，在机构投资者中有大量的追随者。

本书选取了从 2004 年 1 月 6 日至 2013 年 12 月 31 日的日度数据，数据截至美联储量化宽松政策退出启动前。在此期间，国际大宗商品市场经历了自 2004 年初至 2008 年 6 月的一波牛市、2008 年 6 月至 2009 年上半年的一轮暴跌、2009 年下半年至 2011 年 4 月的缓慢回升，以及 2011 年 4 月至今的不断波动。在参数估计过程中，使用各行业大宗商品指数的对数收益率，其基本的描述性统计量见表 3-9。

表 3-9　　　　　大宗商品行业指数日收益率的基本统计量　　　单位：%

	总指数	农产品	能源	谷物	工业金属	牲畜	贵金属	软饮料
均值	-0.0044	-0.0020	-0.0426	-0.0006	0.0172	-0.0253	0.0338	-0.0120
中位数	0.0315	-0.0168	-0.0361	0.0081	0.0553	-0.0173	0.0977	0.0001
最大值	5.6475	6.5644	9.3649	7.2853	7.5660	3.3631	8.9975	6.2812
最小值	-6.4023	-6.7533	-8.3606	-7.8967	-9.6990	-3.6271	-10.378	-9.5307
标准差	1.1712	1.3477	1.9030	1.6284	1.7023	0.0890	1.4880	1.3844
偏度	-0.2560	-0.1760	-0.0506	-0.0957	-0.3002	-0.0533	-0.6445	-0.2643
峰值	12.2195	17.0028	3.4820	14.7211	3.8602	3.4491	4.6586	8.0253

数据来源：http://www.djindexes.com/commodity/。

可以看到，总指数、能源、牲畜、软饮料的平均收益均为负值。总指数、工业金属和贵金属有比较大的中位数。但是对于总指数、贵金属和软饮料来说，平均收益为负而中位数相对较大，说明日收益率分布的偏差。像谷物、工业金属和贵金属，较高的均值和中位数反映了这些行业在样本期内的高速发展。因为样本数据涵盖的市场周期较长，特别是包含了 2006 年至 2008 年上半年的高速上涨时期和 2008 年下半年至 2009 年上半年的高速下跌时期，因此各个指数的日收益率的极值和标准差都比较大，反映了市场的剧烈变化。偏度均小于 0，峰度异于正态条件下的 3，反映了各行业大宗商品指数收益的尖峰、厚尾和左偏的分布特性。

3.2.1.4　模型

（1）不包含金融因素的分整自回归条件异方差模型（FIGARCH）模型。从大宗商品市场自身特性来看，大量实证研究表明大宗商品资产收益率具有典型的异方差特性以及长记忆的变动特性。巴克拉斯等（Barkoulas et al.，1997）最早发现某些大宗商品收益率具有典型的长记忆性特征，长记忆性即自相关衰减速率不同。克拉图和雷（Crato and Ray, 2000）研究发现12种农产品、3种金属和取暖油期货均具有明显的长记忆变动特性。其他学者也提供了较新的证据（Elder and Jin, 2007; Figuerola—Ferretti and Gilbert, 2008），佐证了上述观点。既然大宗商品市场具有典型的长记忆特征，本书也将重点关注量化宽松政策对长记忆性的影响。

对于如何刻画长记忆性，金和弗雷谢特（Jin and Frechette, 2004）和斯芬顿（Sephton, 2009）在对14种农产品期货日度收益率研究时发现，与其他GARCH族模型相比，由贝利等（Baillie et al., 1996）提出的分整自回归条件异方差模型（FIGARCH）模型能够更好地刻画收益率的长记忆变动特征。将该模型应用于国际农产品市场和其他商品市场，其优越性仍然非常突出（Baillie et al., 2007; Hyun—Joung, 2008; McAleer et al., 2012）。尽管有其他GARCH族模型如APGARCH、HYGARCH等被用于大宗商品收益率建模，但是其效果都逊色于FIGARCH模型。因此本书采用以金融市场信息作为外生解释变量的FIGARCH模型（Baillie et al., 1996）来刻画国际大宗商品收益及波动特征，并在此基础上考察量化宽松政策对大宗商品市场的影响，以及量化宽松政策实施前后金融因素对大宗商品市场的信息溢出效应的变化。

FIGARCH模型通过在方差模型中引入分整项，以更好刻画长记忆性。分整是相对于单整来定义的，是介于$I(0)$和$I(1)$之间的序列，经过分数阶差分后平稳，以d表示差分阶数，分整即为$I(d)$。贝利、博勒斯莱文和米克尔森（Baillie, Bollerslev and Mikkelsen, 1996）在GARCH模型的基础上，在方差方程中加入分整项，更好刻画长记忆性。GARCH模型的方差方程如下。

$$\sigma_t^2 = \omega + \alpha(L)\varepsilon_t^2 + \beta(L)\sigma_t^2, \qquad 式（3.8）$$

其中$\alpha(L) = \alpha_1 L + \alpha_2 L^2 + \cdots + \alpha_q L^q$，$\beta(L) = \beta_1 L + \beta_2 L^2 + \cdots + \beta_p L^p$。令$v_t = \varepsilon_t^2 - \sigma_t^2$，那么GARCH模型的方差方程即可写为：

$$[1 - \alpha(L) - \beta(L)]\varepsilon_t^2 = \omega + [1 - \beta(L)]v_t, \qquad 式（3.9）$$

令$\phi(L) = [1 - \alpha(L) - \beta(L)](1 - L)^{-1}$，式（3.9）即可写为：

$$\phi(L)(1 - L)\varepsilon_t^2 = \omega + [1 - \beta(L)]v_t。 \qquad 式（3.10）$$

贝利、博勒斯莱文和米克尔森（Baillie, Bollerslev and Mikkelsen, 1996）仿照ARFIMA模型的产生，将$1 - L$改写为$(1 - L)^d$即得到FIGARCH模型的方差方程：

$$\phi(L)(1 - L)^d \varepsilon_t^2 = \omega + [1 - \beta(L)]v_t。 \qquad 式（3.11）$$

在此基础上可以进一步推导，得到类似式（3.8）的方差方程的形式。一般使用 GARCH（1，1）模型，同样 FIGARCH（1，d，1）模型使用较为广泛，参数也易于估计。

　　（2）包含金融因素的 FIGARCH 模型及其估计结果。随着大宗商品市场金融化程度加深（Tang and Xiong，2012），学者已经注意到金融危机前后大宗商品市场信息传递规律的变化，大宗商品市场与传统金融市场间的联动性与信息溢出效应显著增强，且在金融危机期间及后期更为明显（Erb and Harvey，2006；Gorton et al.，2007；Acharya et al.，2009；Hong and Yogo，2009；Buyuksahin et al.，2010；Batten et al.，2010；Silvennoinen and Trorp，2010）。因此，在研究量化宽松政策对国际大宗商品市场影响作用时若忽略金融市场信息传递的作用，不仅不能准确、合理地刻画大宗商品市场收益及波动特征，而且更重要的是，将会漏掉后危机时代全球金融市场再平衡形成过程中所表现出的值得关注的新特点，如价格形成机制的变化以及市场间信息传递方式的改变等，相应的量化宽松政策效应分析结果将有失偏差，降低参考价值。

　　根据前人研究，本书实证研究中关注的金融市场信息主要包括三个金融影响因素。其一是美元指数。由于绝大多数大宗商品资产由美元定价，因此美元指数与大宗商品价格统计上存在显著负相关关系，美元汇率下跌将对其价格形成支撑，而美元汇率上升对其价格形成下行压力。因此，在考虑大宗商品收益特征时，美元汇率是必须要考虑的因素。而美元指数作为美元在国际外汇市场的一揽子货币汇率水平的综合反映，是衡量美元的强弱程度的最佳代理变量。其二是货币市场状况。部分学者指出大宗商品价格变动来源更多的来自于货币市场，短期利率水平和长短期利率差是首要考虑因素。其三是股票市场隐含波动率（VIX 指数）。大量实证结果表明，无论是均值层面还是波动层面，VIX 指数均显著影响金融资产如股票和债券价格。随着大宗商品金融化的日益深入，大宗商品市场逐渐对 VIX 指数变动存在显著响应。这样通过模型简练而系统地捕捉到大宗商品市场收益的诸多特征，同时考虑到金融市场信息对大宗商品市场存在的显著信息溢出效应。具体模型如下。

　　模型的条件均值方程：

$$R_{i,t} = \alpha_{i,0} + \alpha_{i,1} R_{m,t} + f_{i,1} \Delta \log(VIX)_{t-1} + f_{i,2} \Delta \log(USDX)_{t-1}$$
$$+ f_{i,3} TBILL_{t-1} + f_{i,4} SPRD_{t-1} + \xi_{i,t}, \qquad 式（3.12）$$

其中，R_i 是大宗商品期货 i 指数超额收益率，$i = DJUBS$, AG, EN, GR,

IN，LI，PR，SO，R_m 是大宗商品综合指数超额收益率，VIX 是 CBOE 市场股票市场隐含波动率，$USDX$ 是美元指数，$TBILL$ 是 3 个月美国国债收益率，$SPRD$ 是 10 年美国国债收益率与 3 个月美国国债收益率的利差，$\xi_{i,t}$ 是误差项，满足 $\xi_{i,t}|I_{t-1} \sim N(0,\ \sigma_{i,t}^2)$，$I_{t-1}$ 为 $t-1$ 时刻信息集。

模型的条件方差方程：

$$\sigma_{i,t}^2 = \phi_i + \beta_i \sigma_{i,t-1}^2 + \left[1 - \beta_i L - (1 - \varphi_i L)(1 - L)^{d_i}\right]\varepsilon_{i,t}^2$$
$$+ g_{i,1} VIX_{t-1} + g_{i,2} \sigma_{usdx,t-1}^2 + g_{i,3} TBILL_{t-1} + g_{i,4} SPRD_{t-1},$$

式（3.13）

其中，σ_i^2 是大宗商品期货 i 指数超额收益率的条件方差，L 为滞后算子，d_i 为大宗商品期货 i 指数超额收益率的差分阶数，且 $0 < d < 1$，用于刻画波动的长记忆性，$\varepsilon_{i,t}$ 是误差项，满足 $\varepsilon_{i,t} \sim N(0,\ \sigma_{i,t}^2)$，$\sigma_{usdx}^2$ 是美元指数条件方差（由假设美元指数对数收益率 R_{USDX} 服从单变量 EGARCH（1，1）模型计算得出）。

（3）考虑量化宽松政策的 FIGARCH 模型。考察以美联储四轮量化宽松政策为代表的全球流动性加剧对大宗商品市场的信息传递影响。本书分别以是否启动美联储四轮量化宽松为虚拟变量。具体说明如下：第一次量化宽松在 2008 年 11 月 24 日推出，第二次量化宽松在 2010 年 11 月 3 日推出，第三次量化宽松在 2012 年 9 月 15 日推出。因此 $DUMQE1$ 在 2008 年 11 月 24 日前取值为 0，之后取值为 1；$DUMQE2$ 在 2010 年 11 月 3 日前取值为 0，之后取值为 1；$DUMQE3$ 在 2012 年 9 月 15 日之前取值为 0，之后取值为 1；$DUMQE4$ 在 2012 年 12 月 12 日之前取值为 0，之后取值为 1。根据实施阶段对量化宽松政策进行分析，并非是为区分各个阶段的政策实施效果，必须考虑到未来政策实施效果受到前期政策的影响，即影响效果的叠加。考虑到各轮量化宽松政策实施的相似性，以及量化宽松整体上对大宗商品市场的影响是一个渐进的过程，刻意区分各轮量化宽松政策意义不大。后一轮的量化宽松影响效果包含之前政策实施效果，因而在下文实证分析时，是从整体上衡量量化宽松政策对大宗商品市场的影响。特别的，引入虚拟变量与金融因素的交叉项，旨在考察四轮量化宽松政策实施前后金融因素对大宗商品市场的信息传递效应有无变化。具体模型如下。

模型的条件均值方程：

$$R_{i,t} = \alpha_{i,0} + \alpha_{i,1} R_{m,t} + f_{i,1}\Delta\log(VIX)_{t-1} + f_{i,2}\Delta\log(USDX)_{t-1}$$
$$+ f_{i,3} TBILL_{t-1} + f_{i,4} SPRD_{t-1}$$
$$+ \gamma_i DUMQE1\ (DUMQE2 or DUMQE3 or DUMQE4) + \xi_{i,t},$$

式（3.14）

模型的条件方差方程：

$$\sigma_{i,t}^2 = \phi_i + \beta_i \sigma_{i,t-1}^2 + \left[1 - \beta_i L - (1 - \varphi_i L)(1 - L)^{d_i} \right] \varepsilon_{i,t}^2$$
$$+ g_{i,1} VIX_{t-1} + g_{i,2} \sigma_{usdx,t-1}^2 + g_{i,3} TBILL_{t-1} + g_{i,4} SPRD_{t-1}$$
$$+ \delta_{i,1} DUMQE1 (DUMQE2\,or\,DUMQE3\,or\,DUMQE4)$$
$$+ \delta_{i,2} DUMQE1 (DUMQE2\,or\,DUMQE3\,or\,DUMQE4) * VIX_{t-1}$$
$$+ \delta_{i,3} DUMQE1 (DUMQE2\,or\,DUMQE3\,or\,DUMQE4) * \sigma_{usdx,t-1}^2$$
$$+ \delta_{i,4} DUMQE1 (DUMQE2\,or\,DUMQE3\,or\,DUMQE4) * TBILL_{t-1}$$
$$+ \delta_{i,5} DUMQE1 (DUMQE2\,or\,DUMQE3\,or\,DUMQE4) * SPRD_{t-1},$$

式（3.15）

其中，$DUMQE1$ 是是否启动第一轮量化宽松政策的虚拟变量，$DUMQE2$ 是是否启动第二轮量化宽松政策的虚拟变量，$DUMQE3$ 是是否启动第三轮量化宽松政策的虚拟变量，$DUMQE4$ 是是否启动第四轮量化宽松政策，其余变量定义同方程式（3.12）和式（3.13）。

3.2.1.5 实证结果分析

鉴于在大宗商品收益率建模中考虑金融市场信息的优越性，本书选取包含金融因素的 FIGARCH（1，d，1）来分别考察两类量化宽松政策对大宗商品市场影响。考察量化宽松第一轮政策实施阶段后，量化宽松政策对各大宗商品行业指数影响的 FIGARCH（1，d，1）模型参数估计结果列于表 3－10 中。

表 3－10　　考虑第一轮量化宽松影响的各大宗商品资产指数的
FIGARCH 模型参数估计值

	农产品	能源	谷物	工业金属	牲畜	贵金属	软饮料
均值方程系数及相应统计量							
$\alpha_{i,0}$	0.0112	0.0142	0.0103 ***	0.0239	0.0250 ***	0.0003	0.0099 ***
	(0.0048)	(0.0226)	(8.68E-14)	(0.0586)	(8.92E-07)	(1.87E-04)	(5.54E-17)
$\alpha_{i,1}$	1.0087 ***	1.4143 ***	0.4178 ***	0.9619 ***	-0.0910 ***	0.5568 ***	0.2265 ***
	(0.0028)	(0.0917)	(8.83E-02)	(0.1863)	(3.48E-06)	(0.1452)	(2.12E-18)
$f_{i,1}$	-0.0014	-0.0032	-0.2592 ***	-0.3140	-0.0516 ***	0.0155	-0.0200 ***
	(0.0489)	(0.0515)	(1.21E-11)	(0.9007)	(1.16E-06)	(0.0674)	(1.27E-14)
$f_{i,2}$	0.2240	0.5520 ***	-0.5764 ***	0.3640 ***	1.4588 ***	-0.0449	-1.5281 ***
	(0.1390)	(0.0036)	(1.92E-11)	(0.0755)	(1.72E-06)	(0.2458)	(5.80E-14)
$f_{i,3}$	-0.1358	-0.3598 ***	-0.3887 ***	-0.5506 ***	-0.4825 ***	-0.0151	-0.6082 ***
	(0.2041)	(0.0014)	(9.06E-14)	(0.1799)	(1.29E-06)	(0.0266)	(9.39E-15)

续表

	农产品	能源	谷物	工业金属	牲畜	贵金属	软饮料
均值方程系数及相应统计量							
$f_{i,4}$	− 0.0625	− 0.1750 ***	− 0.3191 ***	− 0.9392 ***	− 0.4962 ***	0.1461 ***	− 0.2539 ***
	(0.1213)	(0.0002)	(1.53E − 11)	(0.2437)	(9.24E − 06)	(0.0396)	(2.16E − 18)
γ_i	− 0.0065	− 0.0095	0.0035 ***	0.0092 ***	− 0.0160 ***	− 0.0054	0.0025 ***
	(0.0048)	(0.0224)	(1.17E − 13)	(0.0011)	(8.61E − 07)	(0.0396)	(0.0041)
方差方程系数及相应统计量							
ϕ	− 1.64E − 03 ***	− 8.84E − 04 ***	− 1.19E − 03 ***	− 3.58E − 03 ***	1.13E − 04 ***	− 7.58E − 04 ***	− 5.98E − 4
	(1.90E − 05)	(5.42E − 07)	(1.52E − 04)	(0.0209)	(2.16E − 08)	(4.96E − 06)	(0.0001)
β	− 0.6767 ***	− 0.7957 ***	− 0.5184 ***	− 0.5350	− 0.6302 ***	− 0.6174 ***	− 0.7331 ***
	(0.0007)	(0.0024)	(0.0035)	(0.4715)	(8.85E − 06)	(0.0682)	(0.0006)
φ	0.2954	− 0.7516 ***	0.7359 ***	− 0.3708	− 1.5033 ***	0.4618 ***	− 2.7084 ***
	(0.6054)	(0.0139)	(1.18E − 11)	(0.4715)	(1.02E − 06)	(0.0851)	(0.0023)
d	0.1896 ***	0.5349 ***	0.2362 ***	0.1680 **	0.7491 ***	0.2767 ***	0.2999 ***
	(0.6054)	(0.0139)	(6.01E − 13)	(0.1003)	(4.02E − 05)	(0.0015)	(0.1612)
$g_{i,1}$	9.99E − 04 ***	9.94E − 04 ***	9.24E − 4 ***	0.0010	0.0010 ***	0.0010 ***	0.0010 ***
	(2.49E − 08)	(3.33E − 05)	(1.68E − 15)	(1.42E − 06)	(4.93E − 12)	(2.36E − 06)	(5.97E − 19)
$g_{i,2}$	0.5356 ***	16.6890 ***	− 8.7558	− 47.6070 ***	− 10.1858 ***	− 1.6468 ***	− 24.2677
	(0.0683)	(0.2528)	(5.8139)	(8.32E − 04)	(3.93E − 05)	(0.0083)	(55.6360)
$g_{i,3}$	− 0.1568	− 0.1451 ***	− 0.0206 ***	− 0.0728	− 0.1984 ***	− 0.1654 ***	− 0.0305 ***
	(1.2661)	(0.0398)	(5.2E − 13)	(3.4485)	(8.20E − 06)	(3.37E − 06)	(0.0029)
$g_{i,4}$	− 0.2584	− 0.3209 ***	− 0.0953 ***	− 0.1143	− 0.3079 ***	− 0.2846 ***	− 0.0968 ***
	(1.2443)	(0.0398)	(7.45E − 13)	(5.2642)	(8.20E − 06)	(4.10E − 06)	(8.13E − 05)
$\delta_{i,1}$	− 1.92E − 04 ***	1.33E − 03 ***	− 9.34E − 04 ***	9.00E − 04 ***	8.64E − 04 ***	4.00E − 04	9.00E − 04 ***
	(1.79E − 05)	(9.21E − 06)	(3.04E − 15)	(3.82E − 05)	(3.70E − 09)	(5.90E − 04)	(1.40E − 18)
$\delta_{i,2}$	9.22E − 04 ***	9.95E − 04 **	6.36E − 04 ***	9.81E − 04 ***	9.44E − 04 ***	1.01E − 03 ***	9.00E − 04 ***
	(7.78E − 05)	(3.88E − 06)	(2.27E − 15)	(1.70E − 05)	(8.22E − 09)	(3.28E − 04)	(2.33E − 18)
$\delta_{i,3}$	− 107.4809	− 73.2520 ***	− 229.0045 ***	− 23.0001 ***	− 64.4326 ***	− 50.0952 ***	− 43.3550
	(4.53E − 05)	(0.3262)	(9.2110)	(8.32E − 04)	(0.0211)	(4.99E − 04)	(54.9830)
$\delta_{i,4}$	− 1.4063	− 2.4391 ***	0.9448 ***	− 2.2286	− 2.6108 ***	− 1.8723 ***	− 1.7895 ***
	(8652.7)	(0.0435)	(0.1930)	(2.9770)	(5.93E − 06)	(0.0851)	(0.1420)
$\delta_{i,5}$	− 0.3516	− 0.3490 ***	− 0.1831 ***	− 0.4505	− 0.3802 ***	− 0.4035	− 0.5532 ***
	(1.2443)	(0.0387)	(6.61E − 04)	(5.3645)	(8.20E − 06)	(0.5570)	(0.0234)
方程统计量							
对数似然比	3989.3	3875.6	4082.5	3829.6	3920.7	3852.4	3455.3
Akaike	− 3.3314	− 3.2373	− 3.4110	− 3.2013	− 3.2738	− 3.2164	− 2.8831
Schwarz	− 3.2829	− 3.1888	− 3.3625	− 3.1528	− 3.2253	− 3.1680	− 2.8347

注：* 、** 、*** 分别表示在10%、5%和1%置信水平下显著，( ) 表示标准误。

结果表明：

首先关注金融市场信息对大宗商品市场信息溢出效应。首先，均值层面。启动第一轮量化宽松后，VIX 指数对谷物和牲畜行业仍然具有显著的溢出效应，但对其他行业大宗商品的溢出效应显著减弱，VIX 指数对大部分行业收益率的溢出程度有一定增强。美元指数对大宗商品市场的溢出效应与未启动量化宽松前存在一定差异，溢出程度和显著性对谷物、工业金属和牲畜保持稳健性。短期利率和长短期利差对大宗商品市场的溢出效应基本不变，对软饮料行业的溢出效应显著提高。其次，波动层面。启动第一轮量化宽松后，除工业金属行业外，VIX 指数对大宗商品行业指数收益率仍然具有显著溢出效应，且对农产品、牲畜、贵金属和软饮料的影响程度轻微增强，其他行业受影响程度较小或者保持不变，说明 VIX 指数波动对大宗商品行业指数收益率的影响较小。美元指数变动对谷物及软饮料显著性减弱，而对能源、牲畜和软饮料行业的影响程度增强。而短期利率和长短期利差对软饮料行业的溢出效应显著性明显增强。

其次，量化宽松政策效应方面。首先，均值方程中，谷物、工业金属、牲畜和软饮料类的虚拟变量系数具有显著性，且除牲畜外，其他行业均显著为正，量化宽松政策在第一轮实施阶段，对农产品、能源和贵金属行业影响不显著。方差方程中，除贵金属行业外，其他行业的虚拟变量系数均显著，其中只有农产品和谷物的系数为负。实施量化宽松政策对谷物、工业金属、牲畜和软饮料行业市场收益率具有显著影响，同时对除贵金属行业外的其他行业收益率波动有显著影响。综合来说，量化宽松对大宗商品市场收益率具有一定影响，但是效果并不强烈。

最后，除了农产品和金属行业外，其他行业长记忆性特征均有一定程度增加。其中软饮料行业长记忆特征增幅最高为 164.8755%，其次为牲畜行业增幅为 91.4941%，能源增幅最小为 6.4425%。农产品、工业金属和贵金属长记忆程度分别下降 38.8803%、74.9885%% 和 0.9991%。量化宽松政策实施对大宗商品行业长记忆特征有非常强烈的影响。

考察量化宽松在第二轮政策实施后对各大宗商品行业指数影响的 FI-GARCH（1，d，1）模型参数估计结果列于表 3-11 中。

表 3 – 11　　　　考虑第二轮量化宽松影响的各大宗商品资产
指数的 **FIGARCH** 模型参数估计值

	农产品	能源	谷物	工业金属	牲畜	贵金属	软饮料
均值方程系数及相应统计量							
$\alpha_{i,0}$	0.0240 ***	− 0.0025 ***	0.0136 ***	0.0095 ***	0.0097 **	0.0045 ***	0.0099 ***
	(4.77E − 17)	(3.62E − 05)	(1.28E − 06)	(2.20E − 16)	(3.92E − 03)	(7.57E − 16)	(4.07E − 19)
$\alpha_{i,1}$	0.5471 ***	1.1858 ***	0.7064 ***	1.2386 ***	0.6018 ***	0.8371 ***	− 0.4105 ***
	(3.51E − 13)	(1.50E − 04)	(5.51E − 17)	(5.55E − 04)	(1.71E − 03)	(2.88E − 12)	(4.77E − 12)
$f_{i,1}$	− 0.3036 ***	0.0231 ***	− 0.1466 ***	− 0.1050 ***	0.0463 ***	0.1378 ***	0.0249 ***
	(1.69E − 19)	(4.39E − 04)	(5.70E − 03)	(5.98E − 19)	(4.04E − 03)	(4.34E − 13)	(6.55E − 13)
$f_{i,2}$	− 0.3021 ***	− 0.5400 ***	0.9524 ***	0.6261 ***	− 0.2999 ***	3.3877 ***	0.6398 ***
	(1.91E − 12)	(5.43E − 04)	(6.30E − 05)	(1.54E − 03)	(0.0017)	(2.88E − 12)	(2.77E − 14)
$f_{i,3}$	− 0.5126 ***	0.0937 ***	− 0.4191 ***	− 0.4719 ***	− 0.1404 ***	0.5819 ***	− 0.0016 ***
	(6.28E − 19)	(8.00E − 04)	(1.58E − 04)	(4.90E − 05)	(1.74E − 03)	(4.23E − 13)	(2.53E − 15)
$f_{i,4}$	− 0.7126 ***	0.0659 ***	− 0.4545 ***	− 0.0397 ***	− 0.1901 ***	− 0.0325 ***	− 0.0279 ***
	(1.88E − 12)	(2.50E − 04)	(3.32E − 04)	(1.58E − 04)	(6.63E − 15)	(6.38E − 15)	(1.10E − 14)
γ_i	− 0.0117 *	0.0101 ***	3.84E − 04 ***	− 0.0015 ***	− 0.0051 ***	0.0171 ***	0.0006 ***
	(6.48E − 14)	(0.0735)	(4.70E − 03)	(7.22E − 17)	(0.1645)	(9.44E − 16)	(1.68E − 21)
方差方程系数及相应统计量							
φ	− 0.0031 ***	− 2.34E − 04 ***	− 8.64E − 04 ***	− 1.22E − 03 ***	− 1.91E − 04 ***	− 0.0018 ***	− 3.41E − 04 ***
	(4.02E − 06)	(3.10E − 05)	(5.62E − 07)	(1.93E − 05)	(2.52E − 07)	(0.1646)	(0.0363)
β	− 0.5182 ***	− 0.3409 ***	− 0.7132 ***	− 0.7438 ***	− 0.7322 ***	− 0.5413 ***	− 0.6898 ***
	(5.33E − 17)	(1.13E − 04)	(3.30E − 04)	(3.08E − 05)	(8.64E − 04)	(4.15E − 04)	(5.42E − 12)
φ	0.9055 ***	− 1.2180 ***	0.3608 ***	− 0.5923 ***	− 0.3538 ***	− 0.0702 ***	0.0985 ***
	(3.24E − 19)	(3.79E − 05)	(3.30E − 04)	(5.75E − 04)	(7.24E − 04)	(4.15E − 04)	(6.68E − 17)
d	0.5546 ***	0.4412 ***	0.3043 ***	0.3028 ***	0.2535 ***	0.2430 ***	0.4400 ***
	(3.50E − 13)	(1.13E − 04)	(7.34E − 04)	(0.5265)	(2.43E − 03)	(1.93E − 04)	(6.26E − 14)
$g_{i,1}$	9.61E − 04 ***	1.00E − 03 ***	9.92E − 04 ***	7.29E − 04 ***	1.00E − 03 ***	9.41E − 04 ***	9.98E − 04 ***
	(1.83E − 02)	(1.95E − 07)	(1.15E − 06)	(1.86E − 19)	(3.54E − 06)	(2.47E − 17)	(2.36E − 18)
$g_{i,2}$	15.6290 ***	− 3.1965 ***	1.6557	− 6.0873 ***	− 5.2300 ***	− 30.2128 ***	− 6.6403 ***
	(0.5405)	(7.00E − 05)	(25.3330)	(0.5813)	(0.0028)	(0.8596)	(0.3521)
$g_{i,3}$	− 0.0911 ***	− 0.0629 ***	− 0.1581 ***	− 0.0073 ***	− 0.1953 ***	− 0.0140 ***	− 0.0495 ***
	(8.70E − 17)	(1.1969)	(1.81E − 05)	(3.04E − 05)	(0.0228)	(1.93E − 04)	(7.23E − 14)
$g_{i,4}$	− 0.2006 ***	− 0.3613	− 0.2377 ***	− 0.1300 ***	− 0.3131 ***	− 0.1266 ***	− 0.1047 ***
	(3.05E − 18)	(0.3438)	(0.0076)	(3.04E − 05)	(5.13E − 04)	(1.65E − 17)	(6.66E − 17)

	农产品	能源	谷物	工业金属	牲畜	贵金属	软饮料
方差方程系数及相应统计量							
$\delta_{i,1}$	−0.0016 ***	0.0010 **	0.0006 ***	0.0015 ***	0.0005 ***	−6.75E−04 ***	−0.0002 ***
	(2.89E−18)	(0.0171)	(2.71E−05)	(1.01E−19)	(0.7532)	(9.53E−18)	(2.79E−16)
$\delta_{i,2}$	9.40E−04 ***	1.00E−03 ***	9.87E−04 ***	9.80E−04 ***	9.83E−04 ***	9.35E−04 ***	6.60E−04 ***
	(5.27E−18)	(5.85E−06)	(7.04E−05)	(2.53E−19)	(8.03E−06)	(7.07E−17)	(3.69E−17)
$\delta_{i,3}$	−69.5439 ***	−11.7770 ***	91.7616 ***	−7.3896	−46.5280 ***	61.5886	38.9999 ***
	(11.3060)	(6.79E−05)	(25.2860)	(104.4900)	(0.0028)	(385.7100)	(9.5303)
$\delta_{i,4}$	−1.9319 ***	−5.7828 ***	−4.4223 ***	−3.9091 ***	−2.5917 ***	0.3920	−0.5335 ***
	(0.2451)	(1.1967)	(5.52E−03)	(0.7608)	(0.0228)	(4.9684)	(0.2111)
$\delta_{i,5}$	−0.3172 ***	−0.2753	−0.4288 ***	−0.3400 ***	−0.3850	−0.4571 ***	−0.2754 **
	(0.0029)	(0.2558)	(0.0073)	(0.0310)	(1.2473)	(0.0744)	(6.04E−13)
方程统计量							
对数似然比	4001.6	3474.6	4028.1	4309.9	4092.3	3804.3	4155.7
Akaike	−3.3417	−2.9006	−3.3639	−3.6004	−3.4178	−3.1760	−3.4725
Schwarz	−3.2932	−2.8521	−3.3154	−3.5519	−3.3693	−3.1276	−3.4240

注：*、**、*** 分别表示在10%、5%和1%置信水平下显著，（）表示标准误。

结果表明：

首先考察金融市场信息对大宗商品市场信息溢出效应。首先，均值层面。在量化宽松第一轮实施基础上，启动第二轮量化宽松后，VIX指数对农产品、能源、工业金属和贵金属行业的溢出效应显著增强，美元指数对农产品和贵金属的溢出效应显著增强，短期利率及长短期利差对农产品行业的溢出效应显著增强。其次，波动层面。与第一轮量化宽松相比，启动第二轮量化宽松后，VIX指数对工业金属行业的溢出效应显著增强。美元指数对软饮料行业的溢出效应显著增强，但是与量化宽松第一轮实施阶段相同，对谷物行业的溢出效应仍然不显著。短期利率和长短期利差对农产品和谷物的溢出效应在统计上开始具有显著性。

其次关注量化宽松政策效应方面。首先，在第二轮政策实施后，量化宽松政策对大宗商品市场影响效果显著增强，表现为方差方程中各行业大宗商品虚拟变量系数均在1%置信水平下显著。除了农产品、贵金属和软饮料行业系数为负外，其他行业系数均为正。其次，与第一轮量化宽松相比，启动第二轮量化宽松后，VIX 指数对农产品、谷物和工业金属行业收益率波动有负向促进作用，而美元指数对农产品、能源和牲畜行业收益率有负向抑制作用；两者对能源、谷物、工业金属和牲畜行业收益波动的影响效果正好相反。此外，长短期利差变动是所有行业收益率波动降低的主要影响因素。最后，启动第二轮量化宽松，除了能源、牲畜和贵金属行业外，其他行业长记忆性特征增强。与未考虑量化宽松对比，第二轮量化宽松实施后，农产品、谷物、软饮料行业长记忆大幅提升，其中软饮料行业增幅最高，为 288.5076%。

考察量化宽松在第三轮政策实施后对各大宗商品行业指数影响的 FI-GARCH（1，d，1）模型参数估计结果列于表 3 – 12 中。

表 3 – 12　　　　考虑第三轮量化宽松影响的各大宗商品资产指数的
FIGARCH 模型参数估计值

	农产品	能源	谷物	工业金属	牲畜	贵金属	软饮料
均值方程系数及相应统计量							
$\alpha_{i,0}$	0.0057 ***	0.0119 ***	0.0101 ***	0.0146 ***	0.0023 ***	0.0075 ***	0.0100 ***
	(2.14E−17)	(2.09E−05)	(2.94E−21)	(3.39E−06)	(1.72E−15)	(8.56E−18)	(1.40E−18)
$\alpha_{i,1}$	−0.0935 ***	1.6637 ***	1.0839 ***	0.0263 ***	−0.3607 ***	0.6222 ***	0.6568 ***
	(2.08E−14)	(2.87E−04)	(7.17E−17)	(8.26E−06)	(6.58E−03)	(1.66E−07)	(3.20E−14)
$f_{i,1}$	−0.2731 ***	0.0941 ***	−0.0143 ***	−0.2463 ***	0.0626 ***	0.0273 ***	0.0784 ***
	(3.96E−14)	(0.0015)	(5.98E−12)	(3.01E−05)	(2.69E−04)	(2.57E−05)	(5.76E−17)
$f_{i,2}$	−0.6884 ***	0.6962 ***	1.0632 ***	−1.2566 ***	1.3451 ***	0.2024 ***	0.2842 ***
	(7.08E−14)	(3.22E−04)	(2.37E−10)	(7.98E−06)	(1.43E−02)	(0.0059)	(6.98E−15)
$f_{i,3}$	−0.5254 ***	−0.2400 ***	−0.3854 ***	−0.5025 ***	−0.0046 ***	−0.2015 ***	−0.0027 ***
	(3.12E−21)	(0.0158)	(5.01E−13)	(2.25E−05)	(5.26E−03)	(4.83E−14)	(2.71E−19)
$f_{i,4}$	−0.3459 ***	−0.7600 ***	−0.4375 ***	−0.2741 ***	−0.3245 ***	0.0003 ***	−0.7181 ***
	(2.04E−14)	(2.50E−04)	(5.82E−12)	(1.81E−05)	(1.90E−03)	(1.88E−17)	(5.43E−16)
γ_i	0.0015 ***	0.0058 ***	−0.0048 ***	−00107 ***	0.0050 ***	−0.0104 ***	0.0081 ***
	(9.36E−17)	(6.79E−06)	(4.03E−13)	(4.14E−06)	(1.72E−15)	(8.03E−06)	(1.50E−18)
方差方程系数及相应统计量							
ϕ	−9.62E−04 ***	−6.80E−04 ***	−3.80E−04 ***	−1.08E−03 ***	3.14E−05 ***	−2.91E−04 ***	−4.47E−04 ***
	(1.68E−06)	(1.60E−06)	(3.21E−06)	(0.0209)	(6.77E−06)	(3.94E−05)	(0.2493)
β	−0.4488 ***	−0.6102 ***	−0.3941 ***	−0.5208 ***	−0.7380 ***	−0.5123 ***	0.0986 ***
	(0.0011)	(8.95E−05)	(2.37E−10)	(9.66E−06)	(1.97E−15)	(3.08E−05)	(0.0037)

续表

	农产品	能源	谷物	工业金属	牲畜	贵金属	软饮料
方差方程系数及相应统计量							
φ	0.8142 ***	0.4020 ***	−1.1779 ***	0.8073 ***	−1.8387 ***	−0.3786 ***	−1.6168 ***
	(3.64E−16)	(8.45E−05)	(3.65E−05)	(1.01E−05)	(0.0215)	(3.14E−07)	(2.91E−19)
d	0.5130 ***	0.4154 ***	0.3842 ***	0.5236 ***	0.5437 ***	0.2315 ***	0.4488 ***
	(1.97E−05)	(0.0139)	(1.58E−12)	(1.01E−05)	(4.02E−05)	(5.27E−05)	(3.19E−16)
$g_{i,1}$	9.92E−04 ***	9.65E−04 ***	1.00E−03 ***	9.87E−04 ***	9.72E−04 ***	9.98E−04 ***	9.87E−04 ***
	(2.13E−02)	(3.88E−09)	(3.09E−15)	(9.29E−10)	(4.93E−12)	(2.24E−09)	(3.77E−19)
$g_{i,2}$	8.3305 ***	−13.0615 ***	−10.2987 ***	−8.1581 ***	6.1710 ***	4.9699 ***	−7.4774 ***
	(0.0158)	(0.0096)	(0.3955)	(5.68E−18)	(3.51E−04)	(0.0305)	(2.8814)
$g_{i,3}$	−0.0850 ***	−0.1199 ***	−0.0005 ***	0.0760 ***	−0.1836 ***	−0.1802 ***	−0.0003 ***
	(3.52E−16)	(5.16E−04)	(2.04E−12)	(3.23E−05)	(3.51E−04)	(4.71E−08)	(3.19E−16)
$g_{i,4}$	−0.2150 ***	−0.1690 ***	−0.0505 ***	−0.2000 ***	−0.2703 ***	−0.2806 ***	−0.0019 ***
	(1.2443)	(0.0017)	(1.31E−05)	(1.01E−05)	(6.81E−06)	(1.44E−07)	(2.96E−05)
$\delta_{i,1}$	0.0023 ***	0.0019 ***	0.0010 ***	0.0013 ***	−0.0008 ***	0.0025 ***	0.0012 ***
	(8.97E−18)	(7.02E−06)	(1.10E−12)	(1.78E−09)	(1.22E−15)	(8.76E−08)	(4.82E−20)
$\delta_{i,2}$	7.98E−03 ***	9.91E−04 **	1.00E−03 ***	5.41E−04 ***	8.97E−04 ***	7.76E−04 ***	9.85E−04 ***
	(1.96E−18)	(1.12E−06)	(1.19E−15)	(1.73E−09)	(1.47E−19)	(1.74E−08)	(6.57E−19)
$\delta_{i,3}$	−158.1303 ***	169.0543 ***	−4.4047 ***	−31.8756 ***	136.1666 ***	−77.9473	−31.8425 ***
	(2.8711)	(0.0096)	(0.7212)	(47.2000)	(0.2021)	(4792.50)	(0.1201)
$\delta_{i,4}$	1.6358 ***	−1.4762 ***	−4.3650 ***	0.9887 ***	−6.8176 ***	−1.3140	−0.6950 ***
	(0.0303)	(0.0003)	(1.41E−10)	(0.9353)	(0.0019)	(38.3910)	(0.0037)
$\delta_{i,5}$	−0.7047 ***	−0.9264 ***	−0.6968 ***	−0.4858 ***	−0.4136 ***	−0.7282	−0.8158 ***
	(0.0027)	(0.0039)	(1.31E−05)	(0.0607)	(6.81E−06)	(38.3910)	(2.96E−05)
方程统计量							
对数似然比	4011.3	4104.4	3854.5	4109.1	4186.9	4136.9	3370.8
Akaike	−3.3498	−3.4279	−3.2182	−3.4319	−3.4972	−3.4552	−2.8134
Schwarz	−3.3013	−3.3794	−3.1697	−3.3834	−3.4487	−3.4067	−2.7649

注：* 、** 、*** 分别表示在10% 、5%和1%置信水平下显著，（ ）表示标准误。

结果表明：

首先分析金融市场信息对大宗商品市场信息溢出效应。首先，均值层面。实施第三次量化宽松政策后，政策溢出效应更显著。VIX 指数对大宗商品行业收益率的溢出效应与第二次量化宽松政策实施后类似，VIX 指数对农产品、能源和金属行业收益率出现效应显著。第二次和第三次量化宽松政策的实施，VIX 指数对大宗商品行业收益率的溢出效应均在统计上显著，但是两次量化宽松实施后，VIX 指数的溢出效应影响程度出现明显差异，其中能源、工业金属和软饮料受 VIX 指数的溢出影响程度增加，而其他行业受 VIX 指数溢出影响程度减弱。美元指数的溢出效应对大宗商品各行业收益率均显著，实施第三次量化宽松后，美元指数对能源和牲畜的溢出效应由负效应变为正效应，两者收益率变动与美元指数变动方向相同；美元指数对工业金属的溢出效应由正效应变为负效应；贵金属和软饮料受美元指数的溢出正效应减弱；谷物和农产品则分别对应正效应增强和负效应增强。短长期利差对农产品、能源、牲畜、贵金属和软饮料行业的溢出效应程度变动较大。其次，波动层面。相比第二次量化宽松实施后影响效果，第三次量化宽松实施后，VIX 指数对大宗商品行业收益率波动影响基本保持不变；美元指数则对大宗商品行业收益率波动有剧烈变化，其中贵金属行业变动最大。

其次考察量化宽松政策效应方面。第三次量化宽松政策实施后，对大宗商品行业收益率影响更加显著。第二、三次量化宽松政策对收益率影响均为统计显著。但是第三次政策实施后量化宽松对大宗商品行业收益率波动的影响程度更显著，且除能源行业，其他行业方差方程中虚拟变量系数均不同程度提高。相比第二次量化宽松，第三次量化宽松政策实施后，VIX 指数对各行业收益率波动影响基本不变；美元指数对能源、谷物、工业金属和软饮料行业收益率波动的负向促进作用增强，而对农产品和牲畜行业收益率波动的正向促进作用增强；短长期利差对能源、谷物和软饮料行业收益率波动影响变动较大。实施第三次量化宽松政策后，农产品、能源、贵金属行业长记忆特征小幅下降，下降程度分别为 7.4983%、5.8518% 和 4.7450%，长记忆仍保持在较高水平，谷物、工业金属、牲畜行业和软饮料长记忆特征增强，牲畜行业增幅最大，为 114.9651%。

考察量化宽松在第四轮政策实施后对各大宗商品行业指数影响的 FI-GARCH（1，d，1）模型参数估计结果列于表 3 – 13 中。

表3-13 考虑第四轮量化宽松影响的各大宗商品资产
指数的FIGARCH模型参数估计值

	农产品	能源	谷物	工业金属	牲畜	贵金属	软饮料
均值方程系数及相应统计量							
$\alpha_{i,0}$	0.0045 ***	0.0085 ***	0.0048 ***	0.0090 ***	0.0008 ***	0.0114 ***	0.0036 ***
	(1.26E-04)	(8.23E-18)	(1.08E-03)	(7.51E-05)	(3.43E-06)	(2.65E-17)	(2.42E-12)
$\alpha_{i,1}$	-0.0885 ***	2.1436 ***	1.0434 ***	-0.0374 ***	-0.2245 ***	0.7630 ***	-0.2346 ***
	(1.06E-03)	(3.13E-12)	(3.52E-02)	(1.91E-04)	(9.11E-06)	(1.52E-13)	(5.58E-09)
$f_{i,1}$	-0.2611 ***	0.1664 ***	-0.0136 ***	-0.2572 ***	0.0514 ***	-0.1193 ***	0.0867 ***
	(2.15E-04)	(1.98E-12)	(7.27E-02)	(2.52E-04)	(2.40E-04)	(1.35E-15)	(3.53E-12)
$f_{i,2}$	-0.0369 ***	-1.2310 ***	-0.5537 ***	-0.3952 ***	1.6152 ***	-2.5045 ***	-0.4527 ***
	(9.19E-04)	(4.16E-11)	(2.37E-10)	(2.52E-04)	(1.47E-03)	(1.86E-13)	(5.9500)
$f_{i,3}$	-0.4759 ***	-0.2956 ***	-0.2205 ***	-0.3062 ***	-0.1056 ***	-0.2911 ***	-0.0172 ***
	(2.02E-05)	(2.77E-12)	(2.04E-04)	(3.41E-15)	(1.25E-03)	(1.33E-13)	(4.0300)
$f_{i,4}$	-0.0025 ***	0.3141 ***	-0.2401 ***	-0.2699 ***	-0.4678 ***	-1.1127 ***	0.1195 ***
	(1.00E-14)	(5.32E-19)	(8.61E-03)	(2.83E-03)	(2.78E-05)	(1.33E-15)	(3.22E-15)
γ_i	-0.0025 **	-0.0090 ***	-0.0032 ***	-0.0095 ***	-0.0012 ***	-0.0006 ***	0.0006 ***
	(1.21E-03)	(3.77E-13)	(1.07E-03)	(2.06E-04)	(4.41E-05)	(1.96E-16)	(2.44E-12)
方差方程系数及相应统计量							
ϕ	-9.97E-04 ***	-5.13E-04 ***	-2.75E-04 ***	-1.03E-03 ***	-2.13E-5 *	-7.52E-04 ***	-5.69E-05
	(9.24E-12)	(1.44E-01)	(0.0502)	(0.0470)	(3.49E-03)	(3.33E-01)	(2.44E-12)
β	-0.4774 ***	-0.6080 ***	-0.6152 ***	-0.5006 ***	-0.6317 ***	-0.5358 ***	-0.6551 ***
	(0.0062)	(3.13E-12)	(3.28E-01)	(2.18E-04)	(5.10E-05)	(7.91E-03)	(4.73E-12)
φ	0.9159 ***	0.4262 ***	-1.2445 ***	0.8147 ***	1.4856 ***	-0.0051 ***	-0.5543 ***
	(3.91E-05)	(1.98E-12)	(4.01E-02)	(1.07E-05)	(1.49E-03)	(3.30E-17)	(5.82E-09)
d	0.5198 ***	0.4169 ***	0.7419 ***	0.5290 ***	0.0934 ***	0.2959 ***	0.2542 ***
	(1.77E-05)	(5.26E-16)	(1.90E-02)	(1.01E-05)	(5.10E-05)	(2.12E-05)	(4.22E-12)
$g_{i,1}$	9.98E-03 ***	9.60E-04 ***	9.52E-04 ***	9.63E-04 ***	9.68E-04 ***	9.04E-04 ***	9.83E-04 ***
	(2.13E-02)	(3.17E-20)	(1.47E-10)	(1.36E-07)	(1.24E-09)	(4.38E-22)	(7.43E-20)
$g_{i,2}$	-2.2663 ***	-31.4795 ***	-69.7740	0.1943 ***	12.3325 ***	-48.7792 ***	36.5861
	(2.02E-05)	(0.5061)	(3.54E+05)	(5.17E-02)	(1.25E-03)	(1.0795)	(183.6300)
$g_{i,3}$	-0.0839 ***	-0.0933 ***	-0.1125 ***	-0.0853 ***	-0.1902 ***	-0.0739 ***	-0.1697 ***
	(2.38E-04)	(2.02E-12)	(1.99E-10)	(1.07E-05)	(3.61E-07)	(2.17E-05)	(2.39E-04)
$g_{i,4}$	-0.2068 ***	-0.1183 ***	-0.1719	-0.2010 ***	-0.2814 ***	-9.33E-03 ***	0.0024 ***
	(4.06E-03)	(2.03E-12)	(7.18E+02)	(1.07E-05)	(9.53E-04)	(2.17E-05)	(5.84E-15)

续表

	农产品	能源	谷物	工业金属	牲畜	贵金属	软饮料
方差方程系数及相应统计量							
$\delta_{i,1}$	0.0030 ***	0.0017 ***	0.0018 ***	0.0036 ***	− 0.0003 ***	0.0016 ***	0.0024 ***
	(2.27E − 04)	(9.23E − 18)	(1.06E − 04)	(3.75E − 06)	(4.55E − 05)	(4.10E − 16)	(5.84E − 15)
$\delta_{i,2}$	0.0011 ***	0.0010 ***	9.68E − 04 ***	0.0008 ***	0.0010 ***	0.0010 ***	9.92E − 04 ***
	(9.56E − 06)	(1.12E − 06)	(4.30E − 08)	(5.65E − 07)	(2.14E − 07)	(5.79E − 18)	(2.41E − 15)
$\delta_{i,3}$	− 293.1925 ***	149.5590 ***	71.2283	− 222.7849 ***	− 368.4855	22.5116 ***	101.0397
	(8.52E − 08)	(91.5440)	(0.7212)	(69.8370)	(33.4235)	(0.4747)	(182.6000)
$\delta_{i,4}$	− 0.3017 ***	3.8476 ***	1.4726 **	− 1.0932	− 5.8540 ***	− 0.5514 ***	− 6.1025 ***
	(1.18E − 04)	(0.7472)	(1.10E − 04)	(0.6949)	(4.32E − 06)	(0.0280)	(2.39E − 04)
$\delta_{i,5}$	− 0.7333 ***	− 0.9987 ***	− 0.9366 ***	− 0.5290 ***	− 0.3295 ***	− 0.9184 ***	− 0.6141 ***
	(0.0182)	(0.0710)	(7.18E + 02)	(0.0738)	(9.54E − 04)	(2.17E − 03)	(1.36E − 02)
方程统计量							
对数似然比	4033.0	4238.3	4222.6	4146.7	4192.3	3999.2	4250.9
Akaike	− 3.3680	− 3.5404	− 3.5371	− 3.4634	− 3.5017	− 3.3396	− 3.5509
Schwarz	− 3.3195	− 3.4919	− 3.4786	− 3.4150	− 3.4532	− 3.2912	− 3.5024

注：*、**、***分别表示在10%、5%和1%置信水平下显著，（ ）表示标准误。

结果表明：

首先分析金融市场信息对大宗商品市场信息溢出效应。首先，均值层面，第四轮量化宽松政策实施后，溢出效应出现一些变化。VIX 指数对所有行业具有显著的溢出效应，量化宽松在第四轮实施阶段增强了 VIX 对除农产品以外其他行业的溢出效应。量化宽松政策增强了美元指数对能源、谷物和贵金属行业的溢出效应，其他行业溢出效应变动较小。无论是第三轮还是第四轮量化宽松，短期利率对各个行业均为负向溢出效应。波动层面，VIX 对各行业价格波动影响仍然显著，且与第三轮量化宽松实施时影响效果保持基本不变，对部分行业，金融因素对其价格波动影响变为不显著，说明第四轮量化宽松政策对大宗商品波动效果减退。

其次关注量化宽松政策效应方面。在前三轮量化宽松政策的基础上，四轮量化宽松政策实施后，仅增强了农产品和能源行业收益率变动，而其他行业收益率受第四轮量化宽松影响效果减弱，虚拟变量前参数估计绝对值均出现一定程度下降。对于长记忆效应，除了谷物、牲畜和软饮料的长记忆性减弱，其他行业长记忆性基本保持不变，其中牲畜行业长记忆性由0.5437降为0.0934，下降82.8214%，其次为软饮料下降46.3601%，谷物长记忆性得到加强，上升93.1026%。总体而言，四轮量化宽松实施后，大宗商品长记忆特征并未出现太大变化，与前三轮量化宽松实施后长记忆水平基本相同。

3.2.1.6 小结

为了揭示量化宽松政策实施导致的全球流动性加剧对国际大宗商品市场的影响，本节分别以是否启动量化宽松政策为虚拟变量，并引入虚拟变量与金融因素的交叉项，基于能够描述大宗商品市场收益及波动特征的分整自回归条件异方差模型，考察了量化宽松政策对国际大宗商品市场的影响，即溢出性、非对称性和长记忆性。具体结论如下：

第一，量化宽松政策对大宗商品市场影响显著，在第三轮政策实施后，量化宽松影响效果最为突出，在第四轮量化宽松政策实施阶段效果开始出现减弱，整体上说明，前三轮量化宽松政策实施最为成功，而后影响效果出现衰退，这可能与美联储宣布逐步退出有关。量化宽松影响效果呈现显著的行业特征。量化宽松政策对谷物、工业金属和软饮料行业均有显著的影响，对软饮料均为正向促进作用，而对谷物、工业金属等行业的影响存在差异。

第二，量化宽松通过金融途径对大宗商品市场具有显著溢出效应，加强了信息的传递效应。VIX指数对量化宽松反映较为迅速，启动第二轮量化宽松政策后，VIX指数对各行业大宗商品均有显著影响，在第三次、第四次量化宽松政策实施后效应变化较小；第二次量化宽松实施后，美元指数、短期利率和长短期利差则对所有行业大宗商品有显著影响；而启动三轮量化宽松政策后，美元指数对各行业收益率影响出现显著差异，具体表现为部分行业的正负效应的增强或者减弱，以及正负效应的转变，量化宽松政策实施后期对各行业影响效果基本保持不变；长短期利差对量化宽松反应同样较为迅速，在第二轮量化宽松后溢出效应均显著，且对不同行业大宗商品影响方向不同。这具体说明了货币宽松发行量通过美元指数和短期利率传导到所有大宗商品市场，这就揭示了从货币到通胀的传导路径。

第三，量化宽松政策改变了国际大宗商品固有的长记忆性特征，即冲击影响的滞后性随着政策实施不断增强。在第一次量化宽松政策实施后，除了农产品和金属行业外，其他类大宗商品长记忆性程度均大幅提高，软饮料受影响程度最大；第三次量化宽松实施后，谷物、工业金属、牲畜行业和软饮料行业长记忆性得到加强，其他行业减幅较小，基本保持较高水平；第四次量化宽松实施后只大幅改变谷物、牲畜和软饮料行业的长记忆性，其他行业仍保持第三轮量化宽松实施后的水平。在美元量化宽松作用下，大宗商品行业长记忆性得到加强，特别是第三、四轮量化宽松政策实施后，大宗商品市场长记忆性达到最强并延续。市场波动性过程所具有的较强的长期记忆性意味着量化宽松的冲击会持续加剧大宗商品市场的波动，这种波动在量化宽松退出后仍会持续较长时间。

上述结论表明美联储量化宽松政策的实施显著增强了金融因素对大宗商品市场的溢出效应以及大宗商品市场波动的长记忆特征，意味着未来大宗商品市场波动更加复杂。发展中国家特别是中国，一方面应深刻理解波动特征，并针对波动剧烈的特点采取相关措施稳定国内物价水平，防范输入型通胀，另一方面需全面发展我国大宗商品市场体系，加快人民币国际化进程，争取大宗商品市场定价权等。而大宗商品市场的暴涨暴跌、波动剧烈变动也表明量化宽松政策短期内有效，长期内加剧市场波动，有利于各国中央银行重新审视量化宽松货币政策，在当前虚拟经济膨胀、实体经济萎靡，金融危机后世界经济不振的环境下，尝试更加有效的解决途径。

3.2.2 量化宽松与国际大宗商品市场——公众预期的作用

3.2.2.1 基于公众预期分析的必要性

在传统理论探讨上，关于货币政策有效性之争由来已久。现代货币政策理论特别强调预期在货币政策有效性中的核心作用。按照理性预期理论，要提高货币政策的有效性，应该降低货币政策的透明性，以形成意料之外的政策变动，或造成中央银行与公众之间的信息不对称。但是，基德兰德和普雷斯科特（Kydl and Prescott, 1977）提出凯恩斯主义相机抉择的时间不一致性问题，并得出"规则优于相机抉择"的结论。克拉里达等（Clarida et al. , 1999）、伍德福德（Woodford, 1999）、麦卡勒姆和纳尔逊（McCallum and Nelson, 1999）等把新凯恩斯主义模型应用于货币政策中，指出即便不存在通胀倾向，中央银行按照预先承诺的最优规则行事仍然优于相机抉择，同样论证了货币政策应该具有可信性。那么该如何解释理性预期理论与货币政策透明制度之间的不一致？

　　针对时间不一致性问题，许多研究者试图在相机抉择的货币政策框架下，通过对货币当局的声誉机制与重复博弈、保守中央银行行长安排以及最优中央银行合同方案等问题的探讨来反驳（Barro and Gordon，1983；Rogoff，1985；Walsh，1995）。然而这些研究非但没能解决这一问题，反倒印证了"规则优于相机抉择"。徐亚平（2006）指出理性预期理论的基本前提之一是经济主体对经济运行具有完全的认知，能够形成与经济系统相一致的、无偏的估计。但这种假设在后危机时代并不完全成立，主要表现在对经济运行结果和运行过程的不完全认知。此时，货币政策透明性对于促进经济主体的学习过程，稳定和引导公众的通胀预期，进而提高货币政策的有效性起着至关重要的作用（谭旭东，2008），即政府应实行有规则、透明度高、连贯性强的货币政策。由此，到 2008 年金融危机全面爆发前，以显性或隐性的通货膨胀目标为最终目标、以调节短期利率为操作规则、通过改变真实利率控制总需求曲线以稳定价格的新古典综合学派的货币政策框架被世界主要经济体广泛采用，其中最为典型的便是通货膨胀目标制和泰勒规则[①]。

　　由此可见，经济学家对中央银行究竟该"有所为"还是"有所不为"一直存在较大争议。一部分经济学家认为，中央银行应尊重经济周期，遵从单一规则，将自身对实体经济的干扰程度降到最低。然而此次发端于美国并蔓延至全球的金融危机客观上对传统的货币政策操作框架产生了巨大挑战，使得人们认识到货币稳定并不等于金融稳定，传统的主流货币政策框架在应对金融市场大幅波动的局面时可能出现系统性偏差，因此亟须新的调控手段和政策工具。自此，更多的人倾向于认为，规则不符合危机时期的政治需要和民众诉求中央银行相机抉择，在危机时积极行动是有益的。事实上，这种理念已被全球主要央行付诸了行动。危机爆发以来，各主要央行均进行了一定程度的政策工具创新，最具代表性的就是美联储QE。这使得以美联储量化宽松政策（QE）为代表的非常规货币政策在极短的时间内受到极高的关注并被全球主要经济体的货币当局采用，也为试图回答货币政策的"规则与相机"之争提供了一个很好的研究背景。

---

　　① 通货膨胀目标制这一目标规则以未来一至两年的通货膨胀预测值为盯住目标，能够为货币政策的实施提供一个稳固的名义锚以提升货币政策的透明度和规则性并且稳定公众预期；而泰勒规则则这一工具规则具有简单易操作的特性，仅根据产出缺口和通货膨胀缺口就能实现对短期利率的调节。

美联储所推行的量化宽松政策实质上是一种相机抉择的货币政策①（Ben Shalom Bernanke，2009a，b），其主要依据为经济形势和金融市场流动性的变化情况，能够灵活调整政策组合。因此对于量化宽松政策推出和退出的研究能够为货币政策的"规则与相机"之争提供进一步的理论支持和经验证据。事实上，政策时间不一致性理论为预期的形成增加了一个新视角。对政策制定者而言，预期对于政策有效性扮演着一个重要的角色。欧菲尼德斯和威廉（Orphanides and Willianms，2005）在对美国货币政策历史进行分析时认为货币政策的失效是与公众关于未来经济状态未能形成一致预期相联系的。此外，伯南克于2009年8月21日在堪萨斯联储银行经济研讨年会上的演讲时指出"信贷宽松"货币政策缺乏简单明了的货币政策操作目标作为信息指示器，而且创新大量的货币政策工具，其政策效果也难以评判，将会增大社会公众对市场长期利率走向、通货膨胀等预期的不确定性，从而强化社会公众与美联储之间的信息不对称程度，影响政策的实施效果。因此，美联储十分重视就货币政策有关问题与社会公众的交流沟通，以引导社会公众的货币政策预期。

基于上述分析，本书基于公众预期视角，建立了一个投资者具有异质性信念下的理性预期均衡资产定价模型，并结合大宗商品市场分析美联储QE政策的冲击效应，旨在提供经验性证据。与传统的关于相机抉择问题的研究有所不同，本书将货币政策在"相机和规则"之间的选择视为一个随时间和外部环境转移的动态过程，以期得出在不同条件下的最优货币政策选择。此外，参照布拉德和密特拉（Bullard and Mitra，2002）、伊万斯和麦格夫（Evans and McGough，2005），本书放松了理性预期假定，重点关注公众异质性预期的影响。

---

① 2009年1月，美联储主席伯南克提出，美联储应对经济金融危机的货币政策是"信贷宽松"，有别于日本中央银行的"定量宽松"货币政策。同时指出，"信贷宽松"货币政策关注美联储所持有的信贷资产和证券资产的组合，以及这些资产组合如何影响居民和企业获得信贷的条件。"定量宽松"货币政策事前设定商业银行在中央银行存款准备金的增长目标，有计划地控制商业银行现金的过剩程度，促使其向企业和居民发放贷款，而呈现"单一规则"的鲜明特征。"信贷宽松"货币政策主要依据经济金融形势和市场流动性的变化情况，灵活调整政策组合，事前并未有明确的目标而呈现"相机抉择"的典型特征。"定量宽松"货币政策面临的问题是，因为事前设定具体的目标，若经济金融形势好转，市场流动性就会相对过剩，将会导致通货膨胀压力；若形势恶化，市场流动性更显紧张，又会造成通货紧缩效应。而"信贷宽松"货币政策的"相机抉择"因事前并未有明确的目标，反而比"单一规则"更加宽松、更富有弹性、更能应对复杂多变的经济金融形势。此外，伯南克于2009年8月21日在堪萨斯联储银行经济研讨年会上的演讲时再次强调了"信贷宽松"货币政策是"相机抉择"理念。

3.2.2.2　公众预期作用的文献述评

自弗兰克尔（Frankel，1984）的开创性研究以来，货币环境和货币政策对大宗商品价格的驱动作用开始为学界所重视。弗兰克尔（Frankel，1986）将多恩布什的汇率超调模型拓展到了国际大宗商品市场，利用无套利条件推导出利率水平和大宗商品价格之间的理论联系，并首次引入了预期的作用。结果表明，由于工业制成品价格相对于大宗商品具有价格粘性，因此当货币供应量出现未预期的永久性增加时，经济体的真实货币供应量增加，利率随之下降，在无套利情况下，投资者只会在大宗商品短期价格上升至长期均衡价格以上时持有大宗商品，而这一资产市场上的套利行为将使得大宗商品价格短期相对其长期均衡出现超调。巴斯基和基利恩（Barsky and Kilian，2002，2004）也支持了上述结论，认为货币政策通过影响人们对于通货膨胀和经济增长的预期从而影响大宗商品的价格。弗兰克尔（Frankel，2008）总结了短期利率影响大宗商品价格的四个渠道[①]，并指出无论哪种渠道，货币政策能否达到预期效果的关键都在于公众预期，因为预期在上述政策传导过程中扮演着重要的角色。

上述研究更多关注常规型货币政策对大宗商品市场的冲击效果。然而，对于美联储所使用的量化宽松的非常规货币政策，其在对国际大宗商品价格的影响渠道上与常规货币政策明显不同。最大的不同在于它并不直接影响短期利率，而是通过降低长期利率来刺激大宗商品价格上涨，而降低长期利率则更加依赖于公众预期。一方面，QE 政策的推出导致央行资产负债表的规模扩张使得市场流动性增强，现金资产和非现金资产的交易更加频繁，从而改变了市场关于流动性溢价水平的看法，导致非现金资产的预期收益增加，进而压低长期利率；另一方面，央行持续大量购买长期国债的行为将导致公众"央行的购买资产还将持续"的预期逐渐形成，从而稳定长期国债价格，压低其长期收益率（陈静，2013）。

迄今为止，将 QE 这种非常规型货币政策和国际大宗商品相结合的国内外研究相对较少，并且已有研究成果主要着眼于经济学直觉上的描述和推测，尚未有很成体系的实证文章。事实上，目前关于 QE 政策效果，相

[①]　四种渠道可归纳为：1）利率下降使持有存货的机会成本降低从而增加对大宗商品的需求（存货渠道）；2）利率下降使供给更加方便从而激励供应方增加供给（供给渠道）；3）利率下降会降低期货市场上的投机成本导致期货价格上升进而传导到现货价格（金融市场渠道）；4）由于大多数大宗商品使用美元标价，因此美元汇率的降低会使国际大宗商品价格相对升高。

关研究大多着眼于其对于传统金融资产价格的影响，例如对长期利率和利差的影响（Gagnonet et al.，2010；Swanson，2011；Krishnamurthy and Vissing—Jorgenson，2011；Wright，2012）以及对债券收益率的影响（Krishnamurthy and Vissing—Jorgenson，2013）。

3.2.2.3 理论模型

为分析公众异质性预期对货币政策有效性的潜在影响，本书建立了一个投资者具有异质性信念下的理性预期均衡资产定价模型。该模型基于市场上存在异质性预期的前提假设，将货币政策在"相机和规则"之间的选择视为一个随时间和外部环境转移的动态过程，以期得出在不同条件下的最优货币政策选择。

（1）模型设定。考虑一个 $T+1$ 期的模型 $t=1$，…，T，$T+1$。经济体中存在一个唯一的风险资产，该资产在第 $T+1$ 期到期，且在 $t=1$，…，T 期均能交易。资产到期后，会产生支付 θ，其事前（ex ante）分布为 $\theta \sim N(0,1/\alpha)$，其中 α 为该分布的精度（方差的倒数）。该支付在 $t=1$ 期即已确定，且一经确定便不会再改变，但无法为投资者所观察到。与詹宁斯和布朗（Jennings and Brown，1989）以及艾伦等（Allen et al.，2006）类似，我们假设投资者为长期投资的（long—lived）。投资者为 [0，1] 上的均匀分布，他们在 $t=1$ 期进入市场，并在 $t=1$，…，T 进行交易，在最后一期 $T+1$ 结清资产头寸退出市场。投资者没有财富限制，不同投资者的效用函数相同，均为绝对风险规避系数（Constant Absolute Risk Aversion，CARA）的形式 $u(W)=-e^{W/\tau}$，其中 $1/\tau$ 为绝对风险规避系数，τ 越大，投资者对风险的忍耐力越高。投资者在下一期结清头寸是被动的行为，因此每一期的资产价格只由新一代投资者的交易来决定。第 t 期新的投资者进入市场以后，他们根据对资产价值的信息进行交易决策。

为了考察政府政策的影响，考虑一个稳定的政府政策：即第 $t=1$，…，T 期，政府都会采取同样的政策，该政策会对资产的价值产生影响，即资产的价值由 θ 永久性地变为 $f(\theta)$，记为 v[①]，其中函数 f 刻画政策对资产价值的改变。政府实施这一政策后，每一期的投资者都会得到一个关于政策

---

① 这里为了简化模型，我们假设一系列政策相同，每一期均为 f。若考虑一系列相似政策，可定义 $v_t = v + \eta_t$，其中 η_t 服从独立同分布且均值为 0，$\eta_t \sim N(0,\sigma_\eta^2)$。此时，需把 $\sigma_\eta^2 + \sigma_\varepsilon^2$ 记为 $1/\beta$，其中 β 为私人信息的精度。如果考虑这个更一般的假设，会增加计算的复杂程度，但不会影响模型结论。

实施后资产价值 v 的信号。记第 t 期第 $i \in [0, 1]$ 个投资者的信号为 $x_{it} = v + \varepsilon_{it}$，其中 $\varepsilon_{it} \sim N(0, \sigma_\varepsilon^2)$ 为随机变量且相互独立。由于不同投资者对政策的阐释不一样，我们假设不同的投资者得到的信号也不一样，ε_{it} 则用来刻画不同投资者对政策解读的不同误差，即公众异质性预期。记 $\beta = 1/\sigma_\varepsilon^2$，则 β 为私人信息的精度，若 β 趋于正无穷，则投资者能准确看到政策带来的真实影响 v。可以看到，不同投资者信号加总后的的平均值为 $\bar{x}_t = \int_0^1 x_{it} di = v$[①]。即从平均来看，投资者对政策影响的判断是正确的，但个别投资者对政策的判断由于其个体的不同可能会出现差别。本书着重要讨论的，便是资产价格对于政策变量 f 的反应。为了简化计算，这里假设政策变量对资产价值的影响为线性形式，即 $f(\theta) = h + g\theta$。

在第 t 期，基于信号 x_{it}，x_{it-1}，$\cdots$，x_{i1} 以及 θ 的初始分布，投资者便可以做投资决策。注意到，这里投资者只关注自己的私人信息 x_{it}，x_{it-1}，$\cdots$，x_{i1} 以及 θ 的初始分布，是因为我们这里假设所有的投资者都是"同意不同意"（agree to disagree）的：即不同投资者对于资产的价值有不同的看法，他们也认同看法的不一样，且并不会因为其他投资者看法的不同而改变自己的看法，从而也不会从价格中获取信息。这一假设常见于讨论异质性信念的文献（如 Harrison and Kreps，1978；Banerjee et al.，2004）。

第 t 期投资者以 p_t 的价格买入资产，在 $T + 1$ 期资产到期，得到资产支付 v。由于所有的随机变量都是正态分布，因此每期的价格也是正态分布（这一点会在之后的计算过程中得到证实）。结合 CARA 效用函数，我们实际上可以把投资者的偏好转化为均值—方差的效用函数。在这个基础上，经过简单计算便可得出投资者对该资产的需求：

$$d_{it} = \frac{\tau}{\text{Var}_{it}(v)}(E_{it}(v) - p_t) - d_{it-1}, \qquad \text{式 (3.16)}$$

以及资产总需求：

$$\bar{d}_t = \frac{\tau}{\text{Var}_t(v)}(\bar{E}_t(v) - p_t) - \bar{d}_t, \qquad \text{式 (3.17)}$$

这里 $\text{Var}_{it}(\theta)$ 在不同的投资者之间是一样的，所以将下标 i 省去。同时可以看到，由于 $E_{it}(\theta)$ 有可能低于 p_t，因此资产需求可能为负，这是因为我们没有对卖空进行限制。此外，注意到对于 $t = 2$，$\cdots$，T 期，投资者的需求中会存在一项 $-d_{it-1}$，是因为 d_{it-1} 是投资者 i 从 $t-1$ 进入到 t

---

① 本节以后所有变量加上划线都表示平均值。

已经持有的头寸，虽然投资者的需求是 $\dfrac{\tau}{\mathrm{Var}_{it}(v)}(E_{it}(v)-p_t)$，但由于已

经持有 d_{it-1}，所以要将其减去。这里为了标注的间接，我们引入了 $d_{i0}=\bar{d}_0=0$。

与传统带噪音的理性预期均衡（Noisy REE）资产定价的文献类似，为了避免无交易情形的存在，我们假设每一期资产的总供给是不确定的 $s_t\sim N(0,1/\gamma)$，这里 $\{s_t\}_{t=1}^{T}$ 之间是相互独立的，同时也与之前所有的随机变量独立。于是我们可以得到市场出清的条件：

$$\bar{d}_t=s_t,\qquad\qquad 式（3.18）$$

由总需求表达式和市场出清条件便可以得到价格表达式：

$$p_t=\bar{E}_t(v)-\frac{\mathrm{Var}_t(v)}{\tau}(s_t+s_{t-1}),\qquad 式（3.19）$$

与 $\bar{d}_0$ 类似，这里 $s_0=0$。

（2）均衡价格。接下来我们求解式（3.19）中均衡价格的解析形式。其中重点是要求解 $\bar{E}_t(v)$ 以及 $\mathrm{Var}_t(v)$。根据正态分布的贝叶斯更新法则，

我们可以得到：$\theta\mid x_{it},x_{it-1},\cdots,x_{i1},y\sim N\left(\dfrac{\alpha y+\dfrac{\beta}{g}\sum\limits_{s=1}^{t}(x_{it}-h)}{\alpha+t\beta},\dfrac{1}{\alpha+t\beta}\right)$,

于是 $\mathrm{Var}_t(v)=g^2\mathrm{Var}_t(\theta)=\dfrac{g^2}{\alpha+t\beta}$，以及

$$E_{it}(v)=h+gE_{it}(\theta)=\frac{\alpha(h+gv)+\beta\sum\limits_{s=1}^{t}x_{it}}{\alpha+t\beta}\qquad 式（3.20）$$

和

$$\bar{E}_t(v)=\frac{\alpha(h+gy)+\beta tv}{\alpha+t\beta},\qquad 式（3.21）$$

将 $\bar{E}_t(v)$ 以及 $\mathrm{Var}_t(v)$ 代入式（3.17）便可以得到价格表达式：

$$p_t=\frac{\alpha}{\alpha+t\beta}(h+gy)+\frac{\beta t}{\alpha+t\beta}v-\frac{g^2}{\tau(\alpha+t\beta)}(s_t+s_{t-1}),$$

$$式（3.22）$$

由式（3.22）可以看到，资产价格的表达非常直观，是资产价值 v 的原始分布均值 $h+gy$ 与其真实值之间的加权平均，减去供给项。显然，随着时间的推移，价格会越来越接近于资产的真实价值 v。更进一步地，我们可以得到资产价格的变化对政策变量的反应：

$$p_{t+1} - p_t = \frac{\alpha\beta}{(\alpha + t\beta + \beta)(\alpha + t\beta)}(v - h - gy)$$
$$- g^2 \frac{(\alpha + t\beta)s_{t+1} - \beta s_t - (\alpha + t\beta + \beta)s_{t-1}}{\tau(\alpha + t\beta + \beta)(\alpha + t\beta)},$$

式（3.23）

很明显可以看到，随时间 t 上升，上式中 v 的系数越来越低，这说明政策对于价格变化的影响程度越来越小。

正式地，给定政策变量 v，平均意义上价格变动的绝对值为：

$$|E(p_{t+1} - p_t | v)| = \frac{\alpha\beta}{(\alpha + t\beta + \beta)(\alpha + t\beta)}|v - h - gy|,$$

式（3.24）

于是在每一期，价格对于政策变量 v 的敏感程度可以定义为：$\phi(t) = \left|\dfrac{d|E(p_{t+1} - p_t | v)|}{dv}\right|$，即价格变动的绝对值受政策变量波动影响的绝对值。显然，我们有：

$$\phi(t) = \frac{\alpha\beta}{(\alpha + t\beta + \beta)(\alpha + t\beta)},$$

式（3.25）

且该表达式随时间 t 递减，于是我们有以下命题：

在均衡下，资产价格的变化对于政策规则的敏感程度随时间降低，即 $\phi(t)$ 随 t 递减。

本节尝试对上述命题给予合理的解释：由于在市场上存在异质性预期的条件下，随着时间的推移货币政策规则将趋于无效，此时倘若出现新的政策冲击，而投资者对于资产价格的异质性信念来源于对政策的异质性预期，资产价格将产生异乎寻常的波动，即新政策能够显著地影响资产价格。基于新政策的引导和投资者对学习机制的运用，其预期能够逐渐向理性预期收敛，从而使得整个经济不断向最优理性预期均衡（REE）趋近（Bullard and Mitra，2002；Evans and McGough，2005），表现为资产价格趋近于其真实价格，受政策影响程度逐渐降低。

3.2.2.4　实证研究

（1）美联储 QE 推出对国际大宗商品价格的影响。

1）方法说明。在对 QE 的政策效果进行研究时，许多学者采用了事件研究的方法（Gagnon et al.，2010；Swanson，2011；Krishnamurthy and Vissing—Jorgenson，2011；Wright，2012；Glick and Leduc，2012），这是

QE 政策和传统货币政策在研究方法上的一个明显不同。这是因为传统货币政策的影响具有较好的代理数量指标对其进行刻画，而非常规货币政策则不具备这样的条件（Glick and Leduc，2012），故本书采用事件研究法来分析和评价与美联储 QE 政策相关的公告对国际大宗商品价格产生的影响。通常来说，事件研究的目的在于判定某个特定时间序列的运动轨迹在特定事件发生时与其他时刻的运动轨迹是否在统计上有显著差异。

进行事件研究的第一步是确定所要研究的事件对象，并且选定事件窗。与美联储 QE 政策有关的公告主要是指那些显示美联储未来潜在的购买意向或是明确向公众告知其购置规模和时间框架的声明，以及缩减购置规模或放慢购置进程的告示。由于这些公告能够改变市场对于美联储未来量化宽松政策走向的预期，因此能够迅速影响金融市场上有关资产的价格。

本节所要研究的事件对象是与美联储四轮 QE 政策相关的公告。由于美联储的量化宽松始于 2008 年，时间跨度较大，因此与之相关的信息披露繁多。为了使事件研究的结论更有代表性，在选择事件日时应选择与四轮量化宽松政策相关性强并且对市场冲击较大的事件。基于该考虑，并综合相关研究对公告事件的选取（Gagnon et al.，2010；Krishnamurthy and Vissing—Jorgenson，2011；Wright，2012；Bauer and Neely，2014），本书最终选取了 10 个事件作为研究对象（见表 3 - 14）。

表 3 - 14　　　　　　　　美联储四轮量化宽松相关公告概况

事件集	事件日	事件	详细情况
QE1	2008 年 11 月 25 日	最初宣布实施量化宽松的货币政策	美联储宣布购买 1000 亿美元的机构债券和 5000 亿 MBS
	2008 年 12 月 1 日	美联储主席伯南克发表讲话	美联储主席伯南克在讲话中强调美联储有可能大量购买美国长期国债
	2008 年 12 月 16 日	联邦公开市场委员会发表货币政策决策声明	声明指出联邦公开市场委员会正考虑扩大机构债券的购买规模，并且首次提出购买美国国债
	2009 年 3 月 18 日	联邦公开市场委员会发表货币政策决策声明	声明中决定再购入 7500 亿美元的 MBS 和 3000 亿美元的美国国债

事件集	事件日	事件	详细情况
QE2	2010 年 8 月 10 日	联邦公开市场委员会发表货币政策决策声明	声明称美联储将把购买机构债券和 MBS 所收回的本金再投资于美国国债以维持其资产负债表规模不变
	2010 年 9 月 21 日	联邦公开市场委员会发表货币政策决策声明	声明称公开市场委员会将继续观察美国的经济基本面状况，并且在必要时将扩大购买美国长期国债的规模，以刺激经济复苏
	2010 年 11 月 3 日	联邦公开市场委员会发表货币政策决策声明	声明称将再购买 6000 亿美元的美国国债
QE3	2012 年 8 月 22 日	联邦公开市场委员会发表货币政策决策声明	联邦公开市场委员会成员认为额外的适应性货币政策将很快变得十分必要
	2012 年 9 月 13 日	联邦公开市场委员会发表货币政策决策声明	美联储将进行每月 400 亿美元的资产采购直到美国的就业情况有了实质性的改观为止
QE4	2012 年 12 月 12 日	联邦公开市场委员会发表货币政策决策声明	美联储将每月资产采购项目的规模从 400 亿美元提高到 850 亿美元

资料来源：美联储、加侬等（Gagnon et al. , 2010）、里希纳穆尔蒂和维辛—乔根森（Krishnamurthy and Vissing—Jorgenson，2011）、赖特（Wright，2012）、鲍尔和尼利（Bauer and Neely，2014）。

　　QE1 是指 2008 年末到 2009 年美联储大规模的长期资产购买（LSAP）政策，购置对象包括 MBS、美国国债和机构债券。根据赖特（Wright，2012）所构建的衡量相关公告所带来货币政策冲击的指标，QE1 中所包含的 4 个事件均显示了扩张性的货币政策冲击，从而使得 QE1 的事件集更具有同质性。QE2 主要指美联储进一步扩大对美国长期国债的购置规模，再购买 6000 亿美元的美国长期国债，并且分月实施，每个月购买金额为 750 亿美元，计划到 2011 年第二季度末完成。QE2 旨在通过大量购买美国长期国债，降低长期利率，以达到刺激美国经济和降低失业率的目的。本书选取的 QE2 事件集中所包含的 3 个事件均为美国联邦公开市场委员会（FOMC）所发表的公开声明，传递出美联储维持或者扩大购债规模的信息。QE3 的目的在于提升美国劳动力市场的就业前景，切入点是购买 MBS。FOMC 于 2012 年 9 月 13 日宣布将每月购买 400 亿美元的 MBS 和长期国债。QE3 的事件集中包含了 2 个事件日，分别为 2012 年 8 月 22 日、2012 年 9 月 13 日。QE4 从本质上看仅仅是 QE3 的延续。2012 年 12 月 12 日，FOMC 决定将每月购买 MBS 的规模从 400 亿美元提高到 850 亿美元以使政策效果更加明显。QE4 的事件集中只包含 1 个事件日,即 2012 年 12 月 12 日。

使用事件研究法的一个潜在问题是难以控制同一时期其他影响因素的变动对研究对象的影响,因此对事件窗的选择需要格外注意。斯旺森(Swanson,2011)提出研究一个重大宏观经济公告发布前后的 1 天或 2 天内美国国债收益率的变化便已足够捕捉到这一特定事件对国债收益率曲线造成的绝大部分影响。加侬等(Gagnon et al.,2010)、里希纳穆尔蒂和维辛—乔根森(Krishnamurthy and Vissing—Jorgenson,2011)、格里克和勒迪克(Glick and Leduc,2012)针对 QE 的研究也均采用了 1 天或 2 天的事件窗。基于此,本书将事件窗设为 2 天,即从事件发生日的前一天到事件发生后一天。

2)数据描述。本书使用标普高盛商品指数(S&P GSCI)的超额收益率指数来刻画国际大宗商品价格,并以其变动来衡量国际大宗商品价格的变动。该指数现阶段囊括了 24 种商品,涵盖了能源、工业金属、贵金属、农产品、畜产品五个类别,能够较全面地反映各类大宗商品的价格走势。该指数以商品近 5 年的平均产量水平为依据于每年 1 月份进行一次权重调整,并且持有流动性强的近月合约以方便投资者复制投资,这种安排使 S&P GSCI 无论作为经济指标还是投资工具都具有显著优势。S&P GSCI 的指数值体系包括现货价格指数、超额收益率指数和总收益率指数 3 种,其中超额收益率指数衡量的是以无抵押方式投资于近月商品期货合约的收益率,因此对于投资者来说更具实用性。综上所述,S&P GSCI 超额收益率指数是国际大宗商品价格的一个良好代理指标。此外,本书还使用 S&P GSCI 超额收益率指数各主要分类指数来进一步研究美联储 QE 政策的推出和退出对国际大宗商品细分价格的影响,并比较其差异。结合美联储 QE 政策推出和退出的整体时间框架,本书选取的样本区间为 2005 年初到 2014 年 11 月底,使用的数据频率为日数据。

3)模型构建。由于进行事件研究的目的在于检验 S&P GSCI 超额收益率指数在事件日的变动是否显著异于其在非 QE 宣告日的变动,因此需要使用虚拟变量来刻画 QE 相关公告的冲击。参照里希纳穆尔蒂和维辛—乔根森(Krishnamurthy and Vissing—Jorgenson,2011),根据 2 天的事件窗设定,本书设置的自变量为 8 个虚拟变量,如下:

D_1:这一天是否有属于 QE1 事件集的公告,是则值为 1,否则值为 0;

D_2:这一天的前一天是否有属于 QE1 事件集的公告,是则值为 1,否则值为 0；

D_3：这一天是否有属于 QE2 事件集的公告，是则值为 1，否则值为 0；

D_4：这一天的前一天是否有属于 QE1 事件集的公告，是则值为 1，否则值为 0；

D_5：这一天是否有属于 QE3 事件集的公告，是则值为 1，否则值为 0；

D_6：这一天的前一天是否有属于 QE3 事件集的公告，是则值为 1，否则值为 0；

D_7：这一天是否有属于 QE4 事件集的公告，是则值为 1，否则值为 0；

D_8：这一天的前一天是否有属于 QE4 事件集的公告，是则值为 1，否则值为 0。

因变量采用 S&P GSCI 超额收益率指数在事件日的变动率来衡量的国际大宗商品价格变化。

对上述因变量和自变量之间关系的研究采用最小二乘回归（OLS），构建方程如下：

$$Y_t = \alpha + \beta_1 D_1 + \beta_2 D_2 + \beta_3 D_3 + \beta_4 D_4 + \beta_5 D_5 + \beta_6 D_6 + \beta_7 D_7 + \beta_8 D_8 + \varepsilon_t,$$

式（3.26）

其中，Y_t 即为 S&P GSCI 超额收益率指数的日变动百分比，α 为常数截距项，ε_t 为误差扰动项。

4）实证结果及分析。表 3 - 15 中列出了回归结果。

表 3 - 15 　　　　　　　　　　QE 推出模型回归结果

变量名	参数估计	t 值
D_1	- 0.0316 ***	- 4.17
D_2	0.0144 **	1.89
D_3	- 0.0059	- 0.68
D_4	0.0007	0.08
D_5	0.0040	0.38
D_6	0.0031	0.29
D_7	0.0079	0.52
D_8	- 0.0090	- 0.60
常数项	- 0.0001	- 0.17
F 检验	2.7874 ***	
R^2	0.0089	

注：D_1 到 D_8 代表上文设置的 8 个虚拟变量，* 、** 和 *** 分别代表在 10%、5% 和 1% 的显著性水平上显著。

从表 3-15 中变量的参数估计来看，在事件窗内 QE1 对国际大宗商品的价格有显著的影响。QE1 事件公告发布当日对 S&P GSCI 超额收益率指数的走势产生的冲击为负，即 QE1 公告导致 DJ—UBS 指数下跌 3.16%。而 QE1 事件对 S&P GSCI 超额收益率指数在公告后一天的影响为正，提升幅度为 1.44%。对该现象的一个合理解释是 QE1 公告对国际大宗商品市场走势的影响并未在公告当日完全释放，而是在其后一日得以继续体现。但 QE2、QE3、QE4 的影响则较不显著。产生这一结果的可能原因有以下两点：一方面，QE1 事件集中的几次公告涉及了对 MBS、机构债券和美国长期国债的购买，且规模较大，[①] 而 QE2 的购买对象主要涉及美国长期国债，QE3、QE4 则集中于购置 MBS 和长期国债，因此后三轮量化宽松政策在涉及对象范围的广度和整体规模上都不及第一轮；另一方面，也是更重要的，QE1 推出时，作为一项新的政策冲击，市场尚未对这一政策的潜在效果形成一致预期，这种异质性预期导致 QE1 对大宗商品指数这一资产价格的影响十分显著，而在 QE1 推出后，随着时间的推移，私人部门的学习效应开始突显，市场对量化宽松这一非常规货币政策的理性均衡预期逐渐形成，市场指数的变动已经部分包含了后续几轮 QE 所能带来的影响，导致 QE2 到 QE4 的政策公告发布时并未对市场产生在统计上显著的冲击。这一实证结果也印证了本书理论模型的结论。

表 3-16 中列出了对 S&P GSCI 超额收益率各分类指数的回归结果。从回归方程的整体显著性看，仅能源、工业金属和非能源的方程关系显著。其中，QE1 在四轮 QE 政策中起着最主要的作用。这与 S&P GSCI 超额收益率总指数的回归结果具有一致性，在一定程度上印证了上文中的结论。

表 3-16　　QE 推出 S&P GSCI 各超额收益率分类指数回归结果

变量名	农产品类		能源类		谷物类		工业金属类	
	参数估计	t 值	参数估计	t 值	参数估计	t 值	参数估计	t 值
D_1	−0.0073	−1.02	−0.0417 ***	−4.44	−0.0081	−0.96	−0.0149 *	−1.79
D_2	0.0112	1.56	0.0152 *	1.62	0.0093	1.10	0.0131	1.57
D_3	−0.0049	−0.59	−0.0056	−0.51	−0.0096	−0.99	−0.0127	−1.32
D_4	0.0105	1.26	−0.0035	−0.32	0.0092	0.95	0.0119	1.24
D_5	0.0011	0.11	0.0050	0.38	0.0013	0.11	0.0032	0.27

① 机构债券和美国长期国债的购买规模分别为 1000 亿美元和 3000 亿美元，MBS 的总规模达到了 12500 亿美元。

续表

变量名	农产品类		能源类		谷物类		工业金属类	
	参数估计	t 值	参数估计	t 值	参数估计	t 值	参数估计	t 值
D_6	-0.0022	-0.21	0.0019	0.14	-0.0040	-0.34	0.0284	2.41
D_7	-0.0069	-0.48	0.0120	0.64	-0.0064	-0.38	0.0056	0.34
D_8	-0.0046	-0.32	-0.0106	-0.57	-0.0042	-0.25	-0.0069	-0.41
常数项	0.0000	0.09	-0.0001	-0.18	0.0001	0.22	0.0002	0.66
F 检验	0.7236		2.9575 **		0.5445		1.8939 *	
R^2	0.0023		0.0094		0.0017		0.0061	

变量名	牲畜类		非能源类		软商品类	
	参数估计	t 值	参数估计	t 值	参数估计	t 值
D_1	-0.0008	-0.20	-0.0089 *	-1.70	-0.0047	-0.67
D_2	0.0068 *	1.64	0.0126 **	2.40	0.0173 **	2.48
D_3	-0.0001	-0.01	-0.0065	-1.06	0.0068	0.85
D_4	-0.0044	-0.92	0.0095	1.56	0.0123	1.52
D_5	-0.0056	-0.96	0.0018	0.24	0.0003	0.03
D_6	0.0021	0.35	0.0059	0.80	0.0050	0.51
D_7	0.0052	0.63	-0.0006	-0.06	-0.0094	-0.67
D_8	-0.0001	-0.02	-0.0059	-0.56	-0.0062	-0.44
常数项	-0.0002	-1.15	0.0000	0.23	-0.0001	-0.22
F 检验	0.6299		1.6515 *		1.3150	
R^2	0.0020		0.0053		0.0042	

注：D_1 到 D_8 代表上文设置的 8 个虚拟变量，*、** 和 *** 分别代表在 10%、5% 和 1% 的显著性水平上显著。

　　如图 3-7 所示，从直观上看，美联储 QE1 推出时对 S&P GSCI 超额收益率指数的冲击最大，QE2、QE3、QE4 的冲击效应则整体呈逐渐减弱的趋势。这也从一个侧面印证了上述分析，即当一个新的政策冲击来临时，私人部门异质性预期的存在导致资产价格产生显著异常波动，但随着时间的推移，投资者不断学习，其预期也逐渐趋近于理性预期，导致资产价格更多是体现其真实价值，因此政策冲击对于资产价格的影响不再显著。这便是造成与 QE 政策相关的公告对指数走势的冲击效果随着一轮又一轮的量化宽松政策推出而逐渐减弱的根本原因。

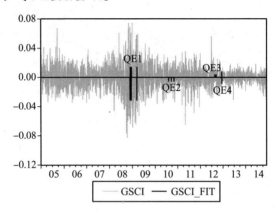

图 3 - 7　QE 推出相关公告对 S&P GSCI 超额收益率指数的冲击

（2）美联储 QE 退出对国际大宗商品价格的影响

1）事件选择。本书关于美联储 QE 退出对国际大宗商品价格的影响同样采用事件研究法。从前任美联储主席伯南克首次明确提出削减 QE 规模到 QE 政策的完全退出，历时近 1 年半。在此期间与美联储 QE 退出最直接相关的公告共有 10 则，分别于 2013 年 6 月 19 日、2013 年 9 月 18日、2013 年 12 月 18 日、2014 年 1 月 28 日、2014 年 3 月 19 日、2014 年 4月 29 日、2014 年 6 月 18 日、2014 年 7 月 29 日、2014 年 9 月 17 日、2014年 10 月 29 日发布。其中，除 2013 年 6 月 19 日为时任美联储主席伯南克在记者会上的讲话外，其余 9 则均为 FOMC 货币政策决策声明。

由于在 2013 年 6 月 19 日的记者发布会上，伯南克首次明确表示倘若经济增长、通胀、失业率情况达到 FOMC 的预期，美联储将着手削减 QE，这一声明出乎市场意料，在美联储 QE 政策进程中可谓是一个里程碑式的拐点，因此本书将这一事件单独归于 QE taper1 的事件集。

在 2013 年 9 月 18 日的 FOMC 会议上，委员会决定暂缓缩减资产购买规模。这一决定在某种程度上是为了安抚市场，但更主要的原因则是美国各项经济指标未能显示出经济持续向好的趋势。尽管市场在此前便已预见到此次会议关于 QE 缩减的态度，然而此次会议的货币政策决策声明仍是对 2013 年 6 月 19 日所释放信号的改变，因而将其作为单独的 QE taper2事件集。

而 2013 年 12 月 18 日、2014 年 1 月 28 日、2014 年 3 月 19 日、2014年 4 月 29 日、2014 年 6 月 18 日、2014 年 7 月 29 日的货币政策决策声明内容几乎相同，均是将每月资产购置规模缩减 100 亿美元。基于此，本书将这 3 个事件归于同一个事件集 QE taper3。

2014 年 9 月 17 日，美联储发布声明称将发布 QE 退出战略方针。2014 年 10 月 29 日，在为期两天的联邦公开市场委员会（FOMC）会议结束后，美联储公开宣布削减最后的 150 亿美元购债规模，并从 2014 年 11 月起完全退出 QE，由于这两次公告中美联储明确提出了完全退出 QE 政策，因此本书将这 2 个事件归于事件集 QE taper4（见表 3 – 17）。

表 3 –17　　　　　　　　　美联储 QE 退出相关公告概况

事件集	事件日	事件	详细情况
QE taper1	2013 年 6 月 19 日	美联储主席伯南克记者会讲话	伯南克首次明确表示倘若经济增长、通胀、失业率情况达到 FOMC 的预期，美联储将着手削减 QE
QE taper2	2013 年 9 月 18 日	联邦公开市场委员会发表货币政策决策声明	联邦公开市场委员会决定暂缓缩减资产购买规模
QE taper3	2013 年 12 月 18 日	联邦公开市场委员会发表货币政策决策声明	联邦公开市场委员会决定将资产采购项目的规模从每个月 850 亿美元缩减至每个月 750 亿美元，MBS 和长期国债各减少 50 亿美元
	2014 年 1 月 28 日	联邦公开市场委员会发表货币政策决策声明	联邦公开市场委员会决定将资产采购项目的规模从每个月 750 亿美元缩减至每个月 650 亿美元，MBS 和长期国债各减少 50 亿美元
	2014 年 3 月 19 日	联邦公开市场委员会发表货币政策决策声明	联邦公开市场委员会决定将资产采购项目的规模从每个月 650 亿美元缩减至每个月 550 亿美元，MBS 和长期国债各减少 50 亿美元
	2014 年 4 月 29 日	联邦公开市场委员会发表货币政策决策声明	联邦公开市场委员会决定将资产采购项目的规模从每个月 550 亿美元缩减至每个月 450 亿美元，MBS 和长期国债各减少 50 亿美元
	2014 年 6 月 18 日	联邦公开市场委员会发表货币政策决策声明	联邦公开市场委员会决定将资产采购项目的规模从每个月 450 亿美元缩减至每个月 350 亿美元，MBS 和长期国债各减少 50 亿美元
	2014 年 7 月 29 日	联邦公开市场委员会发表货币政策决策声明	联邦公开市场委员会决定将资产采购项目的规模从每个月 350 亿美元缩减至每个月 250 亿美元，MBS 和长期国债各减少 50 亿美元

事件集	事件日	事件	详细情况
QE taper4	2014 年 9 月 17 日	联邦公开市场委员会发表货币政策决策声明	美联储公布利率决定，维持利率 0 ~ 0.25% 不变，缩减 100 亿美元量化宽松（QE）规模至每月 150 亿美元。美联储将每月购买 50 亿美元 MBS，100 亿美元长期国债。并称将发布 QE 退出战略方针
	2014 年 10 月 29 日	联邦公开市场委员会发表货币政策决策声明	联邦公开市场委员会决定将在本月结束其资产购买计划，同时维持维持 0 ~ 0.25% 的利率区间不变。至此美联储完全退出其 QE 政策

2）模型构建。与研究 QE 推出效应的模型设定相同，QE 退出事件的事件窗同样设为 2 天，样本区间同样为 2005 年初到 2014 年 11 月底。在模型式（3. 26）基础上加入刻画 QE 退出 4 个事件集的 8 个虚拟变量：

D_9：这一天是否有属于 QE taper1 事件集的公告，是则值为 1，否则值为 0；

D_{10}：这一天的前一天有否属于 QE taper1 事件集的公告，是则值为 1，否则值为 0；

D_{11}：这一天是否有属于 QE taper2 事件集的公告，是则值为 1，否则值为 0；

D_{12}：这一天的前一天有否属于 QE taper2 事件集的公告，是则值为 1，否则值为 0；

D_{13}：这一天是否有属于 QE taper3 事件集的公告，是则值为 1，否则值为 0；

D_{14}：这一天的前一天有否属于 QE taper3 事件集的公告，是则值为 1，否则值为 0。

D_{15}：这一天是否有属于 QE taper4 事件集的公告，是则值为 1，否则值为 0；

D_{16}：这一天的前一天有否属于 QE taper4 事件集的公告，是则值为 1，否则值为 0。

因变量采用 S&P GSCI 超额收益率指数在事件日的变动率来表示的国际大宗商品价格变化。

加入新变量后的模型变为：

$$Y_t = \alpha + \beta_1 D_1 + \beta_2 D_2 + \beta_3 D_3 + \beta_4 D_4 + \beta_5 D_5 + \beta_6 D_6 + \beta_7 D_7 + \beta_8 D_8 + \beta_9 D_9$$
$$+ \beta_{10} D_{10} + \beta_{11} D_{11} + \beta_{12} D_{12} + \beta_{13} D_{13} + \beta_{14} D_{14} + \beta_{15} D_{15} + \beta_{16} D_{16} + \varepsilon_t \text{。}$$

式（3.27）

3）实证结果及分析。本书随后对模型式（3.27）进行了 OLS 回归分析，表 3 – 18 中列出了回归结果。

表 3 – 18　　　　　　　　　QE 退出模型回归结果

变量名	参数估计	t 值
D_1	-0.0316^{***}	-4.17
D_2	0.0143^{*}	1.89
D_3	-0.0059	-0.68
D_4	0.0007	0.08
D_5	0.0040	0.38
D_6	0.0031	0.29
D_7	0.0079	0.52
D_8	-0.0090	-0.60
D_9	0.0045	0.30
D_{10}	-0.0304^{**}	-2.01
D_{11}	0.0152	1.00
D_{12}	-0.0041	-0.27
D_{13}	0.0034	0.54
D_{14}	0.0001	0.02
D_{15}	0.0047	0.44
D_{16}	-0.0106	-0.99
常数项	0.0000	0.25
F 检验	1.8102^{**}	
R^2	0.0115	

注：D_1 到 D_{16} 代表上文设置的 16 个虚拟变量，*、** 和 *** 分别代表在 10%、5% 和 1% 的显著性水平上显著。

从表 3 – 18 可以看出，2013 年 6 月 19 日时任美联储主席伯南克记者会讲话的当日，公告未对 S&P GSCI 超额收益率指数造成显著影响。然而在其后一日，QE taper1 对指数的影响十分显著，并且系数为负，即 QE 退出的决定造成了国际大宗商品价格的下跌。至于为何公告当日影响不显著却在后一日显著，原因可能在于 QE 退出对于大宗商品价格的影响存在一定的滞后，但从整体上看 QE taper1 这一事件对国际大宗商品价格产生了较明显的冲击。但是，QE taper2、QE taper3 和 QE taper4 对国际大宗商品价格的影响均不明显，并且影响的程度逐渐减弱（见图 3 - 8）。

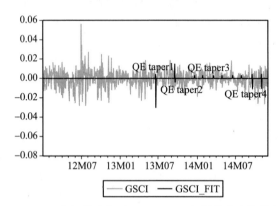

图 3 - 8   QE 退出相关公告对 S&P GSCI 超额收益率指数的冲击

从表 3 - 19 的分类指数回归结果中可以看出，仅能源与虚拟变量之间的方程关系显著。并且在 QE 退出的事件集中，QE taper1 所产生影响最为显著，这也与上文 S&P GSCI 超额收益率指数的回归结果相一致。

表 3 - 19   QE 退出各分类指数回归结果

变量名	农产品类		能源类		谷物类		工业金属类	
	参数估计	t 值	参数估计	t 值	参数估计	t 值	参数估计	t 值
D_1	- 0.0073	- 1.02	- 0.0417 ***	- 4.44	- 0.0081	- 0.96	- 0.0150	- 1.79
D_2	0.0112	1.56	0.0152 *	1.62	0.0093	1.11	0.0130	1.57
D_3	- 0.0049	- 0.58	- 0.0056	- 0.51	- 0.0096	- 0.99	- 0.0128	- 1.32
D_4	0.0105	1.26	- 0.0035	- 0.32	0.0092	0.95	0.0119	1.24
D_5	0.0011	0.11	0.0050	0.38	0.0013	0.11	0.0032	0.27
D_6	- 0.0022	- 0.21	0.0019	0.14	- 0.0040	- 0.34	0.0284	2.41
D_7	- 0.0069	- 0.48	0.0120	0.64	- 0.0064	- 0.38	0.0056	0.34
D_8	- 0.0046	- 0.32	- 0.0106	- 0.57	- 0.0042	- 0.25	- 0.0069	- 0.42
D_9	0.0228	1.58	0.0014	0.07	0.0282	1.67	- 0.0057	- 0.34
D_{10}	- 0.0187	- 1.30	- 0.0338 *	- 1.80	- 0.0154	- 0.91	- 0.0242	- 1.45
D_{11}	0.0051	0.35	0.0188	1.00	0.0048	0.28	0.0104	0.62
D_{12}	0.0063	0.44	- 0.0106	- 0.56	0.0067	0.40	0.0233	1.40

变量名	农产品类		能源类		谷物类		工业金属类	
	参数估计	t 值	参数估计	t 值	参数估计	t 值	参数估计	t 值
D_{13}	0.0019	0.32	0.0046	0.60	0.0012	0.17	-0.0019	-0.27
D_{14}	-0.0015	-0.26	0.0008	0.11	-0.0015	-0.22	-0.0041	-0.61
D_{15}	0.0098	0.97	0.0052	0.39	0.0121	1.01	0.0033	0.28
D_{16}	-0.0108	-1.06	-0.0115	-0.86	-0.0114	-0.96	-0.0075	-0.64
常数项	0.0000	0.07	-0.0001	-0.17	0.0001	0.20	0.0002	0.70
F 检验	0.7843		1.8435 **		0.6403		1.2902	
R^2	0.0050		0.0117		0.0041		0.0083	

变量名	牲畜类		非能源类		软商品类			
	参数估计	t 值	参数估计	t 值	参数估计	t 值		
D_1	-0.0008	-0.20	-0.0150	-1.79	-0.0047	-0.67		
D_2	0.0068	1.64	0.0130	1.57	0.0173	2.48		
D_3	-0.0001	-0.01	-0.0128	-1.32	0.0068	0.85		
D_4	-0.0044	-0.92	0.0119	1.24	0.0123	1.52		
D_5	-0.0056	-0.96	0.0032	0.27	0.0003	0.03		
D_6	0.0021	0.35	0.0284	2.41	0.0050	0.51		
D_7	0.0052	0.63	0.0056	0.34	-0.0094	-0.67		
D_8	-0.0002	-0.02	-0.0069	-0.42	-0.0062	-0.44		
D_9	0.0110	1.33	-0.0057	-0.34	0.0044	0.31		
D_{10}	-0.0021	-0.26	-0.0242	-1.45	-0.0303	-2.16		
D_{11}	0.0034	0.41	0.0104	0.62	0.0066	0.47		
D_{12}	0.0019	0.23	0.0233	1.40	0.0048	0.35		
D_{13}	-0.0015	-0.43	-0.0019	-0.27	0.0040	0.69		
D_{14}	0.0003	0.08	-0.0041	-0.61	-0.0017	-0.29		
D_{15}	-0.0051	-0.88	0.0033	0.28	0.0045	0.45		
D_{16}	-0.0032	-0.54	-0.0075	-0.64	-0.0094	-0.95		
常数项	-0.0002	-1.12	0.0002	0.70	-0.0001	-0.20		
F 检验	0.5220		1.4179		1.0813			
R^2	0.0034		0.0091		0.0069			

（3）总结：QE 政策推出和退出的冲击效应。

从 QE 推出对国际大宗商品价格的事件研究来看，QE1 对国际大宗商品价格有显著影响，而 QE2 到 QE4 的影响较不明显，且影响程度呈逐渐减弱趋势。从 QE 退出对国际大宗商品价格的事件研究来看，仅代表 2013 年 6 月 19 日伯南克记者会讲话的事件集 QE taper1 对大宗商品价格影响显著，而 QE taper2 到 QE taper4 的影响较不明显，且影响程度也逐步递减。

该结果很好地支持了理论模型部分提出的结论。

上文已提及市场理性均衡预期的形成导致资产价格趋近于其真实价值是美联储几轮量化宽松政策的影响逐渐减弱的重要原因，而关于 QE 退出对国际大宗商品价格的影响也可以用相同的理论来解释。伯南克在 2013 年 6 月 19 日的讲话出乎市场意料。此前市场预计美联储将在 2014 年 1 季度开始削减每月资产购置规模，而在记者会的讲话后，市场普遍认为美联储将从 2013 年 4 季度开始进行 QE 缩减——这比此前的预期提前了一个季度。并且这也是美联储首次公开提出缩减 QE 的计划。鉴于此，可以认为伯南克的讲话对市场产生了一个全新的政策冲击，这导致大宗商品价格产生了显著的异常波动。

在此之后，市场投资者通过学习，对 QE 退出的信息和知识不断积累，对于这一系列政策冲击的理性均衡预期也逐渐形成。譬如对于 2013 年 9 月 18 日的政策公告，即使其内容是美联储暂缓退出 QE，在事前也被市场较为准确地预期到。在市场预期趋于理性的大背景下，国际大宗商品价格这一资产价格也相应地向其真实价值回归，导致 QE taper2 和 QE taper3 事件集，乃至于代表着 QE 政策完全退出的 QE taper4 事件集均难以对其价格造成显著影响。

3.2.2.5 政策效果反思

量化宽松作为一种非常规货币政策，其推出或退出对于资产价格的影响在一开始显著，而随着时间的推移越来越不显著，原因在于当新的政策冲击出现时公众异质性预期的存在导致资产价格波动明显，但随着私人部门不断学习的过程，其预期能够逐渐向理性预期收敛，使得资产价格对其后续的一系列相关政策冲击"免疫"，从而趋近于其真实价值。这也与本书量化宽松政策推出和退出的实证研究结果相吻合。本书理论和实证结果为货币政策的"规则与相机"之争提供了新的解读视角，具有重要的理论和实践意义。

就理论而言，在时间不一致性问题的标准范式中，公众预期被假定为理性的，或者说是一致的。在这一假设前提下，为了防止货币政策的时间不一致性，货币政策当局要遵循规则而避免相机抉择。然而在现实中，预期不但常常可能处于均衡之外，而且并非是同质的，尤其是当外生事件（如经济结构转换、危机爆发）发生时。由于这种异质性预期的存在，资产价格的变化对于政策变量的敏感程度将随时间降低，货币政策规则趋于无效。而且由于当发生严重外生冲击时，公众预期很可能显著而持久地偏离理性，此时中央银行需要运用相机货币政策，将公众预期作为独立的状态变量纳入反应函数，适时引导和协调异质预期，进而促使实体经济准确、快速地向最优理性预期均衡（REE）收敛，在这种情况下相机优于承诺。

事实上，早在 2008 年金融危机爆发前，布拉德和密特拉（Bullard and Mitra，2002）、埃文斯和麦高夫（Evans and McGough，2005）便已提出过"基于预期的"最优相机式规则，认为在异质预期下，由于可以利用投资者的学习效应，货币政策可以实施相机抉择，根据公众预期作最优调整。最优相机政策还能达到以最优的方式塑造公众预期的目的。因此，当经济中的外生事件冲击导致市场上充斥着异质预期时，中央银行可以考虑使用相机的货币政策来重塑公众的一致性预期。

后危机时代主要经济体（以美国欧盟为代表的发达经济和中国为代表的新兴经济）宏观经济不确定性空前突出、相互交织，由此构成了世界宏观经济大系统的不确定性。在此背景下，量化宽松政策的实施有其必要性，尤其是当短期名义利率趋近于零时。并且从本书的实证研究部分可以看到，在 QE 推出和退出的进程中，只有当新的政策冲击出现时资产价格才会产生显著波动；而通过实施 QE 这一相机抉择的货币政策，央行成功地引导了市场同质预期的形成，即表现为后续的 QE 推出和退出的相关政策公告难以对资产价格造成显著影响。这一事实印证了上文的观点，即从长期看，基于适当的相机货币政策引导和公众的学习效应，异质预期能够不断向理性预期收敛。而随着公众一致性预期的形成，相机的货币政策趋于无效。真实经济周期理论认为，理性预期使公众可以根据货币当局的相机抉择行为对工资、价格合同调整决策，最终使得通胀偏差进入囚徒困境，成为纳什均衡结果。因此，从长期来看，中央银行的最优选择是遵守某一种提前承诺的、保持时间一致性的货币政策规则，以减少货币政策工具和最终目标之间的诸多不确定性（程均丽，2010）。即在公众具有理性预期的条件下，此时中央银行应重新转向传统的货币政策规则。

就货币政策实践而言，后危机时代不确定性的上升对中央银行货币政策的制定和实施提出了挑战，关键问题在于如何正确地引导公众预期。中国人民银行于 2013 年初创设了公开市场短期流动性调节工具（SLO）和常设借贷便利（SLF），后又创设抵押补充贷款（PSL）及中期借贷便利（MLF）。这些工具将在银行体系流动性出现临时性波动时相机运用。创新工具的创设引起了市场的高度关注和热烈讨论，许多市场人士对这些工具乃至央行的货币政策提出了质疑，然而本书的研究却从侧面说明了这些创新性的货币政策操作由于具有稳定并引导市场预期的功能，旨在"打造短期利率走廊与中期利率指引"的新框架，其创设具有一定的合理性。然而央行在《2014年第二季度中国货币政策执行报告》中也提到"货币政策主要还是总量政策，其结构引导作用是辅助性的，定向降准等结构性措施若长期实施也会存在一些问题。"说明从长期的均衡角度看，央行的货币政策最终将回归于传统的货币政策规则。

3.2.2.6 小结

本节建立了一个投资者具有异质性信念下的理性预期均衡资产定价模型，旨在分析市场存在异质性预期下货币政策的有效性问题。模型结果表明货币规则是否有效，其先决条件在于市场上是否存在异质性预期。当经济中出现突发事件时，由于市场上异质性预期的存在，随着时间的推移货币规则将趋于无效，此时货币政策重在预期管理，规则优于相机抉择。然而，随着新政策的不断引导和公众对学习机制的运用，异质性预期能够逐渐向理性预期收敛，从而使得资产价格趋近于其真实价格，受政策影响程度逐渐降低，此时规则优于相机抉择。

为提供经验性证据，本节采用事件研究的方法，就美联储QE政策的推出和退出对国际大宗商品价格的冲击效应进行了系统的梳理和探究。研究结果表明，QE推出时仅QE1对国际大宗商品价格的影响显著，后续三轮QE的政策效果均不显著且影响程度逐渐减弱。QE退出时仅首次宣布开始正式退出QE的公告对国际大宗商品价格产生显著影响，之后的一系列有关QE退出的政策决议乃至于QE完全退出时的公告均无法对价格走势产生明显影响。说明QE作为美联储应对金融危机冲击的一项相机型货币政策，在公众异质预期存在时能够对国际大宗商品价格产生显著影响，而随着市场一致性预期的形成而趋于失效，此时央行应考虑转向传统的货币政策规则。

理论层面，本节作为对货币政策"相机与规则"之争研究的理论拓展，贡献在于将货币政策在"相机和规则"之间的选择视为一个随时间和外部环境转移的动态过程，以期得出在不同条件下的最优货币政策选择，并突出了公众异质性预期对货币政策有效性的潜在影响。应用层面，本节为我国乃至日本、欧盟等世界主要经济体的货币当局非常规货币政策的实施提供一定的理论依据。在非常规货币政策越来越流行的当下，本节的研究表明这些非常规性的货币政策操作只要能够较好地发挥稳定并引导市场预期的功能，其实施便具有一定的合理性。

3.3　宏观不确定与国际大宗商品市场——以黄金为例

后危机时代，在宏观经济不确定性加剧的背景下，有必要对大宗的避险能力进行研究。基于宏观经济不确定的视角，本节实证考察了黄金现货和期货交易指标与政策不确定指数和股票不确定指数的信息传递关系及其相关关系的时变特征。

3.3.1　问题提出

作为一种特殊的大宗商品，黄金具有商品、货币和避险的多重属性。黄金的避险属性是指当金融、经济出现大幅波动或危机时，黄金表现为资金的避风港，大量避险资金涌入黄金市场。例如，2007 年 8 月以来的金融危机中，黄金表现出了较强的货币和避险属性（范为和房四海，2012）。图 3 − 9 展示了 2004 年 1 月至 2015 年 5 月黄金现价、政策不确定指数和股票不确定指数的时序图。其中政策不确定指数和股票不确定指数分别被用于衡量实体经济和股票市场的不确定程度（Baker et al.，2013）。

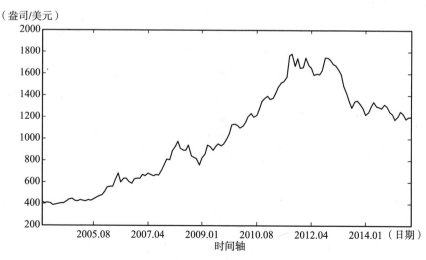

（a）黄金现价走势：2004 年 1 月 ~2015 年 5 月

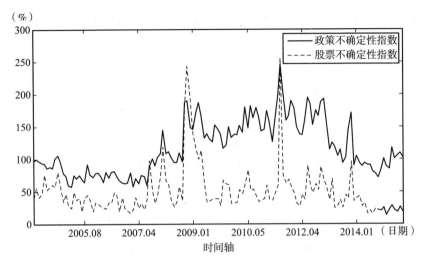

（b）政策不确定性指数和股票不确定性指数走势：2004 年 1 月~2015 年 5 月

图 3 - 9　黄金现价、政策不确定性指数和股票不确定性指数走势：
2004 年 1 月~2015 年 5 月

图 3 - 9 显示，2007 年金融危机爆发后宏观经济波动剧烈，政策不确定指数和股票不确定指数显著上升、波动加剧，而黄金价格却稳步上升，体现出黄金在危机时期一定的保值、避险属性。因此，全球投资者对黄金价格走势表现出了极大的关注，其价格也出现了和普通大宗商品相异的走势，一度上升至 2011 年 8 月 22 日每盎司 1895 美元的历史性峰值。因此，许多学者呼吁提高黄金储备在国际储备中所占的比重，以优化国际储备结构。但是，在 2012 年至 2013 年回调期间，金价一度跌至 2013 年 6 月 28 日的每盎司 1192 美元，下滑幅度达到 36.5%，金价波动剧烈，黄金的避险资产地位受到挑战。

事实上，黄金的避险能力一直受到学界和业界的广泛探讨和研究，呈现一定的分歧与争议。传统观点认为黄金是一种有效的安全港资产，能在市场极具动荡时抵御市场风险并减少投资者资产组合的损失。首先，黄金可以作为美元的避险资产。卡皮等（Capie et al.，2005）建立弹性模型验证了 1971~2004 年间黄金和美元汇率存在负相关关系，因此认为黄金能够对冲美元贬值的风险，为美元汇率波动提供一种持久的保护。王和觉（Wang and Chueh，2013）通过对 1989~2007 年的数据研究发现，当期美元的贬值会由于避险、投机、资产保值等原因使得下一期金价上升。其次，在全球股票市场剧烈波动时期，黄金也具有抵御风险的功能。鲍尔

（Baur，2010）分别对 1995 年 11 月 30 日至 2005 年 11 月 30 日间的美国、英国、德国的股票市场进行牛熊市划分，分别研究黄金的避险能力。结论表明黄金在股票熊市期间能够作为三个国家股票市场的避险资产。鲍尔和麦克德莫特（Baur and McDermott，2010）运用滚动窗口方法，研究了黄金收益和 13 个国家股指的动态相关关系，结果表明在 1979 年至 2009 年期间，对于欧洲主要股市和美国股市，黄金既是一个避风港也是一种对冲工具。此外，雷博雷多（Reboredo，2013）基于 Copula 方法分析了黄金与石油价格的联动性，发现在石油价格出现极端情况时黄金与石油的价格走势相互独立，因此认为黄金也能够作为石油的避风港资产。

　　然而，近年来也有研究对黄金的安全港资产地位提出质疑。例如，厄尔布和哈维（Erb and Havey，2013）认为考虑到市场价值与重量的比率，很多宝石都是比黄金更为有效的价值储藏载体。鲍尔和麦克德莫特（Baur and McDermott，2010）研究发现在 1979～2009 年间黄金对于澳大利亚、加拿大、日本与主要新兴市场（"金砖"国家）的股市熊市不具有避险能力。鲍尔（Baur，2010）基于 1995～2005 年间美国、英国、德国的债券市场数据发现，在债券熊市期间黄金不能作为这三个国家债券市场的避险资产。此外，虽然黄金与美元汇率之间有着负相关性，但这种相关性并不稳定。刘曙光和胡再勇（2008）分两阶段考察了 1972～2006 年间黄金价格的决定性因素，结果发现虽然美元名义有效汇率始终反向影响黄金价格，但是影响程度在各阶段表现不同。Joy（2011）研究表明，2001～2008 年间黄金对冲美元汇率波动风险的能力较 1989～2000 年间强。金蕾、年四伍（2011）认为储备黄金短期内对抗美元贬值风险的能力可能会随美元的强弱变化而时强时弱。杨楠和方茜（2013）研究表明近 40 年来，黄金抗美元贬值避险能力和影响因素在各阶段有所不同，且避险能力受原油价格和联邦基金利率的影响较大。

　　回顾正反两方观点，关于黄金避险能力在现有文献中还没有定论。此外，世界金融市场间的价格联动效应日益显著，各市场间风险传递速度明显加剧。特别地，在美元量化宽松退出冲击等宏观不确定性加剧的背景下，黄金避险能力的稳定性就更值得关注与探讨。鉴于此，本节基于宏观不确定性视角，实证考察了黄金现货和期货收益均值、波动和交易量、持仓量与政策不确定指数和股票不确定指数的信息传递关系及其相关关系的时变特征，旨在解决下列问题：（1）黄金现货和期货价格与宏观不确定性指数之间是否存在收益、波动信息传递关系？（2）宏观不确定性是否会影响黄金期货市场的交易情况？研究结果有助于国际储备管理当局对国际储备结构进行有效调整，也有助于全球投资者对相关资产组合调整的目标与时机做出判断。

本节的创新之处在于：（1）将宏观不确定纳入到分析黄金避险属性的框架，属于研究该领域的全新视角。迄今，国内外几乎没有文献涉及黄金与宏观不确定关系的实证研究。大部分文献是从某一个宏观经济角度出发（如汇率、股票和债券收益率、通货膨胀等）研究黄金价格的动态演化。（2）采用变参数时间序列研究方法提炼了黄金避险能力的时变特征，填补了相关文献空白。（3）研究对象既涵盖了黄金的现价和期价，又包含了交易量和持仓量。已有分析黄金避险功能的文献都是基于黄金的价格数据，没有从黄金的交易量和持仓量角度进行进一步分析。我们在价格的基础上加入交易量层面的信息，从而使价格层面的结论更加完善。

3.3.2 黄金避险价值回顾

黄金作为大宗商品的重要组成部分，讨论的焦点在黄金价格与宏观经济的关系上。相关文献表明宏观消息的公布对黄金收益有显著影响，部分研究结果显示在经济衰退期影响更为明显。如阿勃肯（Abken，1980）曾指出，极端的政治或经济方面的不确定性会显著影响黄金价格。厄尔布和哈维（Erb and Havey，2013）也表明黄金在恐慌时期是安全港资产。

萨菲和托帕尔（Shafiee and Topal，2010）全面梳理了黄金价格的影响因素，指出短期内解释黄金价格戏剧性上升的关键因素之一就是：当爆发全球性金融危机与经济衰退时，投资者不再信任金融市场，因此会转向黄金这类资产以降低不确定性。换句话说，在金融市场不稳定时期，黄金可以发挥一种针对传统资产价格急剧波动的避险作用。

巴滕等（Batten et al.，2010）将可能影响贵金属商品市场（黄金，银，铂和钯）的实体经济变量分为三类：（1）反映货币环境松紧的变量，例如通货膨胀率和货币总量；（2）反映商业景气状况的变量，如工业生产总值；（3）金融市场变量，如美元汇率、股指收益和消费者信心指数。研究发现以上实体经济变量对黄金收益波动均有一定解释效果。克里斯蒂—大卫等（Christie—David et al.，2000）考察了美国 23 个宏观消息，发现黄金收益的波动在消息公布时期出现明显提升，其中产能利用率、CPI 和 GDP 对黄金收益的影响最显著。赫斯等（Hess et al.，2008）研究了 17 个美国宏观消息对两大商品指数（CRB 指数和 SP&GSCI 指数）的影响，结果表明商品对宏观消息公布的反应程度与经济状况相关。在经济衰退期，反映高通胀或实体经济低迷的宏观消息将推高商品价格；而在经济繁荣期宏观消息公布与商品价格间没有类似的相关关系。罗奇和罗西（Roache and Rossi，2009）对 11 个按时公布的宏观经济指标和包括黄金在内的六种商品（黄金、原油、小麦、玉米、铜、铝）进行研究发现：非农业薪金指标的变动、消费者信心指数、利率变动对黄金影响显著，且黄金对利空信息的反应体现出它保值、避险的性质，从而异于其他五种商品。爱尔德（Elder，2012）考察了黄金、铜、银的收益、波动和交易量与宏观消息公布之间的关系，研究表明黄金对经济信息的反映显著且迅速，经济信息中非农业薪金和耐用品订单的影响最突出。此外，黄金对供求方面的宏观信息也反应敏感。蔡等（Cai et al.，2001）发现中央银行卖出黄金储备将导致黄金价格下跌。

综上所述，黄金与全球实体经济和金融市场有着密切联系。黄金对按时公布的宏观消息反应灵敏、迅速，暗示着宏观不确定性对黄金的影响。根据避险资产的特征①，我们将通过研究黄金与宏观经济不确定的相关性来论证黄金能否成为实体经济或股票市场的避险资产：如果黄金现货和期货收益、交易量、持仓量与宏观经济不确定性正相关，那么可认为黄金是实体经济或股票市场的避险资产，具有抵御宏观经济波动的功能。反之，如果两者的相关关系为负，则结论正好相反。

3.3.3　变量选取与数据处理

研究黄金是否仍为避险资产，我们将重心放在黄金的价、量数据与宏观不确定之间的信息溢出和相关关系上。关于宏观不确定性如何量化的问题，本节采用贝克尔等（Baker et al.，2013）提出的政策不确定指数（Policy—related uncertainty index，以下简称 PUI）和股票不确定指数（Equity—related uncertainty index，以下简称 EUI）作为代理变量。近来这两个不确定指数在实证研究上颇受关注（Johannsen，2013；Johnson and Lee，2014；Jones and Olson，2013）。

PUI 指数的构成参考了以下三方面信息。第一，美国十大主流报纸有

---

① 厄尔布和哈维（Erb and Havey，2013）认为，避险资产应具有以下两方面特征：（1）在压力与恐慌时期能够保持价值稳定；（2）与此同时，保持良好的流动性。

关政治经济不确定的报道；第二，近几年将要到期的联邦税收规定（Federal tax code provisions）的数量；第三，经济指标预测（如政府支出和通胀率）的不一致。EUI 指数的构建则是通过调查新闻中关于股票市场动荡、不确定的报道。

黄金的现货价格为伦敦贵金属交易所（LBMA）黄金成交价；黄金的期货价格、交易量、持仓量分别来自纽约商业交易所（COMEX）近月期黄金期货的结算价、交易量和持仓量，如表 3 - 20 所示。数据频率为月度，时间跨度自 1985 年 1 月至 2014 年 12 月。我们还将数据频率更改为周度进行实证分析，信息传递和动态相关系数结果均表明所得结论的稳健性。因篇幅所限，未列出周度数据的实证结果。我们追溯 PUI 指数和 EUI 指数至数据最早的日期，并以此为样本起点，旨在扩大样本容量，使结论更具说服力。黄金价格和交易数据来自于 DataStream 数据库，不确定指数数据来自美联储网站。本节对源数据做了如下的预处理：（1）采取线性插值方法修补个别缺漏数据；（2）对原数据进行必要的对数和差分变换，使得满足对所有参与建模变量的平稳性要求。

表 3 - 20　黄金现价、期价、交易量、持仓量以及政策不确定指数和股票不确定指数描述性统计量以及相关检验

	$r_{s,t}$	$r_{f,t}$	$r_{v,t}$	$r_{OI,t}$	$r_{p,t}$	$r_{e,t}$
均值	0.0043	0.0043	0.0085	0.0048	-0.0012	-0.0068
最大值	0.1601	0.1573	2.5333	1.9566	1.0907	1.9567
最小值	-0.1218	-0.1292	-3.5235	-2.9617	-0.6572	-1.1724
标准误	0.0355	0.0356	1.3593	1.0411	0.2640	0.5055
偏度	0.4037	0.3782	-0.5824*	-0.5142*	0.5100	0.6595
峰度	1.5488	1.5815	-0.0172	-0.2326	0.8195	0.9014
Jarque - Bera 统计量	47.1259***	44.0549***	19.4556***	15.9330***	24.5446***	36.5848***
ADF 统计量	-16.2707***	-16.4538***	-11.5409***	-8.3509***	-13.9577***	-13.9667***
Q (12)	22.460**	20.209*	559.94***	714.65***	36.626***	55.986***
Q2 (12)	28.184***	29.747***	404.54***	413.37***	108.25***	110.33***
LM (12)	46.0051***	52.2126***	264.4691***	266.2341***	7.7897**	7.5645**

注：变量 $r_{s,t}$, $r_{f,t}$, $r_{v,t}$, $r_{OI,t}$, $r_{p,t}$ 和 $r_{e,t}$ 分别代表黄金现价、期价、交易量、持仓量、政策不确定指数和股票不确定指数的对数收益率（或对数变动率），下同。Jarque—Beta 是 χ^2 统计量，用以检验序列的正态性。ADF 统计量用以检验序列的平稳性，其原假设是存在单位根，序列不平稳。Q（12）和 Q2（12）分别是对数收益率（或对数变动率）和及其平方滞后 12 阶的 Ljung—Box 统计量。LM 统计量和 Q 统计量显示所有变量均具有 ARCH 效应，可以用 GARCH 模型进行建模。***，**，* 依次代表 1%，5% 和 10% 置信水平下显著。

3.3.4　模型设定

本节重点研究黄金避险能力的时变特征。首先考察黄金价格、黄金期货交易量与政策不确定指数和股票不确定指数的信息溢出效应，再根据两者之间相关关系的时变特征分析各时期黄金避险能力。

3.3.4.1　黄金市场与宏观经济不确定性信息溢出效应

考虑到需动态考察市场间信息溢出，本书实证采用多变量 VAR—GARCH 模型建模。因为黄金现货价格、期货价格、交易量、持仓量与不确定指标的建模过程完全相同，考虑文章的简洁性，下面仅给出黄金期货价格与不确定指标建模的 VAR—GARCH 模型。

模型的条件均值方程为：

$$r_{f,t} = \alpha_f + \sum_{i=1}^{l} \beta_{f,i} r_{f,t-i} + \sum_{j=1}^{m} \gamma_{f,j} r_{p,t-j} + \sum_{k=1}^{n} \theta_{f,k} r_{e,t-k} + \varepsilon_{f,t},$$

$$\text{式（3.28）}$$

$$r_{p,t} = \alpha_p + \sum_{i=1}^{l} \beta_{p,i} r_{f,t-i} + \sum_{j=1}^{m} \gamma_{p,j} r_{p,t-j} + \sum_{k=1}^{n_1} \theta_{p,k} r_{e,t-k} + \varepsilon_{p,t},$$

$$\text{式（3.29）}$$

$$r_{e,t} = \alpha_e + \sum_{i=1}^{l} \beta_{e,i} r_{f,t-i} + \sum_{j=1}^{m} \gamma_{e,j} r_{p,t-j} + \sum_{k=1}^{n} \theta_{e,k} r_{e,t-k} + \varepsilon_{e,t},$$

$$\text{式（3.30）}$$

模型的条件方差方程为：

$$h_{f,t} = \omega_f + \mu_{ff} h_{f,t-1} + \mu_{fp} h_{p,t-1} + \mu_{fe} h_{e,t-1} + \zeta_{ff} \varepsilon_{f,t-1}^2 + \zeta_{fp} \varepsilon_{p,t-1}^2 + \zeta_{fe} \varepsilon_{e,t-1}^2,$$

$$\text{式（3.31）}$$

$$h_{p,t} = \omega_p + \mu_{pf} h_{f,t-1} + \mu_{pp} h_{p,t-1} + \mu_{pe} h_{e,t-1} + \zeta_{pf} \varepsilon_{f,t-1}^2 + \zeta_{pp} \varepsilon_{p,t-1}^2 + \zeta_{pe} \varepsilon_{e,t-1}^2,$$

$$\text{式（3.32）}$$

$$h_{e,t} = \omega_e + \mu_{ef} h_{f,t-1} + \mu_{ep} h_{p,t-1} + \mu_{ee} h_{e,t-1} + \zeta_{ef} \varepsilon_{f,t-1}^2 + \zeta_{ep} \varepsilon_{p,t-1}^2 + \zeta_{ee} \varepsilon_{e,t-1}^2,$$

$$\text{式（3.33）}$$

其中，$r_{f,t}$、$r_{p,t}$、$r_{e,t}$ 分别代表黄金期价、政策不确定指数、股票不确定指数的对数收益率；$h_{f,t}$、$h_{p,t}$、$h_{e,t}$ 分别代表黄金期价、政策不确定指数、股票不确定指数对数收益率的条件方差；残差向量可写成 $(\varepsilon_{f,t},\ \varepsilon_{p,t},\ \varepsilon_{e,t})' = H_{f,t}^{1/2}(\eta_{f,t},\ \eta_{p,t},\ \eta_{e,t})'$，$(\eta_{f,t},\ \eta_{p,t},\ \eta_{e,t})$ 是经过标准化的残差向量，即

$\eta_{i,t} = \varepsilon_{i,t} / \sqrt{h_{i,t}}$ $(i = f, p, e)$, $H_{f,t} = Cov(\varepsilon_{f,t}, \varepsilon_{p,t}, \varepsilon_{e,t} \mid \Omega_{t-1}) =$

$\begin{pmatrix} h_{f,t} & h_{fp,t} & h_{fe,t} \\ h_{fp,t} & h_{p,t} & h_{pe,t} \\ h_{fe,t} & h_{pe,t} & h_{e,t} \end{pmatrix}$, Ω_{t-1} 表示 $t-1$ 时刻信息集，则 $(\varepsilon_{f,t}, \varepsilon_{p,t}, \varepsilon_{e,t})' \sim$

$N(0, H_{f,t})$。μ_{ff} 和 ζ_{ff} 反映了黄金期货市场收益波动性集聚效应，ζ_{fp}，ζ_{fe} 则分别代表政策不确定指数和股票不确定指数波动对黄金期货收益率波动的溢出效应；其他参数意义同理。

3.3.4.2 黄金市场与宏观经济不确定性动态相关系数

在变参数时间序列模型中，动态条件相关系数——广义自回归条件异方差模型（DCC—GARCH）在刻画变量间动态作用机制方面具有突出效果。相对于滚动窗口、指数加权移动平均等方法，DCC—GARCH 模型能更加有效地刻画变量间相关系数的演变（Lebo and Steffensmeier, 2008）。所计算出的动态条件相关系数序列能动态、平等地反映变量间的相互作用和影响，在国内外已经被广泛运用于各类金融市场间的联动性分析（Lebo and Steffensmeier, 2008；Lien and Yang, 2009；Jones and Olson, 2013）等。

基于已建立的 VAR—GARCH 模型，动态相关系数由下式得到：

$$\rho_{fp,t} = (1 - \kappa_1 - \kappa_2)\bar{\rho}_{fp} + \kappa_1 \rho_{fp,t-1} + \kappa_2 \psi_{fp,t-1}, \qquad 式（3.34）$$

$$\rho_{fe,t} = (1 - \kappa_1 - \kappa_2)\bar{\rho}_{fe} + \kappa_1 \rho_{fe,t-1} + \kappa_2 \psi_{fe,t-1}, \qquad 式（3.35）$$

$$\rho_{pe,t} = (1 - \kappa_1 - \kappa_2)\bar{\rho}_{pe} + \kappa_1 \rho_{pe,t-1} + \kappa_2 \psi_{pe,t-1}, \qquad 式（3.36）$$

其中 $\rho_{fp,t}$，$\rho_{fe,t}$ 和 $\rho_{pe,t}$ 分别表示在 t 时刻黄金期货收益率与 PUI 变动率、黄金期货收益率与 EUI 变动率、PUI 变动率与 EUI 变动率的相关系数。若其为零或者为正数，则黄金具有避险能力，反之则不具有避险能力。$\bar{\rho}_{fp}$，$\bar{\rho}_{fe}$，$\bar{\rho}_{pe}$ 是非条件相关系数，当 $\kappa_1 = \kappa_2 = 0$ 时，模型退化为 CCC—GARCH

模型。其他参数设定由下式给出，$\psi_{fp,t-1} = \dfrac{\sum\limits_{i=1}^{q} \eta_{f,t-i}\eta_{p,t-i}}{\sqrt{(\sum\limits_{i=1}^{q}\eta_{f,t-i})(\sum\limits_{i=1}^{q}\eta_{p,t-i})}}$，$\psi_{fe,t-1} =$

$\dfrac{\sum\limits_{i=1}^{q} \eta_{f,t-i}\eta_{e,t-i}}{\sqrt{(\sum\limits_{i=1}^{q}\eta_{f,t-i})(\sum\limits_{i=1}^{q}\eta_{e,t-i})}}$，$\psi_{pe,t-1} = \dfrac{\sum\limits_{i=1}^{q} \eta_{p,t-i}\eta_{e,t-i}}{\sqrt{(\sum\limits_{i=1}^{q}\eta_{p,t-i})(\sum\limits_{i=1}^{q}\eta_{e,t-i})}}$。

3.3.5　实证结果与分析

3.3.5.1　黄金市场与宏观经济不确定性信息溢出效应

通过构建黄金与不确定指数的 VAR—GARCH 模型我们发现，宏观经济不确定对黄金价格作用突出，而对黄金期货交易量、持仓量无显著影响；黄金的价格和交易量等数据对宏观经济不确定性也无明显的解释力。表3-21 是黄金现价、期价、交易量、持仓量与政策不确定指数和股票不确定指数收益传递的结果，其中政策不确定指数收益对黄金期价（+0.0236）、现价收益（+0.0233）均有正向拉动作用，而股票不确定指数收益则负向削减黄金期价收益（-0.0145）和现价收益（-0.0150）。结果表明，政策不确定性增加会使黄金价格上升，体现出黄金对实体经济的避险功能。

表 3 - 21　　均值传递：黄金现价、期价、交易量、持仓量与
政策不确定指数和股票不确定指数

	（a）黄金期价与不确定指数				（b）黄金现价与不确定指数		
	$r_{f,t}$	$r_{p,t}$	$r_{e,t}$		$r_{s,t}$	$r_{p,t}$	$r_{e,t}$
C	0.0034 * (0.0019)	0.0045 (0.0139)	-0.0077 (0.0268)	C	0.0034 * (0.0019)	0.0046 (0.0140)	-0.0081 (0.0269)
$r_{f,t-1}$	0.1571 *** (0.0561)	0.0079 (0.3971)	-1.2096 (0.7630)	$r_{s,t-1}$	0.1691 *** (0.0562)	-0.0309 (0.4001)	-1.1640 (0.7693)
$r_{f,t-2}$	-0.1006 * (0.0573)	0.4052 (0.4055)	0.5821 (0.7794)	$r_{s,t-2}$	-0.1071 * (0.0574)	0.4222 (0.4090)	0.5532 (0.7864)
$r_{p,t-1}$	0.0236 ** (0.0101)	-0.4251 *** (0.0719)	0.1429 (0.1381)	$r_{p,t-1}$	0.0233 ** (0.0101)	-0.4234 *** (0.0719)	0.1425 (0.1383)
$r_{p,t-2}$	-0.0082 (0.0111)	-0.3176 *** (0.0788)	0.0294 (0.1515)	$r_{p,t-2}$	-0.0066 (0.0111)	-0.3173 *** (0.0788)	0.0277 (0.1515)
$r_{e,t-1}$	-0.0145 *** (0.0053)	0.1774 *** (0.0376)	-0.3777 *** (0.0723)	$r_{e,t-1}$	-0.0150 *** (0.0052)	0.1770 *** (0.0376)	-0.3785 *** (0.0723)
$r_{e,t-2}$	-0.0002 (0.0063)	0.0753 * (0.0450)	-0.2933 *** (0.0865)	$r_{e,t-2}$	-0.0006 (0.0063)	0.0748 * (0.0450)	-0.2922 *** (0.0865)

	（c）黄金期货交易量与不确定指数				（d）黄金持仓量与不确定指数		
	$r_{v,t}$	$r_{p,t}$	$r_{e,t}$		$r_{OI,t}$	$r_{p,t}$	$r_{e,t}$
C	0.0314 (0.0533)	0.0032 (0.0131)	−0.0097 (0.0252)	C	0.0245 (0.0384)	0.0033 (0.0130)	−0.0091 (0.0251)
$r_{v,t-1}$	−0.7167 *** (0.0567)	−0.0054 (0.0138)	−0.0369 (0.0268)	$r_{OI,t-1}$	−0.7295 *** (0.0568)	−0.0056 (0.0193)	−0.0621 * (0.0372)
$r_{v,t-2}$	−0.7247 *** (0.0683)	−0.0214 (0.0167)	−0.0614 * (0.0324)	$r_{OI,t-2}$	−0.7813 *** (0.0696)	−0.0283 (0.0236)	−0.0839 * (0.0455)
$r_{p,t-1}$	0.2413 (0.2968)	−0.4293 *** (0.0727)	0.1649 (0.1406)	$r_{p,t-1}$	0.0973 (0.2151)	−0.4152 *** (0.0730)	0.1569 (0.1408)
$r_{p,t-2}$	−0.2331 (0.3272)	−0.3241 *** (0.0802)	0.0392 (0.1551)	$r_{p,t-2}$	−0.1917 (0.2357)	−0.3298 *** (0.0800)	0.0370 (0.1543)
$r_{e,t-1}$	−0.0014 (0.1530)	0.1563 *** (0.0374)	−0.4375 *** (0.0725)	$r_{e,t-1}$	−0.0288 (0.1112)	0.1505 *** (0.0377)	−0.4411 *** (0.0727)
$r_{e,t-2}$	0.1498 (0.1834)	0.0539 (0.0449)	−0.3348 *** (0.0869)	$r_{e,t-2}$	0.1015 (0.1332)	0.0507 (0.0452)	−0.3416 *** (0.0872)

黄金现价、期价、交易量、持仓量与政策不确定指数和股票不确定指数波动传递结果见表3-22。

表3-22　　　波动传递：黄金现价、期价、交易量、持仓量与政策不确定指数和股票不确定指数

	（a）黄金期价与不确定指数				（b）黄金现价与不确定指数		
	$h_{f,t}$	$h_{p,t}$	$h_{e,t}$		$h_{s,t}$	$h_{p,t}$	$h_{e,t}$
ω_i	0.0028 *** (0.0000)	0.0128 * (0.0077)	0.1083 *** (0.0264)	ω_i	0.0002 *** (0.0000)	0.0239 *** (0.0076)	0.0805 *** (0.0089)
μ_{if}	0.0208 (0.0138)	2.2197 *** (0.7224)	3.2894 (1.3138)	μ_{is}	0.0470 (0.0336)	0.1602 (0.5108)	1.5300 (0.9517)
μ_{ip}	0.0344 *** (0.0045)	0.1229 (0.0774)	0.1111 (0.1991)	μ_{ip}	0.0252 (0.0305)	−0.1227 (0.0905)	0.0625 (0.1219)
μ_{ie}	0.0189 *** (0.0046)	0.0464 (0.0320)	−0.1124 (0.0973)	μ_{ie}	−0.0097 (0.0150)	0.0641 (0.0461)	−0.0990 * (0.0439)
ζ_{if}	0.7959 *** (0.0147)	−1.771 * (1.0366)	−3.8146 ** (1.5214)	ζ_{is}	0.7977 *** (0.0153)	−1.3072 (0.9891)	−3.6585 *** (1.2836)

续表

(a) 黄金期价与不确定指数			(b) 黄金现价与不确定指数		
ζ_{ip}	−0.0674 *** (0.0176)	0.8140 *** (0.0157)	−0.1205 ** (0.0541)	ζ_{ip} −0.0229 (0.0184)	0.8093 *** (0.0151)	−0.0793 (0.0532)
ζ_{ie}	−0.0233 *** (0.0073)	−0.0369 ** (0.0149)	0.8213 *** (0.0153)	ζ_{ie} −0.0113 (0.0072)	−0.0216 (0.0152)	0.8056 *** (0.0147)

(c) 黄金期货交易量与不确定指数			(d) 黄金持仓量与不确定指数		
	$r_{v,t}$	$r_{p,t}$	$r_{e,t}$	$r_{OI,t}$	$r_{p,t}$	$r_{e,t}$
ω_i	0.8453 *** (0.0748)	0.0213 *** (0.0021)	0.0633 *** (0.0074)	ω_i 0.4251 *** (0.0056)	0.0206 *** (0.0028)	0.0665 *** (0.0098)
μ_{iv}	−0.1911 *** (0.0165)	0.0201 * (0.0114)	−0.0002 (0.0201)	μ_{iOI} −0.1733 *** (0.0018)	0.0097 (0.0127)	−0.0001 (0.0072)
μ_{ip}	−0.1525 (0.1105)	−0.0533 (0.0405)	−0.0631 (0.0531)	μ_{ip} −0.2818 *** (0.0070)	−0.0917 *** (0.0352)	−0.0394 (0.0687)
μ_{ie}	0.3185 *** (0.0234)	−0.0118 (0.0337)	−0.0254 (0.0333)	μ_{ie} 0.0539 *** (0.0017)	0.0255 (0.0397)	−0.0254 (0.0172)
ζ_{iv}	0.7911 *** (0.0133)	−0.0882 *** (0.0327)	0.0654 * (0.0354)	ζ_{iOI} 0.8082 *** (0.0016)	0.0626 (0.0383)	0.0914 (0.0728)
ζ_{ip}	−0.5155 *** (1.2814)	0.8007 *** (0.0139)	−0.1803 *** (0.0485)	ζ_{ip} 1.5771 *** (0.1473)	0.8179 *** (0.0116)	−0.1843 *** (0.0482)
ζ_{ie}	1.1544 *** (0.3299)	−0.0574 *** (0.0132)	0.8213 *** (0.0130)	ζ_{ie} 0.7596 *** (0.0636)	−0.0442 *** (0.0133)	0.8134 *** (0.0136)

结果显示黄金市场与实体经济、股票市场不确定性存在显著波动外溢效应。从价格层面上看，黄金现价与不确定指数间的波动传递效果不显著，但不确定指数波动对黄金期价的作用明显，政策不确定指数和股票不确定指数波动的增加均带来黄金期价波动的减小，系数分别为−0.0674和−0.0233，说明宏观经济不确定性越大黄金价值越稳定，由此体现出黄金的避险资产属性。从数量层面上看，股票不确定指数波动的增加会带来黄金交易量波动的增加（+1.1544），表明股市动荡加剧时黄金交易更加活跃，然而政策不确定指数波动传递的影响与此相反（−0.5155），可能的原因是实体经济层面的动荡使得投资者将其资本从风险较高的投资品转移到现有的相对安全的投资工具，导致包括黄金在内的各项资产交易量都减少；而政策不确定指数和股票不确定指数波动的增加将带来黄金持仓量波

动的增大，系数分别为 +1.5771 和 +0.7596，说明随着市场不确定性程度的增加，投资者对黄金期货持仓量有增加倾向。

综上，黄金现货和期货收益均值、波动和交易量、持仓量与政策不确定指数和股票不确定指数的信息传递结果表明，从长期来看，在 1985 ~ 2014 年间黄金具有股票市场和实体经济的避险资产特征，在不确定性增加时能够保持价值稳定，同时具有较好的流动性。

3.3.5.2 动态相关系数

图 3 – 10 展示了黄金期价和现价与不确定指数的动态相关系数走势。从整体上看有以下两点值得注意。第一，黄金能否作为实体经济或股票市场的避险资产因时而异。根据动态相关系数的走势，黄金价格与政策不确定指数和股票不确定指数的相关系数随时间变化显著，正相关与负相关交替出现，显示出一定的周期变动特征。具体来看，在 1987 ~ 1991 年、1996 ~ 1999 年、1999 ~ 2001 年、2008 ~ 2014 年这四个时间段中，黄金期价与现价收益与政策不确定指数的相关系数均大于 0，体现为黄金能够在宏观经济动荡时保值或增值。而值得注意的是，这四个时间段均是危机爆发期：1988 年拉美经济危机、1997 年亚洲金融危机、2000 年美国互联网泡沫危机和 2008 年金融危机。这一发现揭示出黄金在历次危机中均能抵御宏观经济波动的风险，是一种有效的实体经济避险资产。第二，在 2008 年之前，黄金价格与政策不确定指数的相关系数和与股票不确定指数的相关系数在数值和走势方面均较为一致。我们发现，在 1988 年拉美经济危机、1997 年亚洲金融危机、2000 年美国互联网泡沫危机中，黄金与政策不确定指数和股票不确定指数均为正相关。但在 2008 年金融危机之后两者出现分化，黄金与股票不确定指数的相关性为负，与政策不确定指数仍保持正相关，前者基本维持在 +0.9 水平，后者则在 – 0.8 至 – 0.2 区域内波动。该结果表明在前三次危机中黄金能同时作为股票市场和实体经济的避险资产，但在 2008 年金融危机后，黄金作为股票市场避险资产已不再成立。可能的原因是自 2004 年以来商品市场指数化投资的流行，导致一些重要的大宗商品如黄金与股票市场的联动性增强（Tang and Xiong, 2012），从而削弱了黄金对股市的避险效果。这一发现不同于鲍尔（Baur, 2010）认为黄金在股票熊市期间能够作为避险资产的结论。

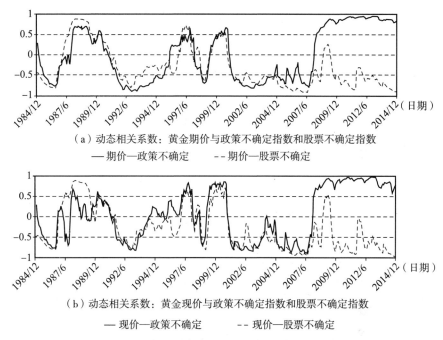

（a）动态相关系数：黄金期价与政策不确定指数和股票不确定指数
—— 期价—政策不确定　　　－－ 期价—股票不确定

（b）动态相关系数：黄金现价与政策不确定指数和股票不确定指数
—— 现价—政策不确定　　　－－ 现价—股票不确定

图 3 – 10　黄金期价、现价与政策不确定指数和股票不确定指数的动态相关系数

注：（1）图 3 – 10（a）为黄金期价与不确定指数间的动态相关系数走势；图 3 – 10（b）为黄金现价与不确定指数间的动态相关系数走势。（2）实线表示与政策不确定指数的相关系数，虚线表示与股票不确定指数的相关系数，时间跨度为 1985 年 1 月至 2014 年 12 月，下同。

图 3 – 11 展示了黄金期货交易量和持仓量与不确定指数的动态相关系数走势。持仓量是一个交易日结束时未平仓合约的总数，它蕴含着投资者持有期货进行对冲需求的大小和期货市场交易是否活跃的信息；而交易量能够反映一个市场流动性的强弱（Souček，2013）。对比图 3 – 10、图 3 – 11发现，数量层面的相关系数较价格层面波动更加剧烈。图 3 – 11（a）展示了黄金期货交易量与不确定指数的相关系数走势，由于波动剧烈，黄金交易量与政策不确定指数的相关性很不稳定。但不难发现，在 1987 ~ 1991年、1996 ~ 1999 年、1999 ~ 2001 年、2008 ~ 2013 年的四次危机中，黄金期货交易量与政策不确定指数均保持正相关关系，说明黄金的流动性在危机期间仍能保持较高水平。与价格层面结论相一致，在 2008 年金融危机之后黄金期货交易量与政策不确定指数和与股票不确定指数的相关系数走势出现较明显分化。2007 年 7 月，交易量与政策不确定的相关系数从 – 0.7 水平陡增至 + 0.1 左右，并在此后将近 6 年时间内保持正相关

（+0.5 水平），同时黄金交易量与股票市场不确定的相关性却基本维持负相关，说明黄金在 2008 年金融危机之后不再是股票市场的避险资产。图 3 – 11 （b）展示了黄金期货持仓量与不确定指数间的动态相关系数走势。与交易量结果相似，在四次危机期间，持仓量与政策不确定指数均为显著正相关关系，显示出在经济动荡时期人们对持有黄金进行避险保值需求的增加；但持仓量与股票不确定指数维持负相关关系，表明在股市动荡期间，黄金作为股票市场的避险资产已不再具有吸引力。

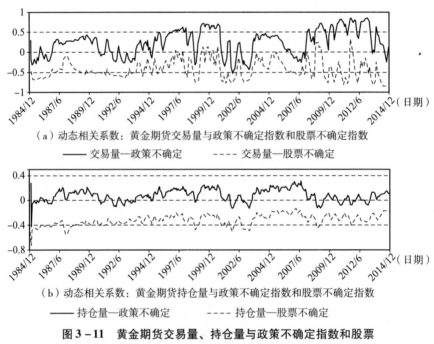

（a）动态相关系数：黄金期货交易量与政策不确定指数和股票不确定指数

——— 交易量—政策不确定　　　---- 交易量—股票不确定

（b）动态相关系数：黄金期货持仓量与政策不确定指数和股票不确定指数

——— 持仓量—政策不确定　　　---- 持仓量—股票不确定

图 3 – 11　黄金期货交易量、持仓量与政策不确定指数和股票
不确定指数的动态相关系数

注：图 3 – 11 （a）为黄金期货交易量与不确定指数的动态相关系数走势；图 3 – 11 （b）为黄金期货持仓量与不确定指数的动态相关系数走势。

针对 DCC 模型的适用性，表 3 – 23 给出了其模型参数和 LM 检验统计量。该统计量由谢（Tse，2000）提出，旨在检验时间序列间的相关系数是否随时间动态改变，其原假设是相关系数固定不变。LM 检验结果表明黄金与不确定指数间的相关系数具有时变性，可采用 DCC—GARCH 进行实证分析。

表3-23　　DCC 参数和谢（Tse，2000）检验：黄金现价、期价、

交易量、持仓量与政策不确定指数（PUI）和

股票不确定指数（EUI）

	黄金期价		黄金现价		黄金期货交易量		黄金期货持仓量	
	PUI	EUI	PUI	EUI	PUI	EUI	PUI	EUI
$\bar{\rho}_{ij}$	0.374	-0.248	0.375	-0.248	0.267	-0.179	0.151	-0.267
κ_1	0.171 *** (0.0171)		0.171 *** (0.0185)		0.081 *** (0.0165)		0.085 *** (0.0178)	
κ_2	0.827 *** (0.0178)		0.826 *** (0.0191)		0.859 *** (0.0324)		0.851 *** (0.0304)	
Chi-square（3）	5.9949 *		7.4545 **		4.9752 *		9.2387 **	

注：Chi-square 是谢（Tse，2000）LM 检验的相关统计量。

3.3.6　小结

在宏观不确定性加剧的背景下，黄金避险能力的稳定性值得关注与探讨。基于宏观不确定的视角，本节实证考察了黄金现货和期货交易指标与政策不确定指数和股票不确定指数的信息传递关系及其相关关系的时变特征。

综合信息传递和动态相关系数结果，本书发现以下三点结论：第一，黄金现货和期货收益均值、波动和交易量、持仓量与政策不确定指数和股票不确定指数的相关关系随时间变化，正相关与负相关交替出现，时变性显著。因此黄金能否作为实体经济或股票市场的避险资产因时而异。第二，在历次危机中（1988 年拉美经济危机、1997 年亚洲金融危机、2000年美国互联网泡沫危机和 2008 年金融危机），黄金均表现为实体经济的避险资产，能有效抵御宏观经济波动的风险。第三，在前三次危机中黄金也表现出股票市场避险资产的特征，但在 2008 年金融危机之后，黄金作为对冲股票市场动荡的安全港资产不再成立，因此证券投资者在组合资产中加入黄金不一定能够达到避险保值的效果。

第4章

商品资源和证券资产
均衡配置的理论模型
——基于新古典的角度

　　基于上述关于商品期货资产配置必要性的讨论，我们需要在逻辑上讨论包含商品资产的国际资产均衡配置问题。本章基于分散经济均衡增长的拉姆齐分析范式，试图从一般均衡的角度，给出商品资源储备和证券资产均衡配置的国际资产配置理论模型，为商品资源储备的必要性提供理论支持。

4.1　模型假设

4.1.1　关于厂商的假设

　　假设经济系统中存在大量同质厂商，每个厂商的生产函数采用如下形式：

$$Y(t) = F(K(t)，AL(t))，\qquad 式（4.1）$$

其中，Y 表示产出，K 表示资本（假设资本不存在折旧），L 表示劳动，A 表示知识或劳动的技术效率，因为 A 与 L 以乘积形式表示，所以被称为 AL 有效劳动。在短期知识与技术水平是给定的，因此 A 取作定值。在每个时点上，厂商在竞争性要素市场雇佣工人、租借资本进行生产，并按各要素边际产品支付报酬，在竞争性产品市场出售其产品。厂商最大化其利润。由于厂商由家庭所有，因此厂商生产的任何利润归于家庭。有关生产函数的重要假设包括：

　　1）生产函数关于两个自变量——资本与有效劳动是规模报酬不变的。

更为一般性地,当两个投入要素均乘以某个非负常数 c 时,会得到 c 倍的产出,即生产规模效应不变:

$$F(cK,\ cAL) = cF(K,\ AL),\quad \forall c \geq 0. \qquad \text{式 (4.2)}$$

规模报酬不变的假设使得下文采用生产函数的紧凑形式进行分析。设定 $c = \dfrac{1}{AL}$,可得:

$$F\left(\frac{K}{AL},\ 1\right) = \frac{1}{AL}F(K,\ AL), \qquad \text{式 (4.3)}$$

这里,$\dfrac{K}{AL}$ 是单位有效劳动的资本量,$\dfrac{F(K,\ AL)}{AL} = \dfrac{Y}{AL}$ 是单位有效劳动的产出。定义 $k = \dfrac{K}{AL}$,$y = \dfrac{Y}{AL}$,以及 $f(k) = F(k,\ 1)$,因此,式 (4.3) 可以写成:

$$y = f(k). \qquad \text{式 (4.4)}$$

紧凑形式的生产函数假设满足 $f(0) = 0$,$f'(k) > 0$,$f''(k) < 0$,即假设资本的边际产品为正,但它随着单位有效劳动资本的增加而减少。紧凑形式的生产函数还假设满足 $\lim\limits_{k \to 0} f'(k) = \infty$,$\lim\limits_{k \to \infty} f'(k) = 0$,表明在资本存量足够小时,资本边际产品巨大,而当资本存量足够大时,资本边际产品十分小,其作用是确保经济路径收敛。

2)给定资本、劳动与知识的初始水平,劳动与知识以不变的增长率增长:

$$\dot{L}(t) = nL(t), \qquad \text{式 (4.5)}$$

$$\dot{A}(t) = gA(t), \qquad \text{式 (4.6)}$$

这里,n 和 g 是外生给定的参数。

4.1.2 关于家庭的假设

其次假设个人具有无限生命,其决策行为以家庭为单位。经济系统中存在大量同质家庭。家庭的规模以速率 n(即劳动增长率)增长。家庭的每个成员在每个时点供给一单位劳动。家庭总是将其拥有的资本租借给厂商,它拥有数量为 $\dfrac{K(0)}{H}$ 的初始资本持有量,其中 $K(0)$ 是经济中资本初始量,H 是家庭数量。在每个时点上,家庭将其收入(由其供给的劳动与资本所获得收入以及其从厂商获得的利润)去除固定的生活支出后在商品资源储备与证券资产投资之间进行分配，以便最大化其终生效用。家庭的证券资产投资最终用于生产要素如设备和技术的实体投资。

家庭的效用函数采用如下形式：

$$U = \int_{t=0}^{\infty} e^{-\rho t} u(C(t)) \frac{L(t)}{H} dt, \qquad \text{式（4.7）}$$

其中，$C(t) = C_0 + C_1(t)$ 表示家庭每个成员的支出，C_0 是家庭每个成员的固定的生活支出，$C_1(t)$ 是 t 时刻家庭每个成员的商品资源储备支出。$u(\cdot)$ 是瞬时效用函数，表明在既定时刻家庭每个成员的效用。$L(t)$ 是经济的总人口，因此，$u(C(t)) \frac{L(t)}{H}$ 是 t 时刻每个家庭的总瞬时效用。ρ 是主观贴现率，表示主观贴现因子，ρ 越大，即相对于现期消费或储备，家庭对未来消费或储备的估价或者意愿越低。考虑到已经假定家庭生活支出为固定值，这里的 ρ 仅反映家庭对未来商品资源储备的主观贴现因子。

瞬时效用函数采取相对风险厌恶不变的效用函数（CRRA）形式：

$$u(C(t)) = \frac{C(t)^{1-\theta}}{1-\theta}, \ \theta > 0, \ \rho - n - (1-\theta)g > 0, \qquad \text{式（4.8）}$$

其中，相对风险厌恶系数 $\theta = -\frac{Cu''(C)}{u'(C)}$ 为常数，独立于 C。虽然家庭的风险态度与模型并不直接相关，但 θ 也决定家庭将商品资源储备在不同时期内转移的意愿：θ 越小，随着商品资源储备 C_1 的上升，C 上升，边际效用的下降程度越小，家庭越愿意其商品资源储备随着时间而变动，以便充分利用其主观贴现率与从证券投资中获得的报酬率之间的微小差额。无论 $\theta > 1$ 或者 $\theta < 1$，商品资源储备的边际效用均为正；若 $\theta \to 1$，瞬时效用函数可简化为 $\ln C$。假定 $\rho - n - (1-\theta)g > 0$ 确保终生效用不会发散；若不成立，家庭可获得无限的终生效用，其最大化问题的解不具备良好性质。

为便于分析，将目标函数用每单位有效劳动的家庭成员支出（包括生活支出与商品资源储备支出）和劳动来表示。定义 $c(t)$ 为每单位有效劳动的家庭成员支出，则瞬时效用可表示为：

$$\frac{C(t)^{1-\theta}}{1-\theta} = \frac{[A(t)c(t)]^{1-\theta}}{1-\theta} = \frac{[A(0)e^{gt}]^{1-\theta}c(t)^{1-\theta}}{1-\theta} = A(0)^{1-\theta}e^{(1-\theta)gt}\frac{c(t)^{1-\theta}}{1-\theta},$$
$$\text{式（4.9）}$$

则家庭效用函数可表示为：

$$U = \int_{t=0}^{\infty} e^{-\rho t} \frac{C(t)^{1-\theta}}{1-\theta} \frac{L(t)}{H} \mathrm{d}t = \int_{t=0}^{\infty} e^{-\rho t} \left[A(0)^{1-\theta} e^{(1-\theta)gt} \frac{c(t)^{1-\theta}}{1-\theta} \right] \frac{L(0) e^{nt}}{H} \mathrm{d}t$$

$$= A(0)^{1-\theta} \frac{L(0)}{H} \int_{t=0}^{\infty} e^{-\rho t} e^{(1-\theta)gt} e^{nt} \frac{c(t)^{1-\theta}}{1-\theta} \mathrm{d}t \equiv B \int_{t=0}^{\infty} e^{-\beta t} \frac{c(t)^{1-\theta}}{1-\theta} \mathrm{d}t,$$

$$\text{式 (4.10)}$$

这里，$B \equiv A(0)^{1-\theta} \dfrac{L(0)}{H}$，$\beta \equiv \rho - n - (1-\theta)g > 0$。

4.1.3　关于经济系统的假设

假设经济系统是商品资源匮乏的，需要家庭建立商品资源储备；如若不然，家庭将不能从商品资源储备中受益。

4.2　微观行为描述

4.2.1　厂商行为

厂商将 A 取做给定值。在每个时点上，厂商在竞争性要素市场雇佣工人、租借资本进行生产，并按各要素边际产品支付报酬，以及在竞争性产品市场出售其产品。厂商最大化其利润。由于厂商由家庭所有，因此厂商生产的任何利润归于家庭。由于生产函数具有不变规模报酬，且市场是竞争性的，因此厂商获得零利润。

由于市场是竞争性的，资本获得其边际产品，再加上资本不存在折旧，因此资本的真实报酬率等于其每单位时间的收入，即真实利率为：

$$r(t) = f'(k(t)), \qquad \text{式 (4.11)}$$

考虑到真实利率 $r(t)$ 随时间变化的事实，定义 $R(t) = \int_{\tau=0}^{t} r(\tau) \mathrm{d}\tau$ 为 $[0, t]$ 时期的连续复利效应。在 0 时刻投资的一单位产品将在 t 时刻获得 $e^{R(t)}$ 单位的产品。劳动的边际产品是 $\dfrac{\partial F(K, AL)}{\partial L}$，相当于 $A \dfrac{\partial F(K, AL)}{\partial AL}$，$A[f(k) - kf'(k(t))]$，即在 t 时刻真实工资为：

$$W(t) = A(t)\big[f(k(t)) - k(t)f'(k(t))\big], \qquad \text{式 (4.12)}$$

则单位有效劳动工资是：

$$w(t) = f(k(t)) - k(t)f'(k(t)). \qquad \text{式 (4.13)}$$

4.2.2 家庭预算约束

真实利率和真实工资（率）满足式（4.11）和式（4.13）。家庭的每个成员在每个时点供给一单位劳动，家庭总是将其拥有的资本租借给厂商。假定生活消费水平既定，因此，在每个时点上，家庭将其收入（由其供给的劳动与资本所获得收入以及其从厂商获得的利润）去除固定的生活支出后在商品资源储备与证券资产投资之间进行分配，以便最大化其终生效用。家庭需满足预算约束即其终生生活支出和商品资源储备的贴现值不能超过其初始财富与其终生劳动收入的现值之和。

由于每个家庭有 $\dfrac{L(t)}{H}$ 个成员，在 0 时刻具有的初始财富为 $\dfrac{K(0)}{H}$，在 t 时刻其劳动总收入为 $\dfrac{W(t)L(t)}{H}$，其生活支出和商品资源储备支出之和为 $\dfrac{C(t)L(t)}{H}$。因此，家庭的预算约束可以表达为：

$$\int_{t=0}^{\infty} e^{-R(t)}C(t)\frac{L(t)}{H}\mathrm{d}t \leqslant \frac{K(0)}{H} + \int_{t=0}^{\infty} e^{-R(t)}W(t)\frac{L(t)}{H}\mathrm{d}t,$$
$$\text{式 (4.14)}$$

考虑到该表达式积分计算非常困难，于是可以利用该表达式的极限形式来表示预算约束。上式可以改写为：

$$\frac{K(0)}{H} + \int_{t=0}^{\infty} e^{-R(t)}\big[W(t) - C(t)\big]\frac{L(t)}{H}\mathrm{d}t \geqslant 0, \qquad \text{式 (4.15)}$$

等价于：

$$\lim_{s\to\infty}\Big[\frac{K(0)}{H} + \int_{t=0}^{s} e^{-R(t)}\big[W(t) - C(t)\big]\frac{L(t)}{H}\mathrm{d}t\Big] \geqslant 0, \quad \text{式 (4.16)}$$

即，

$$\lim_{s\to\infty}\int_{t=0}^{\infty} e^{-R(s)}K(s) \geqslant 0, \qquad \text{式 (4.17)}$$

其中，$K(s) = e^{R(s)}K(0) + \int_{t=0}^{\infty} e^{R(s)-R(t)}\big[W(t) - C(t)\big]L(t)\ \mathrm{d}t$ 表示 s 时刻家庭资本的持有量。该预算约束表明，在极限形式中，家庭所持有资产的

现值不能为负。

为便于分析,与目标函数类似,将预算约束用每单位有效劳动的家庭成员支出和劳动来表示。在 0 时刻具有的初始财富 $\dfrac{K(0)}{H}$ 等于每单位有效劳动的资本量 $k(0)$ 与 $\dfrac{A(0)L(0)}{H}$ 的乘积,在 t 时刻家庭劳动总收入 $\dfrac{W(t)L(t)}{H}$ 等于每单位有效劳动的工资 $w(t)$ 与 $\dfrac{A(t)L(t)}{H}$ 的乘积,其支出 $\dfrac{C(t)L(t)}{H}$ 等于每单位有效劳动的支出 $c(t)$ 与 $\dfrac{A(t)L(t)}{H}$ 的乘积。因此,预算约束可以改写为:

$$\int_{t=0}^{\infty} e^{-R(t)}c(t)\frac{A(t)L(t)}{H}\mathrm{d}t \leq k(0)\frac{A(0)L(0)}{H} + \int_{t=0}^{\infty} e^{-R(t)}w(t)\frac{A(t)L(t)}{H}\mathrm{d}t。$$

式(4.18)

由于 $A(t)L(t) = A(0)L(0)e^{(n+g)t}$,则上式可以简化为:

$$\int_{t=0}^{\infty} e^{-R(t)}c(t)e^{(n+g)t}\mathrm{d}t \leq k(0) + \int_{t=0}^{\infty} e^{-R(t)}w(t)e^{(n+g)t}\mathrm{d}t,$$

式(4.19)

同理其极限形式可以简化为:

$$\lim_{s \to \infty} e^{-R(s)}e^{(n+g)s}k(s) \geq 0.$$ 式(4.20)

4.2.3 家庭效用最大化

代表性家庭在预算约束限定下选择 $c(t)$ 路径以最大化其终生效用。利用目标函数与预算约束构造拉格朗日函数如下:

$$\begin{aligned}\mathcal{L} = &B\int_{t=0}^{\infty} e^{-\beta t}\frac{c(t)^{1-\theta}}{1-\theta}\mathrm{d}t \\ &+ \lambda\Big[k(0) + \int_{t=0}^{\infty} e^{-R(t)}e^{(n+g)t}w(t)\mathrm{d}t - \int_{t=0}^{\infty} e^{-R(t)}e^{(n+g)t}c(t)\mathrm{d}t\Big].\end{aligned}$$

式(4.21)

对于每一单个 $c(t)$,一阶条件满足:

$$Be^{-\beta t}c(t)^{-\theta} = \lambda e^{-R(t)}e^{(n+g)t}.$$ 式(4.22)

对上式两边取对数,可得:

$$\ln B - \beta t - \theta \ln c(t) = \ln\lambda - R(t) + (n+g)t = \ln\lambda - \int_{\tau=0}^{t} r(\tau)\mathrm{d}\tau + (n+g)t.$$

式(4.23)

由于对于任意单个 t，上式恒成立，因此对上式两边求关于 t 的导数后等式仍然成立，即：

$$-\beta - \theta \frac{\dot{c}(t)}{c(t)} = -r(t) + (n+g), \qquad \text{式（4.24）}$$

由上式可知，

$$\frac{\dot{c}(t)}{c(t)} = \frac{r(t) - n - g - \beta}{\theta} = \frac{r(t) - \rho - \theta g}{\theta}, \qquad \text{式（4.25）}$$

则单位劳动的家庭成员支出 C 的增长率满足：

$$\frac{\dot{C}(t)}{C(t)} = \frac{\dot{A}(t)}{A(t)} + \frac{\dot{c}(t)}{c(t)} = g + \frac{r(t) - \rho - \theta g}{\theta} = \frac{r(t) - \rho}{\theta}. \qquad \text{式（4.26）}$$

该式描述了在给定 $C(0)$ 时单位劳动的家庭成员支出如何随时间变化的路径：若实际报酬超过了家庭用于贴现未来支出的速率，单位劳动的支出将上升，反之则下降。θ 越小，表明为对实际利率与贴现率之间的差异做出反应，家庭成员支出的变动就越大。

4.3　经济系统动态演化路径

4.3.1　单位有效劳动商品资源储备的动态演化路径

由于经济系统中所有家庭同质，因此式（4.25）描述的演化路径不仅适合于单个家庭，而且适用于整个经济。由于 $r(t) = f'(k(t))$，因此式（4.25）可改写为：

$$\frac{\dot{c}(t)}{c(t)} = \frac{f'(k(t)) - \rho - \theta g}{\theta}. \qquad \text{式（4.27）}$$

因此，当 $f'(k) = \rho + \theta g$ 时，$\dot{c} = 0$，设此时 $k = k^*$。当 $k > k^*$ 时，$f'(k) < \rho + \theta g$，$\dot{c} < 0$；当 $k < k^*$ 时，$f'(k) > \rho + \theta g$，$\dot{c} > 0$。图 4-1 很好地阐释了其含义。箭头表示 c 的运动方向：若 $k < k^*$，c 上升；若 $k > k^*$，c 下降；若 $k = k^*$，c 不变。

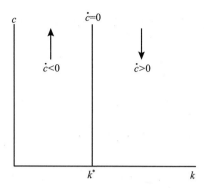

图 4 - 1 c 的动态路径

4.3.2   单位有效劳动资本的动态演化路径

假设 $\dot{k}(t)$ 等于实际投资减去持平投资。由于已假设不存在折旧，持平投资是 $(n+g)k$，实际投资是产出减去用于家庭成员支出的花费 $f(k)-c$，即商品资源储备部分。前文已假设家庭的商品资源投资最终转化为生产要素如设备和技术的实体投资，因此有：

$$\dot{k}(t) = f(k(t)) - c(t) - (n+g)k(t). \qquad 式（4.28）$$

因此，对于既定值 k，使得 $\dot{k}=0$ 成立的 c 的水平由 $f(k)-(n+g)k$ 给出，即当商品资源储备等于实际产出与持平投资差额时，$\dot{k}=0$；当 c 超过该水平时，$\dot{k}<0$，即 k 下降；当 c 低于该水平时，$\dot{k}>0$，即 k 上升。这些信息被总结在图 4 - 2 中。箭头表示 k 的运动方向。

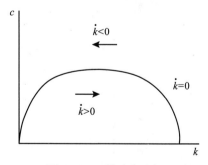

图 4 - 2 k 的动态路径

4.3.3   相图分析

图 4 - 3 把图 4 - 1 与图 4 - 2 中的信息结合在一起，表明在给定 c 与 k

的初始值时，为满足家庭的跨期最优化条件以及连接单位有效劳动资本增长率、产出与家庭成员支出的方程，c 与 k 随时间演化的路径。其中 k 的初始值给定，c 的初始值必须被决定。箭头表明了 c 与 k 的运动方向。

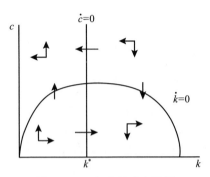

图 4 - 3　c 与 k 的动态路径

下面具体说明。假设 $k(0) < k^*$，c 与 k 的轨迹如图 4 - 4 所示。若 $c(0)$ 处于点 A 处，则经济系统会向左上方移动，直至 $k = 0$ 即资本存量为 0；若 $c(0)$ 处于点 B 处，则经济系统会先向上再向左上方移动，直至 $k = 0$；若 $c(0)$ 处于点 C 处，则经济系统会先向右上方移动，在同 $\dot{k} = 0$ 轨迹相交后，经济系统再次处于 c 日益上升而 k 日益下降的路径上；若 $c(0)$ 处于点 E 处，表明初始家庭成员支出是十分低的情形，则经济系统先向右上方移动，在与 $\dot{c} = 0$ 轨迹相交后，向右下方移动，直至 $c = 0$。上述无论何种情形，经济系统均不是均衡路径。

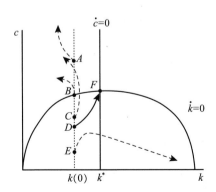

图 4 - 4　c 与 k 关于 c 的初始值的行为（$k(0) < k^*$）

　　考虑到 $\dot{c}$ 与 $\dot{k}$ 均是 c 与 k 的连续函数，因此在点 C 与 E 之间必存在某个临界点，如 D 点，使得在 c 的初始水平上，经济最终收敛于稳定点 F 点。若施加家庭满足其约束的要求，以及经济的资本存量不为负的要求，由点 D 开始的路径是唯一可行的均衡路径。对于任何高于这个临界水平的家庭成员支出，经济最终处于在家庭成员支出永久上升而资本永久下降的路径上，最终 $k=0$。但 $k=0$ 时，产出为 0，c 必定下降为 0，经济趋于崩溃。因此可以排除该路径。对于任何低于这个临界水平的家庭成员支出，经济最终处于在该储备量日益下降而资本日益上升的路径上。一旦 k 超越了黄金资本存量水平，实际利率 $f'(k) < n+g$，从而 $e^{-R(s)}e^{(n+g)s}$ 日益上升，由于 $k(s)$ 也上升，则 $e^{-R(s)}e^{(n+g)s}k(s)$ 发散，因而 $\lim\limits_{s\to\infty}e^{-R(s)}e^{(n+g)s}k(s) \to \infty$；等价于较之于家庭终生成员支出的贴现值，其终生收入的贴现值是无穷大的，因此家庭可以通过提高其消费和储备水平减少资本积累速度，能够获得更高的效用水平。因此这样的路径不是家庭的最优路径。但如果经济系统正好处于这个临界水平，它会收敛于 c 与 k 均不变的点上。

　　$k(0) > k^*$ 的情况如图 4-5 所示。道理同上述分析，不再赘述。

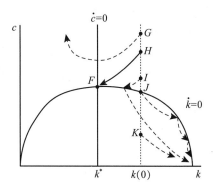

图 4-5　c 与 k 关于 c 的初始值的行为 $(k(0) > k^*)$

　　考虑到家庭成员生活支出为固定值，因此上述对于家庭成员支出的分析等价于对家庭成员商品资源储备支出的分析。尽管这种具体讨论是依据 $k(0)$ 的单个值进行的，但其思想是具有普适性的。对于初始资本存量 $k(0)$ 的任何一个正值，经济系统均存在一个唯一的家庭成员支出初始值 $c(0)$ 即商品资源储备支出初始值 $c_1(0)$，使得经济系统满足家庭的跨期最优化、家庭预算约束、资本存量的动态演化的要求。将这种初始的 c 作为 k 的函数，便可称之为鞍点路径，经济系统因此沿鞍点路径向 F 点运动，如图 4-6 所示。

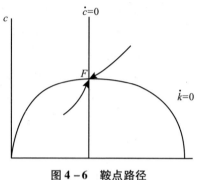

图 4-6 鞍点路径

其经济意义在于，在经济系统中，商品资产和证券需均衡配置，即达到一种状态，使得经济一旦达到这一状态时，经济中的人均有效消费（包括商品资源储备）和人均有效资本都以一个恒定的速度增长，达到存在唯一的动态均衡点 F；若不然，经济系统将趋于坍塌或者家庭未达到效用最优。

第5章

传统金融资产与商品期货
资产的混合配置模型

如果说前文是关于国际资产战略配置指导思想的讨论，从本章开始，将转入国际资产战略配置技术层面的思考。如果在国际资产池中加入采取商品期货指数基金形式的商品资产，最佳投资组合结构如何确定？会对国民福利产生怎样的影响？在本节中，笔者将借鉴坎贝尔、陈和万斯勒（Campbell，Chan and Viceira，2003）模型，基于国民效用优化和战略风险对冲的国际资产长期配置模型来讨论该问题，对传统类金融资产和商品期货资产的混合配置提供一个可能的解决方案：研究具有不同消费偏好和不同风险厌恶系数的无限期投资者在效用最大化的目标下实现国际资产的长期战略最优配置，在包含国际股指基金、主权债券、商品期货指数基金的风险资产池中分析各资产的战略价值并导出最优配置比例。

5.1 效用函数选择

CCV 模型假设投资期限为无限期，且投资者具有爱泼斯坦—兹恩效用函数（Epstein and Zin，1989，1991），该函数相对幂效用函数更具灵活性，既保持了规模独立特征和相对风险厌恶系数恒定的性质，又打破了跨期替代弹性 ψ 与相对风险厌恶系数 γ 互为倒数的限制[1]。这样的选择适用于具有无限投资期限的国际资产配置。

爱泼斯坦—兹恩效用函数被递归地定义为：

---

① 放松这一强限制性对于跨期资产组合选择极为重要，参见坎贝尔和万斯勒（Campbell and Viceira，2002）。

$$U[C_t, E_t(U_{t+1})] = \{(1-\delta)C_t^{(1-\gamma)/\theta} + \delta[E_t(U_{t+1}^{1-\gamma})]^{1/\theta}\}^{\theta/(1-\gamma)},$$

式（5.1）

其中，C_t 代表 t 时刻的消费，$E_t(\cdot)$ 是 t 时刻的条件期望，$\delta \in (0, 1)$ 为时间贴现因子，$\gamma > 0$ 和 $\psi > 0$ 分别代表常数相对风险厌恶系数（CRRA）和跨期替代弹性（EIS），$\theta \equiv \dfrac{(1-\gamma)}{(1-\psi^{-1})}$。由式（5.1）易知，常见的时间可分幂效用函数和对数效用函数分别为 $\gamma = \psi^{-1}$ 和 $\gamma = \psi^{-1} = 1$ 时的特例。

5.2　VAR 模型设定

根据 CCV 模型，笔者利用 VAR 系统来描述时变的投资机会。该系统包括短期实际利率、各资产超额收益率（包括证券资产和商品资产）和研究中作为收益预测和反映宏观经济的状态变量。

笔者设定一套符号来处理多风险资产和预测变量。假设投资市场上有 n 个资产，投资组合的收益率为：

$$R_{p,t+1} = R_{1,t+1} + \sum_{i=2}^{n} \alpha_{i,t}(R_{i,t+1} - R_{1,t+1}),\qquad 式（5.2）$$

其中 $\alpha_{i,t}$ 为 t 时刻投资组合中第 i 个资产所占的权重，$R_{i,t+1}$ 表示第 i 个资产在第 t 期到第 $t+1$ 期的实际收益率，其中 $R_{1,t+1}$ 作为衡量收益的基准[①]。记 $x_{t+1} = [r_{2,t+1} - r_{1,t+1}, \cdots, r_{n,t+1} - r_{1,t+1}]'$ 为超额对数收益率的矩阵形式，其中 $r_{i,t+1} \equiv \log(R_{i,t+1})$。其他用于预测收益的状态变量包括在向量 s_{t+1} 中，其中关于股票和债券收益预测的变量包括短期名义利率、股利—价格比率和长短期利差。这些变量曾经被广泛来预测股票和债券的收益率（Shiller, Campbell and Schoenholtz, 1983；Fama, 1984；Campbell, 1987；Campbell and Shiller, 1988, 1991；Fama and French, 1988, 1989；Hodrick, 1992；Glosten, Jagannathan and Runkle, 1993；Lewellen, 2004；Campbell and Yogo, 2006 等）。考虑到商品资产价格受到国际宏观经济状况的直接影响，并且也有大量研究表明宏观经济变量特别是实体经济层面因素对于大宗商品市场具有一定解释能力，除上述指标外笔者还增加了如下状态指标：工业生产指数（Industrial Production Index, IPI）、采购经理

---

① 目前我国外汇储备中大部分资产是购买美国国债，因此在实际中此处可用三个月期美国国债收益率作为标准。

人指数（Purchase Management Index，PMI）、美元指数（US Dollar Index，USDX）、基础货币供应量（M2）、生产者物价指数（Producer Price Index，PPI）、居民消费价格指数（Consumer Price Index，CPI）、消费者信心指数（Consumer Confidence Index，CCI）等，从不同侧面反映宏观经济运转情况。

　　将风险基准收益率 $r_{1,t+1}$，n 维超额收益率向量 x_{t+1} 和收益预测变量 s_{t+1} 组成一个 $m \times 1$ 阶向量 $z_{t+1} = \left[r_{1,t+1},\ x'_{t+1},\ s'_{t+1} \right]'$。假定一阶向量自回归过程 VAR（1）很好地描述了 z_{t+1} 的动态过程[①]。VAR 框架简约有效地描述了各种资产预期收益率对其历史收益率以及其他预测变量的依赖性；同时，其他状态变量 s_{t+1} 的随机演进也由这一系统决定。于是笔者有：

$$z_{t+1} = \Phi_0 + \Phi_1 z_t + v_{t+1}, \qquad\qquad 式（5.3）$$

式中，Φ_0 是 $m \times 1$ 阶截距向量，Φ_1 是 $m \times m$ 阶斜率系数矩阵，v_{t+1} 是 $m \times 1$ 阶状态变量冲击因素向量。笔者假设 v_{t+1} 是服从正态分布 $N(0_{m \times 1}, \sum_v)$ 的白噪声，均值为 $0_{m \times 1}$，方差—协方差矩阵为 $\sum_v$，满足：

$$\sum_v = Var_t(v_{t+1}) = \begin{bmatrix} \sigma_1^2 & \sigma'_{1x} & \sigma'_{1s} \\ \sigma_{1x} & \sum_{xx} & \sum'_{xs} \\ \sigma_{1s} & \sum_{xs} & \sum_{ss} \end{bmatrix}. \qquad 式（5.4）$$

这样，笔者就允许冲击因素截面相关，但是假设其同方差且服从独立同分布[②]。

　　值得说明的是，处理不完全信息的能力或者不作完全市场的假设是该模型重要的实证优点。在关于连续时间的金融文献中完全市场假设是基本条件，这意味着控制投资机会的状态变量同样是由那些驱动资产收益率的随机过程驱动的，这样金融资产就可以对投资机会变动进行完全套利。但是 CCV 模型并不需要这个假设。每当向量 z_{t+1} 中有增加的状态变量 s_{t+1} 且 VAR 系统的方差—均方差矩阵 $\sum_v$ 满秩，投资机会冲击因素就不与资产收益率冲击因素完全无关，因此就不能实现资产完全套利。

　　① VAR（1）的使用不受任何限制，因为任何向量自回归都可以通过状态变量向量的扩展来记作一阶形式，且已被广泛应用（如 Kandel and Stambaugh，1996；Campbell，1991，1996；Hodrick，1992；Balduzzi and Lynch，1999；Barberis，2000；Lynch and Balduzzi，2000；Lynch，2001 等）。

　　② 同方差假设当然具有限制性。它排除了状态变量预测风险变化的可能性；状态变量只能通过预测预期收益率的变化来影响资产组合的选择。但有文献如坎贝尔（Campbell，1987）、哈维（Harvey，1989，1991）、格洛斯顿、纳森和朗克尔（Glosten，Jagannathan and Runkle，1993）等发现状态变量对预期收益率的影响不大。

5.3　模型求解

坎贝尔、陈和万斯勒（Campbell，Chan and Viceira，2003）已经给出满足爱泼斯坦—兹恩效用函数的对数型欧拉方程的解，即最优资产组合 α_t 与消费规则 $c_t - w_t$ 应满足以下形式：

$$\alpha_t = A_0 + A_1 z_t, \qquad\qquad 式（5.5）$$

$$c_t - w_t = b_0 + B_1' z_t + z_t' B_2 z_t, \qquad\qquad 式（5.6）$$

其中，$c_t = \log(C_t)$，$w_t = \log(W_t)$，C_t 和 W_t 分别代表 t 时刻的消费和财富；A_0、A_1、B_1 和 B_2 是维度分别满足 $(n-1) \times 1$、$(n-1) \times m$、1×1、$m \times 1$ 和 $m \times m$ 的向量；b_0 是标量，是 γ、ψ、δ、ρ、Φ_0、Φ_1 和 $\sum_v$ 的函数；特别的，

$$A_0 = \frac{1}{\gamma} \sum\nolimits_{xx}^{-1} \left(H_x \Phi_0 + \frac{1}{2}\sigma_x^2 + (1-\gamma)\sigma_{1x} \right) + \left(1 - \frac{1}{\gamma}\right) \sum\nolimits_{xx}^{-1} \left(-\frac{\Lambda_0}{1-\psi}\right),$$
$$式（5.7）$$

$$A_1 = \frac{1}{\gamma} \sum\nolimits_{xx}^{-1} H_x \Phi_1 + \left(1 - \frac{1}{\gamma}\right) \sum\nolimits_{xx}^{-1} \left(-\frac{\Lambda_1}{1-\psi}\right). \qquad 式（5.8）$$

将式（5.7）和式（5.8）代入式（5.5）中，可将资产组合向量 α_t 分成两部分：

$$\alpha_t = \left[\frac{1}{\gamma} \sum\nolimits_{xx}^{-1} \left(H_x \Phi_0 + \frac{1}{2}\sigma_x^2 + (1-\gamma)\sigma_{1x} \right) + \frac{1}{\gamma} \sum\nolimits_{xx}^{-1} H_x \Phi_1 z_t \right]$$
$$+ \left[\left(1 - \frac{1}{\gamma}\right) \sum\nolimits_{xx}^{-1} \left(-\frac{\Lambda_0}{1-\psi}\right) + \left(1 - \frac{1}{\gamma}\right) \sum\nolimits_{xx}^{-1} \left(-\frac{\Lambda_1}{1-\psi}\right) z_t \right].$$
$$式（5.9）$$

式（5.9）中第一项代表单期投资者对资产的短期需求，第二项代表长期投资者基于对未来投资机会集变化所引起的风险对冲的跨期套保需求。

具体而言，状态变量概括了 t 时刻的投资机会，因而风险资产收益率与状态变量的条件协方差 $\sum_{xs}$ 度量了风险资产对时变投资机会的套保能力。该模型对 $\sum_{xs}$ 设定没有限制，不过笔者这里主要考虑 $\sum_{xs}$ 负定的情形[①]。如果某资产超额收益率为正，投资者短期内通常持有该资产。此时

[①]　这种情形能够描述资产收益的"均值回复"现象：目前超过预期的高收益率将降低未来的预期收益率，即在长期中，短期高收益倾向于被低收益率对冲。

预期未来收益下降代表投资机会的恶化，因此风险厌恶程度高的保守型投资者会转而持有能够增加财富的资产，以此对恶化的投资机会集进行套保。即使该资产当前风险溢价为零，投资者对其也有正的跨期套保需求。如果某资产超额收益率为负，投资者短期内通常会抛出该资产。此时预期未来收益下降则意味着投资机会增加，因为这将创造卖空该资产的套利机会，跨期套保需求的符号将发生改变，但斜率不受影响[1]。如果某资产超额收益率为零，则无论出现收益趋势正向变化还是负向变化，投资者都有获利机会，跨期套保需求具有正斜率而截距为零。

图 5 - 1 对某资产的短期需求和跨期套保需求规则作了直观解释。水平线是短视的买入—持有策略，它假设某资产期望超额收益为常数，且等于真实的非条件均值。战术资产配置是能够观察到条件期望收益的单期投资者的最优策略，它经过原点且与短视的买入—持有线相交于超额收益等于其非条件均值的点。战略资产配置线是长期投资者的最优策略，它的斜率大于比战术资产配置线斜率，并上移形成正截距。

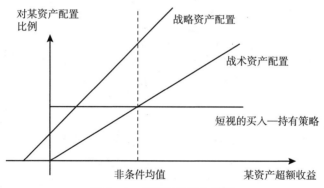

图 5 - 1 最优资产组合规则

5.4 实证结果与分析

5.4.1 数据说明

基于理论模型中对用于预测收益的状态变量的讨论，笔者选取短期债

---

[1] 基姆和翁伯格（Kim and Omberg，1996）对此作了清楚解释。

券、股指、长期债券和商品期货指数超额实际收益率（4 维向量 AR_t）、美国短期名义利率（y_t）、股利—价格比率（$d_t - p_t$）、长短期利差（spr_t）、工业生产指数（IPI）、采购经理人指数（PMI）、美元指数（USDX）、基础货币供应量（M2）、生产者物价指数（PPI）、居民消费价格指数（CPI）、消费者信心指数（CCI）作为反映国际投资时外部宏观经济运行与国际金融市场状况的状态变量，数据均为 1991 年 6 月至 2010 年 12 月的月度数据，数据来源于美联储网站 www. federalreserve. gov。

关于国际大宗商品价格，笔者选择国际上最具代表性的四种商品价格指数：CRB、DJ—UBS、GSCI 和 RICI。考虑到数据可获得性，CRB 自 1991 年 6 月至 2010 年 12 月，DJUBS 自 1991 年 6 月至 2010 年 12 月，GSCI 自 2001 年 6 月至 2010 年 6 月，RICI 自 1999 年 6 月至 2010 年 6 月。以上数据均为月度数据，CRB 数据来源于 Wind 数据库，DJUBS 来源于道琼斯数据网 www. djindexes. com，GSCI 来源于标准普尔数据网 www. standardandpoors. com，RICI 来源于罗杰斯数据网 www. rogersrawmaterials. com。

5.4.2　需求水平层面

下面从短期需求、跨期需求和长期需求（总需求）的三个时间维度，分析包括股票、长期政府债券和商品期货指数（商品资产）在内的风险资产池的效用最优资产组合选择问题，具体表示为投资比例[①]，其中现金资产表示当期消费需求，也作为风险资产的投资参照。商品资产分别采用 CRB、DJ—UBS、GSCI、RICI 四种商品期货指数。宏观经济状态变量有美国短期名义利率、工业生产指数、采购经理人指数，金融市场变量包含短期债券、股指和长期债券超额实际收益率、有股利—价格比率、长短期利差。在效用函数参数设定为 $\gamma = 7$，$\psi = 1$，$\delta = 0.92^{1/12}$ 情形下（关于参数设定主要参考相关文献[②]）求解模型，运行结果如表 5 - 1，对于每一行，从左到右依次表示在左边已有因素的基础上新增加考虑因素后的投资比例。

---

① 对于每一类资产，总需求等于短期需求与跨期对冲需求之和。各类资产总需求之和为 100，各类资产短期需求之和为 100，各类资产跨期需求之和为 0。

② 坎贝尔、陈和万斯勒（Campbell, Chan and Viceira, 2003）设定 $\gamma = 1$，2，5，20，$\psi = 1$，$\delta = 0.92^{\frac{1}{12}}$；巴尔杜齐和林奇（Balduzzi and Lynch, 1999）设定 $\gamma = 6$；巴尔贝里斯（Barberis, 2000）设定 $\gamma = 5$，10；林奇（Lynch, 2001）设定 $\gamma = 4$；瑞帕克和沃哈尔（Rapach and Wohar, 2009）设定 $\gamma = 4$，7，10 等。

表 5 - 1　　　　　　　　各资产需求（比例）均值（包括总需求、
　　　　　　　　　　　　　短期需求和跨期对冲需求）

状态变量		Constant	AR_t	y_t	$d_t - p_t$	spr_t	IPI	PMI
CRB（1991.06~2010.12 月度数据）								
股票	总需求	18.70	22.82	22.21	20.70	21.38	19.13	18.73
	短期需求	18.70	21.24	22.68	23.47	23.55	21.78	21.03
	跨期对冲需求	0.00	1.58	-0.47	-2.77	-2.17	-2.65	-2.30
长期政府债券	总需求	35.54	34.01	35.72	36.72	36.91	33.70	32.49
	短期需求	35.54	38.53	40.65	42.49	42.76	38.79	38.11
	跨期对冲需求	0.00	-4.52	-4.93	-5.77	-5.85	-5.09	-5.62
CRB	总需求	11.24	11.88	27.08	26.08	26.09	36.90	35.47
	短期需求	11.24	9.94	11.79	11.95	12.42	19.33	19.08
	跨期对冲需求	0.00	1.94	15.29	14.13	13.67	17.57	16.39
现金	总需求	34.52	31.29	14.99	16.50	15.62	10.27	13.31
	短期需求	34.52	30.29	24.88	22.09	21.27	20.10	21.78
	跨期对冲需求	0.00	1.00	-9.89	-5.59	-5.65	-9.83	-8.47
DJUBS（1991.06~2010.12 月度数据）								
股票	总需求	12.49	12.82	12.39	9.75	10.43	9.17	10.08
	短期需求	12.49	16.00	18.09	19.04	19.06	15.98	18.01
	跨期对冲需求	0.00	-3.18	-5.70	-9.29	-8.63	-6.81	-7.93
长期政府债券	总需求	35.98	33.85	35.63	36.74	36.74	32.09	33.21
	短期需求	35.98	39.30	41.60	44.05	44.13	38.47	40.22
	跨期对冲需求	0.00	-5.45	-5.97	-7.31	-7.39	-6.38	-7.01
DJUBS	总需求	42.60	45.73	61.66	60.41	60.43	62.20	63.57
	短期需求	42.60	44.57	46.38	47.57	47.56	48.67	49.65
	跨期对冲需求	0.00	1.16	15.28	12.84	12.87	13.53	13.92
现金	总需求	8.93	7.60	-9.68	-6.90	-7.60	-3.46	-6.86
	短期需求	8.93	0.13	-6.07	-10.66	-10.75	-3.12	-7.88
	跨期对冲需求	0.00	7.47	-3.61	3.76	3.15	-0.34	1.02
GSCI（2011.06~2010.06 月度数据）								
股票	总需求	2.97	-7.35	1.29	2.65	10.90	9.87	10.00
	短期需求	2.97	-4.60	7.65	10.45	16.84	13.79	13.22
	跨期对冲需求	0.00	-2.75	-6.36	-7.80	-5.94	-3.92	-3.22
长期政府债券	总需求	28.64	30.05	34.50	34.83	43.84	45.81	44.29
	短期需求	28.64	36.07	40.54	40.69	45.50	50.09	47.49
	跨期对冲需求	0.00	-6.02	-6.04	-5.86	-1.66	-4.28	-3.20

续表

状态变量		Constant	AR_t	y_t	$d_t - p_t$	spr_t	IPI	PMI
GSCI（2011.06～2010.06 月度数据）								
GSCI	总需求	41.31	44.65	61.53	61.52	77.62	77.81	76.53
	短期需求	41.31	45.09	48.07	47.98	52.93	49.51	50.24
	跨期对冲需求	0.00	−0.44	13.46	13.54	24.69	28.30	26.29
现金	总需求	27.08	32.65	2.68	1.00	−32.36	−33.49	−30.82
	短期需求	27.08	23.44	3.74	0.88	−15.27	−13.39	−10.95
	跨期对冲需求	0.00	9.21	−1.06	0.12	−17.09	−20.10	−19.87
RICI（1999.06～2010.06 月度数据）								
股票	总需求	65.87	54.64	57.54	68.40	62.78	59.33	60.37
	短期需求	65.87	36.01	109.62	125.03	113.97	109.55	109.93
	跨期对冲需求	0.00	18.63	−52.08	−56.63	−51.19	−50.22	−49.56
长期政府债券	总需求	55.62	53.56	45.90	47.18	50.20	48.97	49.30
	短期需求	55.62	26.20	67.63	67.85	67.93	67.40	65.53
	跨期对冲需求	0.00	27.36	−21.73	−20.67	−17.73	−18.43	−16.23
RICI	总需求	29.64	37.14	34.62	34.68	34.59	36.73	37.26
	短期需求	29.64	47.37	3.11	3.26	12.95	10.39	10.06
	跨期对冲需求	0.00	−10.23	31.51	31.42	21.64	26.34	27.20
现金	总需求	−51.13	−45.34	−38.06	−50.26	−47.57	−45.03	−46.93
	短期需求	−51.13	−9.58	−80.36	−96.14	−94.85	−87.34	−85.52
	跨期对冲需求	0.00	−35.76	42.30	45.88	47.28	42.31	38.59

从表 5 - 1 所列的实证结果可以看出在跨期资产组合和长期资产组合中对于商品资产的需求是突出和稳健的。具体体现在以下方面：

第一，商品资产是长期投资不可或缺的项目，其中加入工业生产指数和采购经理人指数作为考虑因素后的做多投资比例均有显著升高，而且关于四种商品期货指数都是显著的，这为商品资产的战略配置提供了一般性证据。在金融因素的基础上增加实体经济的因素，商品资产重要性显著提升，其中富含能源与基础资源类的商品资产更加显著。这对于 2008 年金融危机后的世界经济恢复时期而言尤其重要。该时期所面临的世界经济与国际金融局面的复杂性是前所未有的，欧债危机的持续和美国高端制造业复苏的不稳定造成了来自两个最大发达经济体的持续性冲击。因此，作为处在产业升级关键时期的最大发展中经济体中国更应当重视商品资产的战略性投资。对于短期时变的投资机会，模型结果说明金融因素的作用更大，笔者发现综合考虑短期无风险名义收益率、分红率和长短期利率差时，结果是稳健的，而实体经济因素的加入并没有显著的改进。

第二，偏重能源与基础资源的商品期货指数 DJ—UBS 和 GSCI 对于战略性投资组合尤其重要。在长期需求方面，DJ—UBS 在考虑工业生产指数和采购经理人指数后投资比例分别为 62.20% 和 63.57%，GSCI 的相应的投资比例更是高达 77.81% 和 76.53%，这就是说考虑工业生产指数和采购经理人指数之后商品资产所调整的投资比例达到 60%~70%，这是绝对优势；在跨期对冲需求方面，DJ—UBS 在加入工业生产指数和采购经理人指数后的投资比例分别为 13.53% 和 13.92%，GSCI 的相应比例为 28.30% 和 26.29%，上述比例均为做多且远高于股指和长期债券的比例。具有通用性的 CRB 指数和侧重全球范围流动性的 RICI 指数也是很突出的，在长期需求方面，上述关于工业生产指数和采购经理人指数的投资比例也都超过 35%；而跨期对冲需求也分别达到 16.39% 和 26.34%。

第三，跨期对冲需求主要满足实体经济或者金融经济的波动所带来的风险控制要求。从以上四种商品期货指数的优化结果来看，在考虑包括货币市场因素在内的实体经济因素时，商品资产总是高比例做多，而股指或者长期政府债券指数会出现做空选择。因此在通胀成为长期因素的环境中，做多商品资产是恰当的基本战略方向。

5.4.3 稳健性讨论

上述结论关于投资者的不同风险厌恶水平是否稳健？笔者对于四种商品指数进行了检验，篇幅所限，仅仅列出 CRB 的情形，如表 5－2 所示，关于其他指数的结果是类似的。

表5－2　　　不同风险厌恶水平下各资产需求均值（以 CRB 为例）

状态变量		Constant	AR_t	y_t	$d_t - p_t$	spr_t	IPI	PMI
$\gamma=2$，$\psi=1$，$\delta=0.92^{1/12}$								
股票	总需求	69.71	82.28	85.40	82.51	89.74	79.27	78.34
	短期需求	69.71	78.04	83.15	85.98	86.35	73.38	73.44
	跨期对冲需求	0.00	4.24	2.25	-3.47	3.39	5.89	4.90
长期政府债券	总需求	128.02	126.85	133.65	137.99	137.78	125.56	123.32
	短期需求	128.02	137.90	145.32	151.85	153.23	138.00	137.07
	跨期对冲需求	0.00	-11.05	-11.67	-13.86	-15.45	-12.44	-13.75

续表

状态变量		Constant	AR_t	y_t	$d_t - p_t$	spr_t	IPI	PMI
$\gamma = 2$, $\psi = 1$, $\delta = 0.92^{1/12}$								
CRB	总需求	33.73	33.35	67.79	65.79	64.79	72.79	70.73
	短期需求	33.73	29.78	36.26	36.75	39.45	40.34	40.54
	跨期对冲需求	0.00	3.57	31.53	29.04	25.34	32.45	30.19
现金	总需求	-131.46	-142.48	-186.84	-186.29	-192.31	-177.62	-172.39
	短期需求	-131.46	-145.72	-164.73	-174.58	-179.03	-151.72	-151.05
	跨期对冲需求	0.00	3.24	-22.11	-11.71	-13.28	-25.90	-21.34
$\gamma = 4$, $\psi = 1$, $\delta = 0.92^{1/12}$								
股票	总需求	34.00	40.82	40.66	38.36	41.51	36.64	35.72
	短期需求	34.00	38.28	40.83	42.22	42.39	39.03	37.91
	跨期对冲需求	0.00	2.54	-0.17	-3.86	-0.88	-2.39	-2.19
长期政府债券	总需求	63.28	60.68	63.80	65.67	65.62	59.03	58.77
	短期需求	63.28	68.34	72.04	75.30	75.91	65.82	66.80
	跨期对冲需求	0.00	-7.66	-8.24	-9.63	-10.29	-6.79	-8.03
CRB	总需求	17.99	18.61	42.54	40.95	40.37	53.74	52.06
	短期需求	17.99	15.89	19.13	19.39	20.53	25.25	25.89
	跨期对冲需求	0.00	2.72	23.41	21.56	19.84	28.49	26.17
现金	总需求	-15.27	-20.11	-47.00	-44.98	-47.50	-49.41	-46.55
	短期需求	-15.27	-22.51	-32.00	-36.91	-38.83	-30.10	-30.60
	跨期对冲需求	0.00	2.40	-15.00	-8.07	-8.67	-19.31	-15.95
$\gamma = 7$, $\psi = 1$, $\delta = 0.92^{1/12}$								
股票	总需求	18.70	22.82	22.21	20.70	21.38	19.13	18.73
	短期需求	18.70	21.24	22.68	23.47	23.55	21.78	21.03
	跨期对冲需求	0.00	1.58	-0.47	-2.77	-2.17	-2.65	-2.30
长期政府债券	总需求	35.54	34.01	35.72	36.72	36.91	33.70	32.49
	短期需求	35.54	38.53	40.65	42.49	42.76	38.79	38.11
	跨期对冲需求	0.00	-4.52	-4.93	-5.77	-5.85	-5.09	-5.62
CRB	总需求	11.24	11.88	27.08	26.08	26.09	36.90	35.47
	短期需求	11.24	9.94	11.79	11.95	12.42	19.33	19.08
	跨期对冲需求	0.00	1.94	15.29	14.13	13.67	17.57	16.39
现金	总需求	34.52	31.29	14.99	16.50	15.62	10.27	13.31
	短期需求	34.52	30.29	24.88	22.09	21.27	20.10	21.78
	跨期对冲需求	0.00	1.00	-9.89	-5.59	-5.65	-9.83	-8.47

状态变量		Constant	AR_t	y_t	$d_t - p_t$	spr_t	IPI	PMI
$\gamma = 10$，$\psi = 1$，$\delta = 0.92^{1/12}$								
股票	总需求	12.58	15.61	15.04	13.90	13.47	14.22	13.47
	短期需求	12.58	14.42	15.44	15.97	16.02	16.58	15.30
	跨期对冲需求	0.00	1.19	−0.40	−2.07	−2.55	−2.36	−1.83
长期政府债券	总需求	24.44	23.61	24.78	25.46	25.78	22.61	21.83
	短期需求	24.44	26.61	28.08	29.37	29.51	26.23	24.90
	跨期对冲需求	0.00	−3.00	−3.30	−3.91	−3.73	−3.62	−3.07
CRB	总需求	8.54	9.12	20.15	19.45	19.77	24.79	24.67
	短期需求	8.54	7.56	8.85	8.97	9.18	11.18	11.93
	跨期对冲需求	0.00	1.56	11.30	10.48	10.59	13.61	12.74
现金	总需求	54.44	51.66	40.03	41.19	40.98	38.38	40.03
	短期需求	54.44	51.41	47.63	45.69	45.29	46.01	47.87
	跨期对冲需求	0.00	0.25	−7.60	−4.50	−4.31	−7.63	−7.84

在关于风险厌恶水平的稳健性检验中笔者看到：

第一，当风险厌恶程度提升时，对于风险资产的需求普遍降低，这对于短期、跨期和长期而言都是一致的，但是其中商品资产配置比例减少的幅度是最小的。

第二，在考虑实体经济因素后，商品期货指数的投资比例减少的幅度在风险资产中最小，表现为其相对投资比例的提升，说明实体经济因素的考量对于商品资产配置比例具有决定意义，这对于扩大内需的中国而言是具有启发性的。

下面考虑跨期替代水平变化对于商品期货指数投资需求的影响，如表5-3所示。

表5-3　　　不同跨期替代水平下各资产需求均值（以CRB为例）

状态变量		Constant	AR_t	y_t	$d_t - p_t$	spr_t	IPI	PMI
$\gamma = 2$，$\psi = 1.25$，$\delta = 0.92^{1/12}$								
股票	总需求	69.71	84.11	86.17	87.88	91.61	80.57	79.52
	短期需求	69.71	78.04	83.15	85.98	86.35	73.38	73.44
	跨期对冲需求	0.00	6.07	3.02	1.90	5.26	7.19	6.08
长期政府债券	总需求	128.02	129.06	135.96	145.08	145.24	129.40	131.00
	短期需求	128.02	137.90	145.32	151.85	153.23	138.00	137.07
	跨期对冲需求	0.00	−8.84	−9.36	−6.77	−7.99	−8.60	−6.07

状态变量		Constant	AR_t	y_t	$d_t - p_t$	spr_t	IPI	PMI
$\gamma = 2$，$\psi = 1.25$，$\delta = 0.92^{1/12}$								
CRB	总需求	33.73	34.56	77.88	80.71	78.40	99.97	96.62
	短期需求	33.73	29.78	36.26	36.75	39.45	40.34	40.54
	跨期对冲需求	0.00	4.78	41.62	43.96	38.95	59.63	56.08
现金	总需求	−131.46	−147.73	−200.01	−213.67	−215.25	−209.94	−207.14
	短期需求	−131.46	−145.72	−164.73	−174.58	−179.03	−151.72	−151.05
	跨期对冲需求	0.00	−2.01	−35.28	−39.09	−36.22	−58.22	−56.09
$\gamma = 2$，$\psi = 1$，$\delta = 0.92^{1/12}$								
股票	总需求	69.71	82.28	85.40	82.51	89.74	79.27	78.34
	短期需求	69.71	78.04	83.15	85.98	86.35	73.38	73.44
	跨期对冲需求	0	4.24	2.25	−3.47	3.39	5.89	4.9
长期政府债券	总需求	128.02	126.85	133.65	137.99	137.78	125.56	123.32
	短期需求	128.02	137.9	145.32	151.85	153.23	138	137.07
	跨期对冲需求	0	−11.05	−11.67	−13.86	−15.45	−12.44	−13.75
CRB	总需求	33.73	33.35	67.79	65.79	64.79	72.79	70.73
	短期需求	33.73	29.78	36.26	36.75	39.45	40.34	40.54
	跨期对冲需求	0	3.57	31.53	29.04	25.34	32.45	30.19
现金	总需求	−131.46	−142.48	−186.84	−186.29	−192.31	−177.62	−172.39
	短期需求	−131.46	−145.72	−164.73	−174.58	−179.03	−151.72	−151.05
	跨期对冲需求	0.00	3.24	−22.11	−11.71	−13.28	−25.90	−21.34
$\gamma = 2$，$\psi = 0.75$，$\delta = 0.92^{1/12}$								
股票	总需求	69.71	76.45	81.68	80.80	87.64	74.75	74.72
	短期需求	69.71	78.04	83.15	85.98	86.35	73.38	73.44
	跨期对冲需求	0.00	−1.59	−1.47	−5.18	1.29	1.37	1.28
长期政府债券	总需求	128.02	113.37	120.40	128.56	128.86	114.15	112.99
	短期需求	128.02	137.9	145.32	151.85	153.23	138	137.07
	跨期对冲需求	0.00	−24.53	−24.92	−23.29	−24.37	−23.85	−24.08
CRB	总需求	33.73	32.45	58.53	54.13	54.21	57.64	57.26
	短期需求	33.73	29.78	36.26	36.75	39.45	40.34	40.54
	跨期对冲需求	0.00	2.67	22.27	17.38	14.76	17.30	16.72
现金	总需求	−131.46	−122.27	−160.61	−163.49	−170.71	−146.54	−144.97
	短期需求	−131.46	−145.72	−164.73	−174.58	−179.03	−151.72	−151.05
	跨期对冲需求	0.00	23.45	4.12	11.09	8.32	5.18	6.08

状态变量		Constant	AR_t	y_t	$d_t - p_t$	spr_t	IPI	PMI
$\gamma = 2$，$\psi = 0.5$，$\delta = 0.92^{1/12}$								
股票	总需求	69.71	66.85	72.75	74.06	75.62	62.76	62.70
	短期需求	69.71	78.04	83.15	85.98	86.35	73.38	73.44
	跨期对冲需求	0.00	-11.19	-10.40	-11.92	-10.73	-10.62	-10.74
长期政府债券	总需求	128.02	104.89	112.01	118.65	119.52	105.86	104.16
	短期需求	128.02	137.9	145.32	151.85	153.23	138	137.07
	跨期对冲需求	0.00	-33.01	-33.31	-33.20	-33.71	-32.14	-32.91
CRB	总需求	33.73	31.75	51.59	47.39	48.19	50.08	50.02
	短期需求	33.73	29.78	36.26	36.75	39.45	40.34	40.54
	跨期对冲需求	0.00	1.97	15.33	10.64	8.74	9.74	9.48
现金	总需求	-131.46	-103.49	-136.35	-140.10	-143.33	-118.70	-116.88
	短期需求	-131.46	-145.72	-164.73	-174.58	-179.03	-151.72	-151.05
	跨期对冲需求	0.00	42.23	28.38	34.48	35.70	33.02	34.17

　　表5－3所列的变动指标——跨期替代弹性是指下一期风险资产关于当期现金的替代弹性。从跨期替代弹性的稳健性检验结果可以看出，当跨期替代弹性增加时，商品资产的跨期需求大幅增加；依据更细致的计算，增加幅度平均在60.54%。若不考虑实体经济因素，商品资产的跨期需求增加幅度平均在49.84%；并且对于商品资产的长期和跨期投资需求较之对于工业生产指数和采购经理人指数的需求增加幅度更为显著，跨期投资需求增加幅度平均分别达到82.98%和80.90%，长期投资需求增加幅度平均分别达到26.24%和24.78%。这意味着当前实际消费需求的增加会给经济体传达利好消息，从而引导市场加大对于商品资产的投资需求。

5.4.4　需求波动层面

　　在效用函数参数设定为$\gamma = 7$，$\psi = 1$，$\delta = 0.92^{1/12}$情形下，基于各期宏观经济与金融市场的实际数据，模型给出股票、长期债券和商品资产最佳配置比例的时间序列结果，其中商品资产依次为CRB、DJ—UBS、GSCI和RICI四种指数。运行结果如图5－2所示。

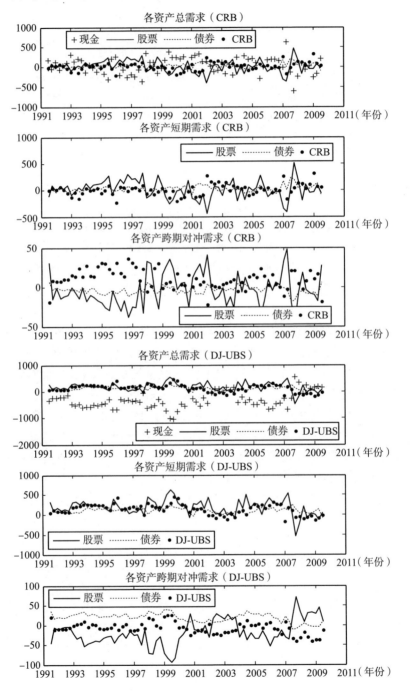

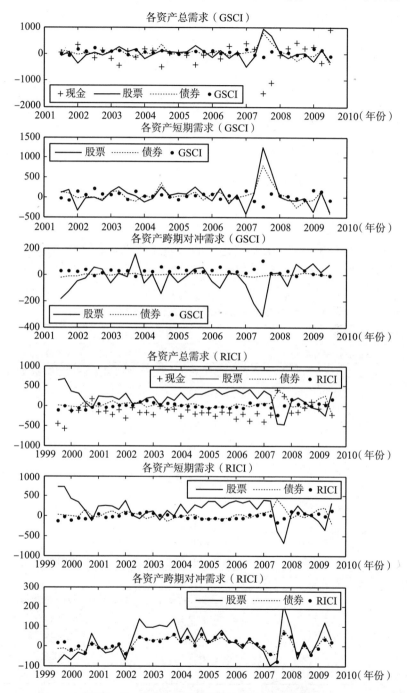

图 5 – 2 风险资产配置最佳比例动态演化图

从图 5 - 2 中可以看出：第一，相较于股票资产而言，商品资产配置的长期、短期、跨期对冲需求均较稳定，特别在 2007 ~ 2009 年金融危机期间，表现更为突出。第二，偏重能源与基础资源的商品资产在投资组合中所占比例稳定，GSCI 表现最佳，跨期对冲需求在一般情况下高于股票。侧重全球范围流动性的商品资产与股票呈现一定协同性，但波动较小。

综上，从战略角度出发，商品资产应当配置相当比例，同时要根据外部市场环境进行调整，但调整幅度和成本都较小。

5.4.5 期望效用水平

为了认知在不同风险厌恶水平下，加入商品资产对于资产组合效用均值改进程度的影响，笔者以资产组合只投资于长期债券作为基准，对每种资产组合考察了四种从小到大排列的风险厌恶系数的情形。结果见表 5 - 4。

表 5 - 4　　　　　　　　不同资产篮子期望效用均值比较

风险厌恶水平 γ	效用均值 $E[V_i]$		
资产篮子 A：股票和债券			
	名义债券	通货膨胀指数化债券	名义债券和通货膨胀指数化债券
1	4.7626	1.4125	7.5671
4	0.7453	0.2870	2.6453
7	0.0692	0.0341	0.1303
10	0.0300	0.0103	0.0457
资产篮子 B：商品资产和债券			
	名义债券	通货膨胀指数化债券	名义债券和通货膨胀指数化债券
1	4.0686	1.2701	6.3928
4	0.6340	0.2582	2.2630
7	0.1433	0.0401	0.2325
10	0.0208	0.0093	0.0290
资产篮子 C：股票、债券和商品资产			
	名义债券	通货膨胀指数化债券	名义债券和通货膨胀指数化债券
1	9.8712	3.6990	13.2932
4	0.8378	0.3018	4.5688
7	0.0952	0.0494	0.2824
10	0.0372	0.0115	0.0480

表 5 - 4 中资产篮子 B 表明，无论何种风险厌恶水平和配合哪种债券，加入商品资产后，期望效用均值都比单纯投资债券要高。其中对只考虑名义债券的资产篮子改进程度最高。并且商品资产对已考虑通货膨胀因素的债券投资组合仍有改进，说明商品资产在相当程度上能有效缓解通胀压力，对冲大宗商品价格风险，提高国民效用。比较资产篮子 B 和资产篮子 A，笔者看到无论何种风险厌恶水平和配合哪种债券，加入股票比加入商品资产对期望效用均值的改进程度都要略高。但是比较资产篮子 C 和资产篮子 A，涵盖股票、债券和商品资产的篮子 C 的期望效用要远远高于篮子 A 和篮子 B 的水平。结合前面资产需求波动程度分析，商品资产的选择仍然十分必要。

战略性是国家外汇资产配置的最重要的属性。商品资产投资能够大幅提高国民效用期望值，其改进效果优于考虑通胀因素的长期政府债券。因此，国家作为追求战略利益的长期投资人，从战略高度出发配置适当比例商品资产能够在很大程度上能对冲大宗商品价格风险，有效缓解输入性通胀压力，保证产业升级和经济转型的顺利实施，同时也通过平抑制造业价格而贡献于世界经济平稳发展。

5.5 本 章 小 结

本章借鉴了坎贝尔、陈和万斯勒（Campbell，Chan and Viceira，2003）模型，对传统类金融资产和商品期货资产的混合配置提供了一个解决方案，其中充分考虑了宏观经济与金融市场状态的影响。该方案不仅从国民效用提升角度经验论证了商品投资对于国际投资的价值和必要性，而且针对具有不同消费偏好和不同风险厌恶系数的无限期投资者在效用最大化目标下实现了国际资产的长期战略最优配置结构。

研究结果清楚地表明：选择具有较高流动性的资源类商品资产特别是商品期货指数作为重要投资对象是今后国际资产配置的重点。对此我们还需要更细致的投资策略选择和动态调整方面的深入研究。因此，在本书第 6 章和第 7 章，笔者将就实现行业组合及通胀风险对冲的大宗商品战略配置策略进行更为细致深入的讨论。

第6章

实现行业调整的大宗
商品战略配置策略

前文已经就商品期货资产配置的必要性和战略意义进行了详细讨论。从本章开始，笔者将就宏观层面的大宗商品行业配置策略及微观层面的大宗商品通胀风险对冲策略进行更为细致深入的讨论，主要体现出战略性配置的长期性、动态调整性、实体性和全局性特征。本章重点分析商品投资的行业配置策略。

6.1 问题提出

自 2004 年商品期货指数化投资兴起以来，在对冲基金等国际热钱的带动下大宗商品价格在剧烈波动中不断攀升。与此同时，美国四轮美元量化宽松政策和新兴经济体特别是金砖国家的快速发展拉动了全球大宗商品的投资需求。特别的，随着工业化与城市化进程的深化，中国国内资源的供需矛盾日益凸显，资源的海外依存度不断增高，而中国在资源市场上又没有定价话语权。为此，中国付出了高昂的代价。

与此同时，后危机时代中国对外国际证券投资也面临严峻考验。一方面，美国国债和两房债券市场使中国在很大程度上陷入两难的被动局面，如果继续将超额储备投资到收益率较低的债券资产上，会使持有外汇储备的成本继续放大，实际上，在美国次贷危机以来的 5 年间，即使是兼顾流动性和安全性的美国国债也难逃缩水的厄运。同时，美元与其他主要发达经济体的持续的货币量化宽松使得国际大宗商品价格的波动加剧。另一方面，海外金融机构进入大规模去杠杆化过程，并逐步向实体经济扩散，世界经济的弱势状态将持续下去。这一严峻现实给中国国际证券投资带来了沉重打击。

　　第一个问题说明中国战略资源安全体系或者对冲大宗商品价格风险的免疫体系远谈不上完善，亟须建立基于战略风险对冲的商品资产战略性配置框架。第二个问题反映出现有国际投资渠道的单一性和模式的局限性。国际投资需要更多地为实体经济服务，投资对象也应更多地转向与实体经济有关的领域。而实施大宗商品资产战略性配置可以有效解决上述两个问题。目前，国外机构投资者已逐渐重视大宗商品市场对资产配置策略的重要性，如新加坡政府投资公司（GIC）、淡马锡控股（Temasek）的投资领域包括能源和初级产品等，欧洲最大的养老基金（PGGM）、荷兰养老金机构（ABP）和加拿大最大的养老基金管理公司（Caisse de depot et place-ment du Quebec）等均开始投资于商品期货市场，并逐渐增加其在资产配置组合中所占的比重。

　　但是，国内大多数机构投资者和主权财富基金的国际投资虽然在传统的货币基金、主权债券（以美国国债和其他金融债券为主）和股票之外开始重视资源和实体经济投资，但是还没有有效运用商品资产这一具有战略价值的投资工具。一些学者呼吁国际投资应符合国家整体发展战略，比如用超额储备去购买黄金、石油、矿产等稀缺资源（张燕生，张岸元和姚淑梅，2007）。但是，相关研究还是集中在原则性和方向性上，缺少深入的理论分析和有效的经验支持。而且这种带有国家意图的战略资源的直接投资往往会引起相关国家的警惕，造成不必要的国际麻烦。为此，从产业安全的角度，本章针对大宗商品资产配置，提出实现行业调整的投资策略，研究对象是大宗商品资产积极组合管理中的行业配置策略。所谓行业配置策略，笔者界定为按照一定的行业分类标准，与市场特定指数成分结构相比，进行行业之间市值比重的调整，通过偏离行业基准来获得超过整体市场指数的超额收益。在这个界定中，笔者强调，行业配置策略本身是一种资产配置策略，以实现组合的动态管理和再平衡，而非研究行业实体层面的资源需求和与之相应的投资机会。

　　此项研究的贡献在于首次提出大宗商品资产行业配置的实现策略，填补了大宗商品资产战略配置理论和实践之间的差距。相关成果为主权财富基金将商品期货指数基金纳入投资对象，实现国际投资安全性、流动性、收益性和多元化要求，进而服务为国际资源储备和国家经济安全提供政策支持。

6.2 行业配置的文献评述

行业配置是资产配置过程中的重要环节，是量化投资的重要内容，是投资管理中自上而下投资思想的重要体现。因此行业配置策略研究受到了广泛的关注。从国外的研究文献脉络看，行业配置研究始终围绕在股票或基金投资中，相关理论始终围绕着行业因素对于解释股价波动是否有效和如何进行行业配置策略两个问题展开。国际上相关研究可以归纳为三个阶段。

第一阶段的研究成果出现在 20 世纪 60 年代到 90 年代，这个时期由金（King，1966）提出了行业因素的重要性。但理论界认识并不统一。迈尔斯（Meyers，1973）、莱萨德（Lessard，1974）发现尽管行业因素有一定作用，但并不那么重要。其后在策略方法上形成了以索伦森和伯克（Sorensen and Burke，1986）为代表的行业动量轮动策略和以邦特和泰勒（DeBondt and Thaler，1985，1987）为代表的行业反转交易策略研究。此后诸多文献采用不同时期、不同国家的数据对此进行探讨（如 Jegadeesh，1990；Chan，Jegadeesh and Lakonishok，1996；Schiereck，DeBondt and Weber，1999 等）。

第二阶段的研究成果集中于 20 世纪 90 年代至 21 世纪初，这一时期对行业因素在解释股价波动中的重要地位认识日趋统一。罗尔（Roll，1992）、赫斯顿和卢文赫斯特（Heston and Rouwenhorst，1994）是对行业因素重要程度的争论中最具代表性的论文，引发了大量关于行业因素对股价收益解释程度的探讨。其中，杰加迪西和蒂特曼（Jegadeesh and Titman，1993）比较系统地论证了行业组合动量效应的存在，配置前期强势行业和减持前期弱势行业将能获得明显的超额收益；阿什那阿帕里、祖卡斯和朗（Arshanapalli，Doukas and Lang，1997）、贝勒、克林和莱文森（Beller，Kling and Levinson，1998）检验了行业收益的可预测性，样本内分析和样本外分析都显示行业因素在解释股价波动中的重要性。韦斯（Weiss，1998）表明全球行业因素在投资组合中的作用日益提升。在策略方法上则延伸了行业动量的研究。卡瓦利亚、布莱曼和埃克德（Cavaglia，Brightman and Aked，2000）的研究证明行业因素的重要性呈现上升态势，投资组合采取行业分散策略更能有效降低风险。莫斯科维茨和格林布莱特

（Moskowitz and Grinblatt，1999）、奥尼尔（O'Neal，2000）也支持行业动量策略有效的观点。有趣的是，与规模效应、周末效应等随着研究的深入而逐渐减弱相比，行业动量效应受到持续关注。杰加迪西和蒂特曼（Jegadeesh and Titman，2001）的深入研究发现市场上行业组合的动量效应仍然明显存在。

　　第三阶段的研究集中于 2000 年之后，这一时期的特征是行业因素重要性已经普遍被认同。相关研究深入而细化，开始区分时期、地域，方法论上则更多地集中于行业配置策略与宏观经济、市场环境之间的关系，以及如何设计行业配置和轮动策略。全球区域经济日益紧密的联系为行业配置策略提供了新的空间，卡瓦利亚、布莱曼和埃克德（Cavaglia，Brightman and Aked，2000）、坎帕和费尔南德斯（Campa and Fernandes，2006）等均支持行业因素的重要性。特别的，在发达国家采用行业配置策略的效果更明显（Jondeau and Rockinger，2004）。反对的观点也还依然存在，但是随着对行业因素重要地位的认识趋同，更多的研究开始将视角转向行业配置策略的具体实践上。例如，卡瓦利亚、周和辛格（Cavaglia，Cho and Singer，2001）、伯南克和库特纳（Bernanke and Kuttner，2005）、洪安、特罗斯布和瓦尔卡诺夫（Honga，Torousb and Valkanovb，2007）等从经济周期对行业配置的影响层面讨论行业配置策略；科诺菲尔、延森和约翰逊（Conover，Jensen and Johnson，2008）等从货币政策对行业配置的影响层面讨论行业配置策略。

　　国内针对行业配置策略的学术研究起步较晚，讨论的方向主要集中于行业因素重要性、行业策略有效性、行业动量策略以及具体行业配置方法的设计与检验等问题上。彭艳和张维（2003）发现行业轮换效应明显存在于我国证券市场中。韩立岩，熊菲和蔡红艳（2003）基于股市行业市盈率对资本配置效率进行了评价性研究。劳兰珺和邵玉敏（2005）考察了行业间的相互关系及其演化过程，并刻画了中国股票市场行业股票指数间的波动性特征。陈梦根和曹凤岐（2005）基于对不同行业板块之间股价存在着明显联动特征的研究，指出不同行业间的组合投资策略效果不佳，市场效率还有待于进一步提高。蔡伟宏（2006）基于法马和弗兰奇（Fama—French）三因素模型探讨了股票市场行业指数超额收益率的联动问题。陈暮紫、陈敏和吴武清等（2009）对中国 A 股行业板块和基金板块间的领先滞后关系进行了分析研究。

　　上述研究极大地丰富了笔者对证券市场行业配置的认识，投资者和决策者可以从实证结果中得到相对应的投资策略和管理方法。但是已有文献对大宗商品资产行业配置并未涉及。相对于国内外已有的研究，我们将行业配置策略引入大宗商品投资领域，建立基于布莱克—林特曼（Black—Litterman，B—L）模型框架的国际大宗商品行业配置模型，为实现大宗商品战略性配置提供理论准备，同时为大宗商品资产积极组合管理中的行业配置提供策略支持。

6.3 模型框架

布莱克和林特曼（Black and Litterman，1991，1992）将马科维茨（Markowitz）均值方差最优化理论和贝叶斯（Bayesian）混合估计方法相结合，并融合资本资产定价模型以及逆最优化理论，建立了布莱克—林特曼（Black—Litterman）模型。该模型推出之后在全球资产配置学术和实务界中取得良好的应用。其后，何和林特曼（He and Litterman，1999）给出了该模型在理论上的进一步解释，而萨切尔和斯考克罗夫特（Satchell and Scowcroft，2000）、卓布斯（Drobetz，2001）和艾迪祖雷克（Idzorek，2004）也对该模型提出了进一步的完善和实证研究。克里希南和梅因斯（Krishnan and Mains，2005）在 B—L 模型的基础上，将宏观经济情况、信贷规模、市场利率、通货膨胀率等变量加入模型的考量范围。比奇和奥尔洛夫（Beach and Orlov，2007）运用 EGARCH—M 模型修正投资者的观点，用该模型预测的收益率作为 B—L 模型中一个输入参数——投资者观点收益率的替代变量。

国内学者对于 B—L 模型的研究起步比较晚，文献也非常少。温琪，陈敏和梁斌（2011）基于 B—L 框架提出了中国股票市场投资中行业间资产配置的策略。孟勇（2011，2012）基于 B—L 框架分别对保险资金投资多元化问题和外汇储备资产投资策略进行了研究，实证结果支持了加入投资者观念的投资组合更趋合理的结论。

B—L 模型核心思想是将资本资产定价模型（CAPM）下均衡市场的投资组合作为先验信息，结合投资者自己的观点，并通过贝叶斯方法将二者融合起来得到一个基于市场均衡组合与投资者观点加权平均的资产配置。相对于传统的均值—方差模型，B—L 模型具有两个方面的改进，为笔者对大宗商品资产行业配置研究提供了一个较好的模型框架。第一，B—L

模型克服了均值—方差方法对输入参数敏感性高的缺点。第二，B—L 模型提供了明确的方法来细化投资者观念，很好地区分了不同信心水平的观点，并且将投资者的观点和以市场组合表示的先验分布有机融合，增强了模型的可操作性。

　　关于合成收益率的构建是 B—L 模型的重点。假定市场首先存在一个基于不同资本权重的均衡状态，以市场隐含的超额均衡收益率作为先验信息，投资者通过在市场中性的基础上表达对不同资产的观点收益率，以及对每种观点指定各自的信心水平，然后应用贝叶斯方法将这些观点收益率与市场隐含的超额收益率结合形成一个新合成的收益率。新合成的收益率构建过程如图 6 - 1 所示。

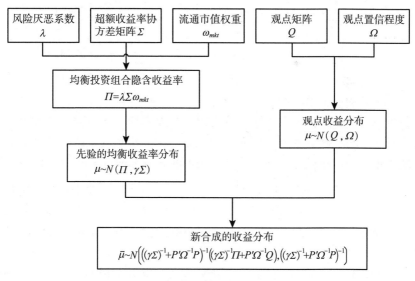

图 6 - 1　合成收益分布的构建过程

下文将具体说明构建过程。

6.3.1　关于均衡超额收益率

　　布莱克和林特曼（Black and Litterman，1991，1992）用均衡超额收益率作为市场中性的起点进行模型的构建。假设市场上有 N 个资产，可以将当前市场上这些资产的权重视为买卖双方处于均衡状态下的均衡权重。在这个均衡状态下，将所有投资者视为一个总体，他们持有一个市场投资组合 ω_{mkt}，则均衡风险收益为：

$$\Pi = \lambda \sum \omega_{mkt} , \qquad\qquad 式（6.1）$$

其中，λ 为风险规避系数，表示单位风险的超额收益，$\sum$ 是各资产超额收益的协方差阵。资产组合收益的贝叶斯先验分布可以表示为：$\mu \sim N(\Pi, \gamma \sum)$。也可以将这种线性关系视为：

$$\Pi = \mu + \zeta , \qquad\qquad 式（6.2）$$

其中，$\zeta \sim N(0, \gamma \sum)$，且与 μ 不相关。这里 γ 表示不确定性度量，$\gamma \to 0$ 时，通过模型计算的权重将趋于市场的均衡权重。

6.3.2　关于不确定性度量

到现在为止，在有关 B—L 模型的所有文献中，对于 γ 值的设定，存在较大争议。总体来说，投资者对于所有观点的信心水平越大，γ 的值就越大，反之 γ 的值就越小。

布莱克、林特曼和李等学者认为由于收益率均值的不确定程度远小于收益率本身的不确定程度，因此 γ 应该是一个介于 0 到 1 之间的数，并且应该接近于 0；布拉蒙和费罗兹耶（Blamont and Firoozye, 2003）认为，$\gamma \sum$ 是均衡超额收益率向量标准误的估计值，因此 γ 应近似等于 1 除以观测值的个数；李（Lee, 2000）在对 B—L 模型进行大量研究的基础上，将 γ 设定在 0.01 到 0.05 之间，并通过目标跟踪误差对模型进行校准；而萨切尔和斯考克罗夫特（Satchell and Scowcroft, 2000）则认为 γ 应该设置为 1；曼科特（Mankert, 2006）认为 γ 是投资者观测值的个数与市场观测值的个数的比率。如果假定投资者观测到的样本数量与市场观测到的样本数量相等，γ 就等于 1；如果假定投资者观测到的样本数量远小于市场观测到的样本数量，γ 就接近于 0。在本书实证分析中，γ 分别取 0.1、0.05、0.01、0.005、0.0025 和 0.001。

6.3.3　关于观点矩阵

布莱克和林特曼通过综合投资者观点作为一个条件分布，很好地解决了如何刻画投资者观点的问题。假设投资人关于这 N 个资产持有 K 个观点，并且这 K 个观点是互不相关的，这就保证了条件分布的协方差阵是对角阵。另外还要求一个观点的权重和为 0（相对观点）或者为 1（绝对观点）。对投资者关于这 N 个资产的 K 个观点用下面矩阵表述：

（1）观点收益矩阵 $Q_{K \times 1}$：

在 B—L 模型中，投资者可以通过观点收益率向量来表达自己对投资组合中各资产的预期收益率的观点，其表达形式非常灵活，可以是绝对观点，也可以是相对观点。由于主观观点收益率不可能完全与真实的收益率相同，当投资者的观点收益率出现误差时，也反映在模型的预期超额收益率上，因而产生了一个随机误差向量，则观点收益向量具有如下形式：

$$P\mu = Q + \varepsilon = \begin{bmatrix} Q_1 \\ \vdots \\ Q_K \end{bmatrix} + \begin{bmatrix} \varepsilon_1 \\ \vdots \\ \varepsilon_K \end{bmatrix}, \qquad 式（6.3）$$

其中，ε 是不可观测的正态随机变量，均值为 0，协方差矩阵为对角阵 $\Omega_{K \times K}$，P 是观点选择矩阵。投资者对资产收益的观点是 B—L 模型在实际应用中的一个关键点，这一输入参数质量的高低决定投资实践活动的成败。在本书实证分析中，笔者提出用国际大宗商品指数变化率和外部市场信息作为解释变量的 FIGARCH 模型的均值方程来捕捉大宗商品行业收益率特征，以此作为投资者观点收益率的替代变量。

（2）观点误差矩阵 $\Omega_{K \times K}$：

观点误差对角矩阵反映了投资者观点的置信程度。投资者对于某个观点的信心水平越高，则新合成的收益向量越接近于观点；反之，如果投资者对于某个观点的信心水平较弱，则新合成的收益向量越接近于均衡收益向量。假设投资者对于各个资产的观点相互独立，则观点误差矩阵具有如下形式：

$$\Omega = \begin{bmatrix} \omega_1 & \cdots & 0 \\ \vdots & \ddots & \vdots \\ 0 & \cdots & \omega_K \end{bmatrix}. \qquad 式（6.4）$$

在所有 B—L 模型的输入变量中，代表投资者观点不确定性的观点误差矩阵 $\Omega_{K \times K}$ 最为复杂，这使得 B—L 模型的应用受到很大限制。其原始文献中并没有给出一个如何设定 $\Omega_{K \times K}$ 的明确的方法，只是直观地指出 ω_i 与相对应观点的信心水平成反比。当投资者的信心水平较高，其观点收益率的误差就小；反之，当投资者的信心水平较低时，其观点收益率的误差就大。在本书实证分析中，笔者提出用国际大宗商品指数变化率和外部市场信息作为解释变量的 FIGARCH 模型的方差方程来捕捉大宗商品行业收益率变动特征，以此作为投资者观点置信程度的替代变量。

（3）观点选择矩阵 $P_{K \times N}$：

假设有 N 种资产，K 个观点，则资产选择矩阵具有如下形式：

$$P = \begin{bmatrix} p_{1,1} & \cdots & p_{1,N} \\ \vdots & \ddots & \vdots \\ p_{K,1} & \cdots & p_{K,N} \end{bmatrix}, \qquad 式（6.5）$$

$P_{K \times N}$ 的每一行代表一种观点选择，每一列代表一种特定资产的比重，$p_{i,j}$ 表示资产 j 在观点选择 i 中的比重。在本书实证分析中，由于每一个观点都只涉及一个资产，因此对应的观点选择矩阵为 $N \times N (K \times K)$ 维单位阵。

6.3.4　基于 FIGARCH 模型的观点生成

科诺菲尔、延森和约翰逊（Conover，Jensen and Johnson，2008）认为行业轮动策略在研究中的一个关键难点可能是如何选择正确的指标来引发行业配置的调整。针对传统 B—L 模型将分析员主观持有的观点作为观点收益率替代变量的缺陷，通过模型简练而系统地捕捉资产收益诸多特征是一个很好的改进。例如，比奇和奥尔洛夫（Beach and Orlov，2007）运用 EGARCH—M 模型修正投资的观点，温琪，陈敏和梁斌（2011）采用 GJR—GARCH 模型来刻画收益率波动，实证结果表明基于改进的 B—L 模型的资产组合的绩效优于传统基于主观观点的 B—L 模型。因此笔者需要采取一个合适的计量模型对大宗商品行业资产收益进行合理描述。

大量实证研究表明大宗商品资产（包括谷物、牲畜、金属和能源类等）收益率具有典型的异方差特性以及长记忆的变动特性。巴克拉斯、莱比斯和奥诺基（Barkoulas，Labys and Onochie，1997）最早发现某些大宗商品收益率具有典型的长记忆性特征，且衰减速率不同。克拉图和雷（Crato and Ray，2000）研究发现 12 种农产品、3 种金属和取暖油期货均具有明显的长记忆变动特性。爱尔德和金（Elder and Jin，2007）、费格罗拉—费雷蒂和吉尔伯特（Figuerola—Ferretti and Gilbert，2008）也提供了较新的证据，佐证了上述观点。金和弗雷谢特（Jin and Frechette，2004）和斯芬顿（Sephton，2009）在对 14 种农产品期货日度收益率研究时发现，与其他 GARCH 族模型相比，FIGARCH 模型能够更好地刻画收益率的长记忆变动特征。贝利、韩和梅尔斯（Baillie，Han and Myers，2007）等采用 6 种重要商品期货的日度和日内收益率数据进行研究，实证结果支持了上述观点。该优越性在国际农产品市场上也得到了印证（Hyun—Joung，2008；McAleer，Chang and Tansuchat，2012）。

值得一提的是尽管有其他 GARCH 族模型如 APGARCH（Tully and Lucey，2007）、HYGARCH（Aloui and Mabrouk，2010）等被用于大宗商品收益率建模，但是其效果都逊色于 FIGARCH 模型。因此本节采用贝利、博勒斯莱文和米克尔森（Baillie，Bollerslev and Mikkelsen，1996）提出的 FIGARCH 模型来刻画大宗商品行业资产收益率。

基于上述文献关于 FIGARCH 模型与其他 GARCH 族模型相比能够更好地刻画大宗商品收益率及收益率变动特征的结论，在本节实证分析中，笔者提出用国际大宗商品综合指数收益率和外部市场信息作为解释变量的 FIGARCH 模型来捕捉大宗商品行业收益率及收益率变动特征，从而获得投资者对于每个资产的收益率观点及对观点的置信程度。

之所以考虑外部市场信息作为解释变量是基于外部市场信息对大宗商品市场存在显著信息溢出效应的特征化事实。事实上，自 2004 年商品期货指数化投资兴起，随着商品期货金融化的日益深化，大宗商品市场与传统金融市场间的联动性与溢出效应也越发增强，且在金融危机期间及后期更为显著。这种相关性已经超越了经济基本面的联系，研究人员称之为"过度相关"（Bekaert，Harvey and Ng，2005）或"金融传染"（Forbes，2002）。我们在 FIGARCH 模型中加入三个外部冲击来源。

其一是美元指数。由于绝大多数大宗商品资产由美元定价，因此美元指数与大宗商品价格统计上存在显著负相关关系，美元汇率下跌将对其价格形成支撑，而美元汇率上升对其价格形成下行压力。因此，在考虑大宗商品收益特征时，美元汇率是必须要考虑的因素（Ji and Fan，2012；Akram，2009）。而美元指数作为美元在国际外汇市场的一揽子货币汇率水平的综合反映，是衡量美元的强弱程度的最佳代理变量。其二是货币市场状况。平狄克和诺特博格（Pindyck and Rotemberg，1990）、华（Hua，1998）等认为造成大宗商品价格波动的来源更多地在于货币因素的变动。短期利率水平和长短期利率差是首要考虑因素（Akram，2009；Cochran，Mansur and Odusami，2012）。其三是股票市场隐含波动率（VIX 指数）。随着大宗商品金融化的日益深入，大宗商品市场逐渐对 VIX 指数变动存在显著响应（Cochran，Mansur and Odusami，2012）。

这样通过模型简练而系统地捕捉到商品期货收益的诸多特征，同时考虑到外部市场信息对大宗商品市场存在的显著信息溢出效应，优于传统

B—L模型使用分析员或专家主观观点的办法，也优于其他GARCH类模型对商品期货收益的刻画。具体模型如下。

模型的条件均值方程：

$$R_{i,t} = \alpha_{i,0} + \alpha_{i,1} R_{m,t} + f_{i,1} \Delta \log(VIX)_{t-1} + f_{i,2} \Delta \log(USDX)_{t-1}$$
$$+ f_{i,3} TBILL_{t-1} + f_{i,4} SPRD_{t-1} + \xi_{i,t},$$
式（6.6）

其中，R_i 是大宗商品期货行业 i 指数超额收益率，$i = AG$, EN, GR, IN, LI, PR, SO，R_m 是大宗商品综合指数超额收益率，VIX 是 CBOE 市场股票市场隐含波动率，$USDX$ 是美元指数，$TBILL$ 是 3 个月美国国债收益率，$SPRD$ 是 10 年美国国债收益率与 3 个月美国国债收益率的利差，$\xi_{i,t}$ 是误差项，满足 $\xi_{i,t} | I_{t-1} \sim N(0, \sigma_{i,t}^2)$，$I_{t-1}$ 为 $t-1$ 时刻信息集。

模型的条件方差方程：

$$\sigma_{i,t}^2 = \phi + \beta \sigma_{i,t-1}^2 + [1 - \beta L - (1 - \varphi L)(1 - L)^d] \varepsilon_{i,t}^2$$
$$+ g_{i,1} VIX_{t-1} + g_{i,2} \sigma_{usdx,t-1}^2 + g_{i,3} TBILL_{t-1} + g_{i,4} SPRD_{t-1},$$
式（6.7）

其中，σ_i^2 是大宗商品期货行业 i 指数超额收益率的条件方差，L 为滞后算子，d 为差分阶数，且 $0 < d < 1$，用于刻画波动的长记忆性，$\varepsilon_{i,t}$ 是误差项，满足 $\varepsilon_{i,t} \sim N(0, \sigma_{i,t}^2)$，$\sigma_{usdx}^2$ 是美元指数条件方差①。

首先估计出参数（$\hat{\alpha}_{i,0}$，$\hat{\alpha}_{i,1}$，$\hat{f}_{i,1}$，$\hat{f}_{i,2}$，$\hat{f}_{i,3}$，$\hat{f}_{i,4}$，$\hat{\phi}$，$\hat{\beta}$，$\hat{\varphi}$，$\hat{d}$，$\hat{g}_{i,1}$，$\hat{g}_{i,2}$，$\hat{g}_{i,3}$，$\hat{g}_{i,4}$），从而可以得到下一期大宗商品行业指数超额收益率的预测值 $\hat{R}_{i,t+1}$ 以及下一期大宗商品行业指数超额收益率条件方差的预测值 $\hat{\sigma}_{i,t+1}^2$。将这些预测值写成观点收益矩阵、观点误差矩阵和观点选择矩阵，可以表示如下：

$$\hat{Q}_{t+1} = (\hat{R}_{AG,t+1}, \quad \hat{R}_{EN,t+1}, \quad \hat{R}_{GR,t+1}, \quad \hat{R}_{IN,t+1}, \quad \hat{R}_{LI,t+1}, \quad \hat{R}_{PR,t+1}, \quad \hat{R}_{SO,t+1})',$$
式（6.8）

$$\hat{\Omega}_{t+1} = diag(\hat{\sigma}_{AG,t+1}^2, \quad \hat{\sigma}_{EN,t+1}^2, \quad \hat{\sigma}_{GR,t+1}^2, \quad \hat{\sigma}_{IN,t+1}^2, \quad \hat{\sigma}_{LI,t+1}^2, \quad \hat{\sigma}_{PR,t+1}^2, \quad \hat{\sigma}_{SO,t+1}^2),$$
式（6.9）

$$\hat{P}_{t+1} = diag(1, \quad 1, \quad \cdots, \quad 1)_{7 \times 7}.$$
式（6.10）

6.3.5　贝叶斯后验分布融合及模型求解

B—L模型通过贝叶斯框架将先验分布和观点信息融合起来。由式

---

①　假设美元指数对数收益率 R_{USDX} 服从单变量 $EGARCH$（1，1）模型，得到美元指数对数收益率 R_{USDX} 的条件方差值 σ_{usdx}^2。

（6.2）和式（6.3）有：

$$pdf(\Pi|\mu) = \frac{K}{\sqrt{2\pi|\gamma\sum|}}\exp\left(-\frac{1}{2}(\Pi-\mu)'(\gamma\sum)^{-1}(\Pi-\mu)\right),$$

$$\text{式（6.11）}$$

$$pdf(P\mu) = \frac{K}{\sqrt{2\pi|\Omega|}}\exp\left(-\frac{1}{2}(P\mu-Q)'\Omega^{-1}(P\mu-Q)\right).$$

$$\text{式（6.12）}$$

将上述两式在贝叶斯框架下合并，代入到公式 $Pr(\mu|\Pi) = \dfrac{Pr(\Pi|\mu)Pr(\mu)}{Pr(\Pi)}$ 中，计算可得投资组合的后验分布为 $r \sim N(\bar{\mu}, \bar{\sum})$。其中，$\bar{\mu} = ((\gamma\sum)^{-1}+P^{T}\Omega^{-1}P)^{-1}((\gamma\sum)^{-1}\Pi+P'\Omega^{-1}Q)$，$\bar{\sum} = \sum + ((\gamma\sum)^{-1}+P'\Omega^{-1}P)^{-1}$。

完成合成收益率的构建后，就可以用标准的均值方差模型来求出给定收益率 $\bar{\mu}$ 和协方差矩阵 $\bar{\sum}$ 下的 B—L 模型的投资组合权重，即通过求解下述最优化问题：

$$\max \quad \omega'\bar{\mu} - \frac{\gamma}{2}\omega'\bar{\sum}\omega, \qquad \text{式（6.13）}$$

得到最佳资产配置权重，表示为：

$$\omega^{*} = \frac{1}{\lambda}\bar{\sum}^{-1}\bar{\mu}. \qquad \text{式（6.14）}$$

这样得到的投资者最佳投资组合权重 ω^{*} 既包含了市场均衡组合的信息 ω_{mkt}，又包含了利用模型产生的关于各个资产的观点信息 $(\hat{Q}, \hat{\Omega})$。事实上，何和林特曼（He and Litterman，1999）证明了 ω^{*} 可以分解为市场均衡组合与基于主观观点的投资组合的加权。

6.4 实证结果和分析

6.4.1 数据

在本节实证研究中，笔者选择国际上最具代表性指数之一的道琼斯—

瑞银商品指数（DJ—UBS）及其 7 个具有典型代表性且流动性强的分类行业指数（Sub—Indexes）来讨论大宗商品行业资产配置①。

笔者选取了从 2003 年 12 月 31 日至 2012 年 3 月 30 日的日度收益率数据。在此期间，国际大宗商品市场经历了自 2004 年初至 2008 年 6 月的一波大牛市、2008 年 6 月至 2009 年上半年的一轮暴跌以及 2009 年下半年以来的缓慢回升。各行业指数的基本描述性统计量见表 6－1。从中可以看出，各个指数的平均收益除了能源和牲畜指数之外，其余均为正值，而事实上总指数在样本阶段也是上升的，另外农产品、谷物②、工业金属和贵金属都有比较高的均值或中位数，而这些行业在样本期内也是高速发展的行业。因为样本数据涵盖的市场周期较长，特别是包括了 2006 年至 2008 年上半年的高速上涨时期和 2008 年下半年至 2009 年上半年的加速下跌时期，所以各个指数的日收益率的极值和标准差都比较大，反映了市场的剧烈变化。

表 6－1　　　　　　大宗商品行业指数日收益率的基本统计量

	总指数	农产品	能源	谷物	工业金属	牲畜	贵金属	软饮料
均值	0.0047%	0.0064%	－0.0198%	0.0023%	0.0186%	－0.0097%	0.0326%	0.0067%
中位数	0.0151%	0.0026%	－0.0333%	0.0062%	0.0459%	－0.0068%	0.0629%	0.0249%
最大值	2.6708%	2.8519%	4.4226%	3.7426%	3.4605%	1.4698%	3.9087%	2.7514%
最小值	－6.8718%	－8.8205%	－7.4267%	－9.8805%	－6.6612%	－3.7925%	－3.9683%	－7.1714%
标准差	0.5802%	0.6549%	0.9284%	0.7847%	0.8290%	0.4255%	0.6777%	0.6660%

数据来源：http：//www.djindexes.com/commodity/.

6.4.2　参数设定

对于均衡报酬，本书参考布莱克和林特曼（Black and Litterman，1992）、何和林特曼（He and Litterman，1999）和艾迪祖雷克（Idzorek，

---

① 道琼斯—瑞银商品指数（DJ—UBS）于 1998 年创建并在芝加哥期货交易所（CME）和芝加哥商品交易所（CME）交易。目前包括 23 种商品，其主要依据流动性其次依据产量等经济指标设计权重。流动性度量指标的优点在于它们反映了市场对商品的相对商业价值或贸易价值的判断，充分考虑流动性以有效降低交易成本。产量等经济指标能更充分地考虑商品在经济运行中的重要价值，更强调支撑价格波动的基本经济供需影响，因而更能提供真实的价格发现。因此，DJ—UBS 指数最突出的特点是具有经济意义、品种呈现多样性、连续性和流动性，在机构投资者中有大量的追随者。

② 农产品包含除谷物外糖、棉花、咖啡、大豆油、硬麦和豆粕六类期货品种。

2004）等学者的做法，设定均衡报酬为在 CAPM 完美市场和投资人为风险趋避者假设下，通过逆优化方法计算得出的结果，即式（6.1）$\Pi = \lambda \sum \omega_{mkt}$。其中，$\lambda$ 为风险规避系数，这里我们利用公式 $\lambda = \dfrac{E(R_m) - r_f}{\sigma_m^2}$ 来计算，r_f 是市场无风险利率，$E(R_m)$ 是市场的年化收益率均值，σ_m^2 是市场的年化波动率。卓布斯（Drobetz，2001）设定 $\lambda = 3$，艾迪祖雷克（Idzorek，2004）设定 $\lambda = 2.25$（国际市场上 $\lambda = 2.01$），比奇和奥尔洛夫（Beach and Orlov，2007）设定 $\lambda = 2.65$。国内温琪等（2011）采用沪深 300 指数收益代表股票市场收益，计算得到 $\lambda = 1.84$。本节我们使用大宗商品 DJ—UBS 综合指数收益来代表大宗商品市场收益，计算得到的 $\lambda = 1.40$。

通过 FIGARCH 模型预测观点向量 $Q_{7 \times 1}$ 和相应的估计误差对角阵 $\Omega_{7 \times 7}$，具体过程已在 6.3.4 部分中给出。观点选择矩阵 $P_{7 \times 7}$ 为单位阵。超额收益的协方差矩阵 $\sum$ 根据 8 年样本数据向前滚动的每个时间段超额收益计算得出。本书所使用的参数设置见表 6 - 2。

表 6 - 2   B—L 模型中涉及的参数

参数	含义	数据
Π	7×1 阶隐含均衡收益向量	$\Pi = \lambda \sum \omega_{mkt}$，$\lambda = 1.40$ 是风险规避系数，ω_{mkt} 是每日资本市场权重
Q	7×1 阶观点收益向量	利用 8 年样本数据滚动估计的 FIGARCH 模型预测的超额收益率
Ω	7×7 阶观点误差对角阵	利用 8 年样本数据滚动估计的 FIGARCH 模型预测的超额收益率条件方差
P	7×7 阶观点选择矩阵	7×7 阶单位阵
$\sum$	7×7 阶超额收益协方差矩阵	8 年样本数据向前滚动的历史数据
γ	反映了对观点的置信程度	γ 分别取 0.1、0.05、0.01、0.005、0.0025 和 0.001

6.4.3 基于 FIGARCH 拟合的模型预测观点

B—L 模型应用成功与否的一个关键是观点的质量，这里通过 FIGARCH 模型预测结果作为投资者观点。笔者使用从 2004 年 1 月 5 日至 2011 年 12 月 30 日的以每日为步长的 8 年样本数据滚动估计 7 个指数的预期超额收益率及其标准差。

首先，对大宗商品行业指数日收益序列进行初步分析，笔者发现各指数日收益序列都是平稳的，同时具有显著的 ARCH 效应，随后对通过 AR（2）过滤后的收益序列进行 ADF 和 KPSS 检验，发现残差平方序列是分整序列，说明建立 FIGARCH 模型是合理的。本书选取 FIGARCH（1，d，1）来进行参数估计，各个指数对应的 FIGARCH（1，d，1）模型的估计结果列于表 6 - 3 中。

表 6 - 3　　样本期各大宗商品资产指数 FIGARCH 模型参数估计值

	农产品	能源	谷物	工业金属	牲畜	贵金属	软饮料
均值方程系数及相应统计量							
$\alpha_{i,0}$	2.02E - 03 **	- 9.69E - 04	1.69E - 03 **	- 3.34E - 04	- 8.60E - 04	- 2.95E - 04	1.12E - 03
	(0.0009)	(0.0007)	(0.0008)	(0.0007)	(0.0006)	(0.0008)	(0.0009)
	[2.1600]	[- 1.4640]	[2.2110]	[- 0.4621]	[- 1.5181]	[- 0.3767]	[1.2055]
$\alpha_{i,1}$	- 0.0587 **	1.4383 ***	0.9037 **	0.8545 ***	0.2001 ***	0.4975 ***	0.6152 ***
	(0.0290)	(0.0165)	(0.0208)	(0.0219)	(0.0160)	(0.0175)	(0.0212)
	[- 2.0250]	[87.4190]	[43.3911]	[38.9364]	[12.5067]	[28.3572]	[28.9538]
$f_{i,1}$	- 0.0139 ***	0.0074 **	- 0.0137 **	- 0.0204 ***	- 0.0057 *	0.0055 *	- 0.0068 *
	(0.0046)	(0.0031)	(0.0040)	(0.0040)	(0.0030)	(0.0030)	(0.0040)
	[- 3.0152]	[2.3660]	[- 2.9032]	[- 5.1478]	[- 1.9047]	[1.8642]	[- 1.7189]
$f_{i,2}$	- 0.0141	0.6671 ***	0.0031	- 0.8674 ***	- 0.0093	- 1.4179 ***	- 0.2016 **
	(0.1079)	(0.0655)	(0.0866)	(0.0819)	(0.0630)	(0.0719)	(0.0822)
	[- 0.1306]	[10.1910]	[0.0360]	[- 10.5884]	[- 0.1468]	[- 19.7291]	[- 2.4520]
$f_{i,3}$	- 3.70E - 04 *	1.56E - 04	- 3.22E - 04 **	1.38E - 04	1.51E - 04	1.07E - 04	- 2.86E - 04
	(1.97E - 04)	(1.42E - 04)	(1.64E - 04)	(1.59E - 04)	(1.21E - 04)	(1.66E - 04)	(1.95E - 04)
	[- 1.8785]	[1.0966]	[- 1.9659]	[0.8676]	[1.2468]	[0.6467]	[- 1.4650]
$f_{i,4}$	- 6.40E - 04 **	2.30E - 04	- 5.44E - 04 **	1.18E - 04	2.47E - 04	1.24E - 04	- 2.83E - 04
	(2.90E - 04)	(2.06E - 04)	(2.43E - 04)	(2.28E - 04)	(1.81E - 04)	(2.33E - 04)	(2.86E - 04)
	[- 2.2055]	[1.1177]	[- 2.2358]	[0.5166]	[1.3659]	[0.5323]	[- 0.9881]
方差方程系数及相应统计量							
ϕ	- 1.26E - 07	1.46E - 06	1.39E - 06	- 8.20E - 07 **	- 4.38E - 07	- 1.35E - 06	1.30E - 05 ***
	(2.41E - 07)	(1.35E - 06)	(1.31E - 06)	(3.71E - 07)	(1.70E - 06)	(2.22E - 06)	(4.48E - 06)
	[- 0.5228]	[1.0777]	[1.0652]	[- 2.2120]	[- 0.2579]	[- 0.6090]	[2.8938]
β	0.0131 ***	0.0467 ***	0.0340 ***	2.4540 ***	- 0.0120 **	0.1553 ***	0.0232 ***
	0.0017	0.0127	0.0069	0.0195	0.0052	0.0203	0.0051
	[7.5603]	[3.6838]	[4.9632]	[125.7993]	[- 2.3100]	[7.6623]	[4.5619]

续表

	农产品	能源	谷物	工业金属	牲畜	贵金属	软饮料
方差方程系数及相应统计量							
φ	0.7990 **	0.4533 ***	0.8510 ***	0.4253 ***	0.4035 ***	0.4902 *	0.2919 ***
	0.0363	0.1208	0.2082	0.0295	0.0315	0.1019	0.0698
	[2.5287]	[8.7463]	[5.5787]	[100.9293]	[16.5729]	[1.8846]	[9.4182]
d	0.3617 ***	0.9070 ***	0.3443 **	0.5359 ***	0.5334 ***	0.8375 ***	0.5883 ***
	0.0232	0.0987	0.4246	0.0304	0.0144	0.1189	0.0191
	[13.7200]	[4.8867]	[2.0862]	[79.0072]	[44.0172]	[2.8522]	[3.5070]
$g_{i,1}$	2.92E−05 *	−5.33E−05 ***	−4.89E−05 **	5.91E−05 **	1.05E−06	1.80E−06 **	−1.12E−06 **
	(1.73E−07)	(7.98E−07)	(8.64E−07)	(2.81E−07)	(1.16E−06)	(8.81E−07)	(1.85E−06)
	[1.6862]	[−2.6671]	[−2.5663]	[2.1018]	[0.9034]	[2.0432]	[−2.6023]
$g_{i,2}$	−2.57E−06 *	2.11E−05 *	1.55E−06 **	1.29E−05 ***	−6.36E−07	−6.78E−07	−9.82E−08
	(1.63E−06)	(1.15E−05)	(6.90E−06)	(3.00E−06)	(7.44E−06)	(8.14E−06)	(1.17E−05)
	[−1.5729]	[1.8289]	[2.2243]	[4.2844]	[−0.0855]	[−0.0833]	[−0.0084]
$g_{i,3}$	−1.30E−08	1.71E−07	2.11E−07	2.50E−07 ***	5.41E−07 **	−2.26E−07 *	−1.40E−06 **
	(2.54E−08)	(1.36E−07)	(1.61E−07)	(4.22E−08)	(2.26E−07)	(1.19E−07)	(5.22E−07)
	[−0.5135]	[1.2600]	[1.3086]	[5.9090]	[2.3904]	[−1.8988]	[−2.4828]
$g_{i,4}$	−7.97E−10	−1.47E−08	3.53E−07	8.86E−08 **	9.58E−07 ***	−3.51E−07 **	−7.83E−07
	(3.46E−08)	(1.66E−07)	(2.31E−07)	(4.38E−08)	(3.68E−07)	(1.65E−07)	(5.68E−07)
	[−0.0230]	[−0.0889]	[1.5300]	[2.0224]	[2.6062]	[−2.1299]	[−1.3792]
方程统计量							
R^2	0.5708	0.7421	0.4770	0.5275	0.0976	0.3530	0.3459
Q(20)	29.331 *	20.580 **	24.285 **	30.887 *	14.307 *	42.626 *	29.174 *

附注：*、**、*** 分别表示在10%、5%和1%置信水平下显著。

笔者发现，国际大宗商品综合指数收益率系数 $\alpha_{i,1}$ 均在5%置信水平下显著，且除农产品外其他行业指数系数均为正，除能源外其他行业指数系数均小于1。其中，能源类行业指数系数最大，达到1.4383，农产品类行业指数系数最小，仅有 −0.0587。该结果表明，分行业大宗商品指数呈现出较明显的行业特征，可被视为具有不同系统风险水平的金融资产，对其进行资产配置是可行的（Cochran，Mansur and Odusami，2012）。

其次，三类外部冲击对分行业大宗商品指数的信息溢出效应呈现出显著的行业特征。具体来说，VIX指数对分行业商品指数呈现显著的均值和波动溢出效应。均值方面，农产品、谷物和工业金属系数对VIX指数变动敏感度最高，而贵金属对 VIX 指数变动敏感度最低；波动层面，工业金属和能源对 VIX 指数变动敏感度最高，农产品和谷物次之，牲畜、贵金属和软饮料最次。美元指数与 VIX 指数的作用类似，但对分行业商品指数的均值和波动溢出效应较弱。均值方面，仅能源、工业金属和贵金属对美元指数变动存在显著反应，其中贵金属反应程度最大；波动层面，工业金属和能源对 VIX 指数变动敏感度最高，农产品和谷物次之，牲畜、贵金属和软饮料最次。长短期利率对分行业商品指数呈现出不同程度均值和波动溢出效应，行业特征明显。均值层面，短期利率和长短期利差仅对农产品和谷物有负向溢出效应；波动层面，短期利率和长短期利差对金属类和牲畜类有显著影响，其中对工业金属有正向溢出效应，对贵金属有负向溢出效应。

再者，GARCH 项系数 β 和差分阶数 d 均在 5% 置信水平下显著，且不同行业指数差分阶数 d 明显不同。其中，能源类高达 0.9070，贵金属次之，为 0.8375，农产品和谷物最低，仅为 0.3617 和 0.3443。该结果表明，能源类和贵金属收益率存在显著长记忆性，任何冲击影响均会持续相当长时间，而农产品和谷物对任何冲击的响应时间相对较为短暂。该结果同时表明 FIGARCH 模型设定合理有效，$Q(20)$ 统计结果也佐证了该观点。

表 6 - 4 给出了 FIGARCH 模型设定的统计。Wald 检验统计量显著大于 1% 置信水平下的临界值，原假设 $H_0: d = 0$ 和 $H_0: \varphi = 0$，$d = 1$ 均在 1% 显著水平下被拒绝。该结果在加入其他外生变量如 VIX 指数和美元指数后依然稳健，除牲畜外，原假设 $H_0: VIX_{FIGARCH} = VIX_{GARCH}$ 和 $H_0: USDX_{FIGARCH} = USDX_{GARCH}$ 均在 10% 显著水平下被拒绝。上述结果突出表明了针对大宗商品行业资产 FIGARCH 模型设定优于 GARCH 模型。

表 6 - 4　　　　关于 FIGARCH 模型设定合理性相关假设检验结果

	农产品	能源	谷物	工业金属	牲畜	贵金属	软饮料
Wald 检验	9456.3	8307.1	7643.0	7219.4	3755.9	7278.4	3053.5
$H_0: d = 0$	0.0000	0.0000	0.0051	0.0000	0.0000	0.0000	0.0000
$H_0: \varphi = 0$, $d = 1$	0.0091	0.0000	0.0051	0.0000	0.0000	0.0034	0.0000
$H_0: VIX_{FIGARCH} = VIX_{GARCH}$	0.0847	0.0000	0.0000	0.0000	0.1516	0.0000	0.0000
$H_0: USDX_{FIGARCH} = USDX_{GARCH}$	0.0779	0.0802	0.0319	0.0007	0.2166	0.0264	0.0430

注：Wald 检验（GARCH 设定 vs. FIGARCH 设定）在 1% 置信水平下显著的临界值为 6.63。其他 4 项检验均给出相应的 p 值。

接下来,根据参数估计结果对 7 个分行业指数未来一日的超额收益率进行预测。通过预测得到每个行业指数下一日的超额收益率及超额收益率的条件标准差。未来 3 个月 7 个分行业指数超额收益率真实值的均值以及预测的收益率和标准差均值如图 6 – 2 所示。

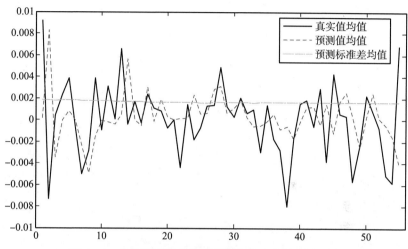

图 6 – 2　各预测期平均超额收益率的实际值和预测值

从结果可以看出,大部分情况下预测的收益率和实际收益率是同一方向的,但是在一些市场剧烈波动的时间段,用历史数据产生的预测值就会有比较大的偏差。此外,预测的标准差基本在 0. 0017 左右,与样本期内各指数的波动本身相比较小,这主要是因为所选取的国际大宗商品综合指数收益率和外部市场信息作为解释变量能够较好地反映行业信息,捕捉行业指数收益率及其波动,从而降低估计的标准差。另外,由于笔者旨在利用 FIGARCH 模型产生观点输入到 B—L 框架中来配置资产,因此对于模型的预测精度要求并不很高。之后的实证结果表明即使在这个相对粗糙的估计结果下实现最优配置的资产组合仍然能取得较好的超额收益。

6.4.4　B—L 结果分析

表 6 – 5 分别对未来 3 个月 (2012 年 1 月 4 日 ~ 2012 年 3 月 30 日) 基于市场权重、基于马科维茨 (Markowitz) 框架的最优资本配置权重和基于不同的置信程度下 B—L 模型计算得到的资本配置权重,以及投资组合

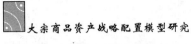

收益率进行了描述性统计分析。

表6-5　　　　市场、马科维茨（Markowitz）最优和B—L
模型最优投资组合权重及预测收益

指数名称	市场权重			
	平均值	最大值	最小值	标准差
农产品	10.0022%	10.4278%	9.6716%	0.2042%
能源	12.4314%	13.4521%	11.7713%	0.3658%
谷物	7.1544%	7.5841%	6.7825%	0.2098%
工业金属	21.3000%	21.9754%	20.2452%	0.3730%
牲畜	4.7267%	4.8601%	4.5149%	0.0727%
贵金属	33.6661%	34.7288%	32.3880%	0.5726%
软饮料	10.7192%	11.4016%	10.1955%	0.3142%
投资组合收益				
均值	0.0931%			
标准差	1.3511%			
最大值	4.2494%			
最小值	−4.1502%			
夏普率	0.0423			
指数名称	Markowitz 最优配置权重			
	平均值	最大值	最小值	标准差
农产品	164.9607%	234.2317%	−94.2312%	104.2681%
能源	19.8765%	87.6678%	5.2676%	14.4298%
谷物	348.2741%	638.7290%	126.3746%	738.9826%
工业金属	94.6419%	117.7236%	73.2983%	19.7736%
牲畜	20.6897%	69.9021%	−2.6710%	25.1173%
贵金属	99.8427%	161.7982%	78.4165%	22.3429%
软饮料	6.2289%	12.2290%	1.0982%	12.2944%
投资组合收益				
均值	−2.1597%			
标准差	14.4012%			
最大值	17.8766%			
最小值	−63.1924%			
夏普率	−0.1499			

指数名称	B—L 模型最优配置权重（$\gamma=0.1$）			
	平均值	最大值	最小值	标准差
农产品	17.3134%	113.0060%	-138.6528%	28.9330%
能源	3.6834%	353.0474%	-511.5738%	95.7126%
谷物	12.4101%	111.5848%	-126.9544%	26.7090%
工业金属	19.6074%	224.6771%	-67.9286%	39.7559%
牲畜	3.9218%	10.7499%	-22.4197%	4.6421%
贵金属	31.7746%	602.3879%	-357.2937%	106.0400%
软饮料	11.2893%	72.5357%	-63.1658%	14.7067%

投资组合收益	
均值	53.7981%
标准差	285.2069%
最大值	1093.3364%
最小值	-602.8769%
夏普率	0.1885

指数名称	B—L模型最优配置权重（$\gamma=0.05$）			
	平均值	最大值	最小值	标准差
农产品	13.3293%	29.5562%	-15.5264%	8.2787%
能源	7.6246%	51.5240%	-65.9471%	22.0624%
谷物	9.3192%	23.5293%	-15.3029%	7.3013%
工业金属	18.6072%	49.9730%	-49.7876%	14.9749%
牲畜	4.6166%	13.6059%	1.3498%	1.7500%
贵金属	34.0848%	125.5695%	-15.7637%	25.6617%
软饮料	12.4184%	48.8792%	7.7107%	6.0045%

投资组合收益	
均值	16.0391%
标准差	59.8782%
最大值	213.5428%
最小值	-73.7202%
夏普率	0.2673

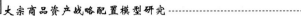

续表

指数名称	B—L 模型最优配置权重（γ = 0.01）			
	平均值	最大值	最小值	标准差
农产品	10.9198%	14.4352%	7.5538%	1.4509%
能源	11.9007%	20.5865%	3.4404%	3.6489%
谷物	7.8124%	10.9514%	5.0159%	1.2661%
工业金属	20.8273%	25.6764%	15.1976%	2.2671%
牲畜	4.6858%	5.3350%	4.1425%	0.2600%
贵金属	33.0312%	43.2861%	23.4600%	4.2790%
软饮料	10.8229%	12.8542%	9.8207%	0.6294%

投资组合收益	
均值	0.7445%
标准差	9.2538%
最大值	24.1275%
最小值	− 16.6442%
夏普率	0.0766

指数名称	B—L 模型最优配置权重（γ = 0.005）			
	平均值	最大值	最小值	标准差
农产品	10.4770%	12.3168%	8.8260%	0.7404%
能源	12.1836%	16.6054%	8.0493%	1.8783%
谷物	7.4968%	9.1530%	6.1719%	0.6500%
工业金属	21.0597%	23.5559%	18.1675%	1.1820%
牲畜	4.7057%	5.0474%	4.3918%	0.1474%
贵金属	33.3137%	38.4819%	28.3877%	2.2088%
软饮料	10.7634%	12.0111%	10.1530%	0.4379%

投资组合收益	
均值	0.3176%
标准差	4.8640%
最大值	12.3101%
最小值	− 9.2230%
夏普率	0.0579

指数名称	B—L 模型最优配置权重（γ = 0.0025）			
	平均值	最大值	最小值	标准差
农产品	10.2439%	11.2462%	9.4358%	0.3973%
能源	12.3119%	14.6048%	10.2574%	1.0163%
谷物	7.3292%	8.1542%	6.6313%	0.3590%
工业金属	21.1788%	22.4792%	19.5482%	0.6752%
牲畜	4.7161%	4.9385%	4.4866%	0.0991%
贵金属	33.4808%	36.1800%	30.8872%	1.2157%
软饮料	10.7394%	11.6442%	10.1740%	0.3628%

投资组合收益	
均值	0.1801%
标准差	2.7901%
最大值	6.5232%
最小值	−5.0112%
夏普率	0.0517

指数名称	B—L 模型最优配置权重（γ = 0.001）			
	平均值	最大值	最小值	标准差
农产品	10.1000%	10.6509%	9.7114%	0.2326%
能源	12.3846%	13.7409%	11.3844%	0.5484%
谷物	7.2252%	7.7012%	6.8256%	0.2281%
工业金属	21.2512%	22.0340%	19.9663%	0.4362%
牲畜	4.7224%	4.8907%	4.5038%	0.0788%
贵金属	33.5898%	34.8293%	31.9762%	0.7165%
软饮料	10.7268%	11.4389%	10.1868%	0.3295%

投资组合收益	
均值	0.1219%
标准差	1.7371%
最大值	5.0254%
最小值	−4.1104%
夏普率	0.0494

　　投资组合的市场资本权重是每日各指数市值占所有 7 只行业指数总市值的比例。可以看到贵金属指数的平均权重最大，工业金属和能源次之，牲畜平均权重最小，并且这些指数的权重基本维持在一个相对稳定的比例。利用当日的市场资本权重作为未来一日的投资组合配置所得到的日收

益算术平均为 0.0931% ，标准偏差为 1.3511% ，日收益最高可达 4.2494% ，而日损失最多也达到了 -4.1502% 。这也从侧面反映了大宗商品市场惯性和反转现象的存在，所以这种投资策略在没有考虑市场摩擦时日收益率很可观，但是导致最大日损失也将会比较大。

当 $\gamma = 0.01$ 时 B—L 模型最优投资组合平均日收益率为 0.7445% ，远高于市场权重投资组合；日收益变化的标准差为 9.2538% ，最坏情形的日收益为 -16.6442% ，而最好情形的日收益为 24.1275% ；夏普率为 0.0766 ，较市场权重投资组合提高 81.09% ，说明在预测比较准确的基础上通过 B—L 模型得到的资产配置能够获得比较高的收益。当 $\gamma = 0.005$ 时，B—L 模型最优投资组合平均日收益率为 0.3176% ，日收益变化的标准差为 4.8640% ，最坏情形的日收益为 -9.2230% ，而最好情形的日收益为 12.3101% ；夏普率为 0.0579 ，较市场权重投资组合提高 36.88% 。此时资产配置的日收益率比 $\gamma = 0.01$ 时低，但是变动范围显著降低。当 $\gamma = 0.0025$ 和 0.001 时，平均日收益率进一步降低为 0.1801% 和 0.1219% ，但是仍然显著高于市场权重策略下的投资收益率，并且此时日收益的标准差和极值都反映出应用 B—L 模型在控制总体风险上的优势。特别的，$\gamma \to 0$ 情形下的 B—L 模型最优投资策略将趋于应用市场权重作为下一期投资权重的策略，日收益率及其标准差分别将趋于 0.0931% 和 1.3511% 。

作为比较，笔者还在不带约束的马科维茨（Markowitz）框架下计算出资产配置比例并用计算出的资产配置结果作为下一期的投资策略。可以看到，马科维茨（Markowitz）框架下容易得到极端值，例如最大的权重达到 638.7290% ，最小的权重是 -94.2312% 。并且若以此作为下一期的投资组合策略，组合的收益也会呈现极端的情形，最好的日收益能达到 17.8766% ，而最坏的日收益也将达到 -63.1924% ，日收益的标准差高达 14.4012% 。这同样也反映了大宗商品市场的惯性和反转效应，当对某只行业指数赋予的正（负）权重很大而它又保持着惯性增长（下跌）时将会获得可观的超额收益；反之一旦它出现反转，损失额也会相当惊人。从算术平均收益（-2.1597%）和夏普率（-0.1499）可以看出，这种赌博式的投资策略最终会给投资者带来较大损失。

进一步来考察投资组合风险。笔者将一个给定的投资组合配置应用到配置前 8 年样本数据的收益协方差阵，这样可以通过 $\omega' \sum \omega$ 来计算出每日投资组合方差。用市场权重、马科维茨（Markowitz）最优配置以及不同置信水平下的 B—L 模型最优配置估计的投资组合风险统计指标汇总在表

6 – 6 中，各期估计值如图 6 – 3 所示。可以看到 B—L 模型框架下的投资组合风险显著小于在不加约束的马科维茨（Markowitz）框架下计算得到的组合风险。并且在 4 个不同 γ 值下 $\gamma = 0.01$ 的平均收益最高，但是其所对应的平均投资风险也最高。当 $\gamma = 0.001$ 时投资组合的风险接近于使用市场权重策略投资组合的风险。

表 6 – 6　　　**市场、马科维茨（Markowitz）最优和 B—L 模型**

最优投资组合风险（$\omega' \sum \omega$）比较

	平均值	最大值	最小值
市场权重	0.002849	0.002861	0.002830
Markowitz 最优	0.046088	0.087439	0.037294
$\gamma = 0.1$	0.005627	0.036279	0.000147
$\gamma = 0.05$	0.003585	0.015416	0.000099
$\gamma = 0.01$	0.002870	0.004536	0.001892
$\gamma = 0.005$	0.002851	0.003628	0.002339
$\gamma = 0.0025$	0.002848	0.003216	0.002583
$\gamma = 0.001$	0.002848	0.002983	0.002736

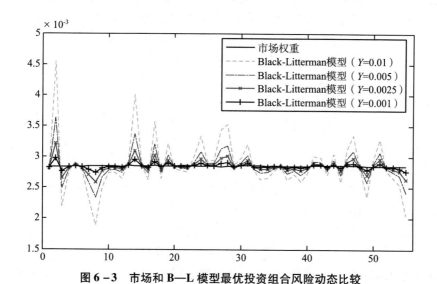

图 6 – 3　市场和 B—L 模型最优投资组合风险动态比较

基于上述实证结果，笔者发现加入由 FIGARCH 模型生成大宗商品行业收益主观观点的 B—L 模型的收益明显超越了市场基准, 其夏普率明显高于其他配置策略。这是因为 B—L 模型综合了多个主观观点和历史风险收益, 其行业配置相对分散, 波动率得到控制。B—L 模型在超越基准及跟踪基准方面表现比较出色, 运用这种方法进行大宗商品资产行业资产配置是有效的, 符合大宗商品资产配置的稳定性和收益性要求。

当然, B—L 模型中超额收益率参数的选取和模拟配置的最终表现并非呈现正相关性, 过高或过低的参数设置往往影响配置的最终表现。但是, B—L 模型的结果是一个稳定的选择, 尽管笔者在事前无法保证主观观点的正确性, 通过 B—L 模型可以将多个主观观点和历史风险收益进行综合, 得到一个相对稳定的结果。

6.5 本 章 小 结

本章从行业配置角度探究投资国际大宗商品的动态配置策略。参考 B—L 框架, 提出了行业调整的商品指数动态组合优化模型。首先, 运用以商品综合指数收益率和外部市场信息作为解释变量的分整自回归条件异方差模型 (FIGARCH) 模型刻画商品行业指数收益率及其变动特征, 获得投资者对于各行业指数的收益率观点及其置信程度; 其次, 形成投资者观点和均衡收益的有机融合, 并成功地将其应用于大宗商品行业配置。该方法不仅克服了传统 B—L 模型将投资人主观观点作为观点收益率替代变量的缺陷, 有效弥补了传统 B—L 框架在理论上的不足, 同时将外部市场和宏观经济对大宗商品市场的信息溢出效应量化地应用到大宗商品行业资产配置问题上, 使得对外部市场信息的跟踪能够服务于大宗商品的动态行业配置。

实证分析中, 针对 2004 年以来道琼斯—瑞银商品指数 (DJ—UBS) 及其 7 个相关性相对比较弱的分类行业指数 (Sub—Indexes) 日度数据的组合优化和稳健性检验说明了行业配置策略在实际应用中的潜力。基于 B—L 框架和 FIGARCH 模型观点生成所构建的投资组合在超越基准及跟踪基准方面具有明显优势, 长期来看能够获得比较稳定的超额收益, 其效果优于市场均衡权重和传统 Markowitz 框架下的投资策略, 能够为实现大宗商品投资组合收益能力和风险规避的有效匹配提供一个系统而稳健的途径, 符合大宗商品资产配置的稳定性和收益性要求。

本章相关成果弥补了大宗商品资产战略配置理论在实践中的不足，可以为大宗商品积极组合管理提供技术支持，满足国际投资战略性、安全性、流动性、收益性和多元化要求，进而为国家战略资源储备和国家经济安全提供决策支持。

第 7 章

基于通胀风险对冲的大宗
商品微观选择策略

第 6 章主要讨论了大宗商品的行业配置策略，属于宏观范畴。本章则提出大宗商品的微观选择策略，针对通货膨胀风险，以盯住通胀率为目标，基于随机混合整数规划模型构建了具有通胀保护功能的大宗商品期货投资组合，实现对通货膨胀率的动态跟踪。研究结果为企业和机构投资者在既定通胀水平下对冲通胀风险提供了一个具有战略意义的微观选择。

7.1 问题提出

从企业或者长期投资者的利益出发，应当有对冲通胀的长期安排和战略视角。商品资产配置的长期计划不能局限于财务投资的目标，而要从控制资源投入成本的目标出发，有效地对冲输入性通胀。

既然通胀具有长期性，那么对冲手段就要有长期性。这里重点讨论输入性通胀的对冲。至于内源性通胀的解决之道在于以持续推进技术进步和提升品牌价值为特征的产业升级来消化以劳动力价格为主的上涨因素，而这一长期战略安排也要以资源供给的稳定性为前提。资源保障是经济可持续增长的基本条件。纵观"二战"结束之后的世界经济增长史，成功的新兴经济体都将资源保障作为长期经济增长的战略目标。德国、日本和东亚"四小龙"都是人口密度大和人均资源不足的经济体，但是以市场运作为主的长期资源保障体系是其经济腾飞的前提条件，这一实践也为新增长理论的发展提供了历史证据。2004 年以后兴起的商品指数化投资之所以成为跨国企业和长期机构投资者的主要投资模式，正是商品资产的资源保障与通胀风险对冲功能的价值所在。据此，服从控制通货膨胀风险的长期战略目标，商品的指数化投资应当成为中国企业和机构投资者海外投资的主要模式。

通货膨胀风险及其控制问题一直是学术研究的焦点。从目前中国经济发展阶段的内源性和世界经济的外部冲击的角度，在未来相当长一段时期内中国经济的通胀风险都是宏观经济调控的重点。世界经济的不确定性带来输入性通胀的波动性。

首先，在后危机时代，主要发达经济体为走出困境而持续实施的宽松货币政策将带动资产价格大幅度波动，其中大宗商品价格的长期高位运行为通胀长期化提供了土壤，同时也为通胀向国内的输入埋下了隐患（黄益平，2011；张礼卿，2011）。而在此之前，鉴于国内结构性物价上涨与全球结构性物价上涨的高度呼应的事实，"输入性通胀"的观点已经颇具说服力（中国经济增长与宏观稳定课题组，2008）。其次，受美国、欧洲金融监管政策调整的影响，很大一部分投机资金流向监管相对宽松的新兴经济体，从而在较大程度上推高了相关经济体的资产价格膨胀和货币扩张。张成思和李颖（2010）针对中国等 21 个新兴经济体的研究显示全球化对新兴市场国家通胀动态机制的影响程度明显增强，张成思（2012）后续研究还表明在对通货膨胀的影响上全球化因素显著超越了国内产出缺口。其三，劳动力供给接近刘易斯拐点以后工资率的持续上涨（范志勇，2010）、中国进口资源依存度的持续提高、产业结构调整中的不均衡和银行服务业的高度垄断也会促使中国通胀长期化。

既然通胀风险不可避免且长期存在，我们就要有战略对策和长期措施。在这个背景下，针对如何控制通胀风险从战略与微观视角提出对策具有重要理论和现实意义。

7.2 解决思路

在市场机制下，如果商品资产或者金融工具能对冲通胀风险，那么无论对生产者还是对投资者都更具吸引力。国际市场上的通胀保护债券（Treasury Inflation—Protected Securities，TIPS）是一种很好的规避通胀风险的工具，很多通胀保护基金通常基于 TIPS 构建，而我国尚未发行这类通胀保护债券产品。但是，即使没有 TIPS 这类金融工具，还是可以通过构建恰当的资产池及其投资组合，实现对冲通货膨胀风险的目的。例如，部慧和汪寿阳（2010）选取中科—格林商品期货指数作为标的追踪指数，以买入持有的策略，按照中科格林商品指数入选的商品期货种类和各商品期货的设置权重，构建追踪该指数的商品期货投资组合。实证结果表明该投资组合可以在一定程度上对冲通货膨胀风险，且效果优于行业股票组合。这为我们将对商品期货主力合约的滚动投资引入到通货膨胀风险管理中提供了视角和思路。

大量学术研究表明，除了通胀保护债券 TIPS 之外，大宗商品投资能在一定程度上提供通胀保护，尤其是对预期通货膨胀。主要因为商品资产一般都是通货膨胀中价格上涨的主要成分。而且如果是商品期货投资，则还包含了对商品未来价格走势的预期信息，反映了通货膨胀组成商品预期外的波动（Erb and Harvey，2006；Gorton and Rouwenhorst，2006；Geman and Kharoubi，2008；Büyükşahin，Haigh and Robe，2010 等）。

因此，针对通货膨胀风险对冲问题，笔者的解决思路是以盯住通胀率为目标，通过对商品期货主力合约的滚动投资构建具有通胀保护功能的商品期货投资组合，并实现大宗商品资产战略性配置。国外学者很早就认识到了大宗商品（特别是期货）价格变化对一般性价格水平的传导作用。但是，这些讨论还局限在经验描述层面，没有上升到策略与实施层面。为此，下文基于随机混合整数规划构建大宗商品期货投资组合，探讨在既定通胀水平下利用大宗商品期货实现通胀风险对冲的途径与策略。

这不仅在实践上具有可行性，而且具有学术意义。具体表现为：其一，以盯住通胀率为目标实现大宗商品期货滚动投资，能够有效对冲由外部价格冲击引起的输入性通胀风险，形成长期价格稳定机制，降低国民福利的损失；其二，进行商品战略配置能在兼顾流动性、安全性的同时，防止外部炒作大宗资源类商品，形成以商品期货为重要组成部分的大宗商品战略储备体系，在一定程度上弥补国内产业持续和稳定发展导致资源供给的不足，确保商品资源的安全供给。

相对于已有文献，本章在以下方面取得创新：

第一，原创地提出跟踪通胀率的商品资产配置随机规划模型，实现了资产的动态配置和动态跟踪，通胀保护的目标更加明确。区别于已有文献对于各类资产规避通货膨胀风险能力的比较性研究（李敬辉和范志勇，2005；范龙振和张处，2009；刘仁和，2009），也区别于在考虑通货膨胀影响下资产配置策略研究（覃森，秦超英和陈瑞欣，2004；王春峰、吴启权和李晗虹，2006）。本章以盯住通胀率为目标，构建商品期货投资组合，实现对通货膨胀率的动态跟踪，以此达到对抗通胀的目的，而不是仅仅将通胀因素作为约束直接增加到资产配置模型中。这是本章所建立模型的本质。

第二，提出控制通胀风险的微观最优选择。目前已有大量关于通货膨胀动态特征以及通胀影响因素的讨论（王少平、涂正革和李子奈，2001；曾利飞、徐剑刚和唐国兴，2006；陈彦斌，2008；张屹山和张代强，2008；杨继生，2009；李昊和王少平，2011；杨小军，2011；张成思，2012）。然而，这些研究更多的是从宏观经济管理者或政策制定者的角度，为加深对通货膨胀性质、传导机制的理解和增强反通货膨胀政策的有效性提供重要启示（黄益平、王勋和华秀萍，2010；殷波，2011；张晓慧、纪志宏和李斌，2010；张成思，2008；范志勇，2010；张凌翔和张晓峒，2011）。而本章从机构或个人投资者的角度出发，基于随机混合整数规划模型构建具有通胀保护功能的大宗商品期货投资组合，为机构或个人投资者在既定通胀水平下应对通胀风险的微观行为提供策略支持和经验参考。

值得说明的是，本书所涉及的指数跟踪与传统意义上所指的指数跟踪含义类似，即通过对交易成本、资产配置比例和管理费用等进行约束，在实现投资部分或者全部大宗商品资产的前提下，有效复制目标指数业绩。而目标指数正是通货膨胀率，即本节所选取的居民消费价格总指数（CPI）。

7.3 模型框架

从战略性投资策略的角度，商品资产配置是长期目标下的动态调整，而不是简单的标的优化选择和长期持有。因此，静态化资产配置的思路无效，需采取动态调整的思路。

7.3.1 问题描述和模型选择

为了实现追踪通胀率指数的目标，构建具有通胀保护功能的商品期货投资组合，从而实现大宗商品资产战略性配置，在模型设定上需考虑以下六个方面要求。

第一，最小化跟踪组合与目标指数收益之间的差异，即跟踪误差；第二，实现多阶段动态指数追踪优化，即在投资期内可以调整商品期货投资组合头寸，以实现对目标指数的动态追踪；第三，商品期货投资组合所选取的大宗商品资产尽可能分散化；第四，商品期货投资组合所选取的大宗商品资产数目尽可能少；第五，最小化交易成本；第六，考虑未来不确定性，即大宗商品期货收益和 CPI 指数变动不确定性，以此形成适应随机环境的商品期货投资组合。

大量研究表明，在现实市场不完备、受到交易限制的条件下，随机规划模型为不确定性条件下的金融优化问题提供了灵活且有效的分析工具。随机规划模型基于一个全面的目标模型框架，用情景树刻画未来经济的不确定性，将决策者对不确定性的预期加入模型，可以全面考虑诸如交易费用、市场不完备性、必要收益率、交易限制和管理规则等多方面因素，是具有实战特点的模型方法。

本章为实现通胀率指数的动态追踪构造多阶段混合整数随机规划模型。之所以选择混合整数规划是因为部分决策变量是整数，如所选择的某大宗商品期货的配置数量，这是因为考虑到市场摩擦的存在和期货不能无限细分的性质，在构造初始跟踪组合和随着目标指数调整而对跟踪组合进行再平衡处理时需要考虑以整手进行交易。

7.3.2 未来不确定性刻画

在建立动态随机规划模型时，关键的一步是如何刻画未来不确定性。本书基于离散情景树来描述目标指数和用于构建投资组合的大宗商品资产价格的演进路径。

这里笔者参考何启志和范从来（2011）提出的包含通胀惯性、学习型预期和波动性特征的通胀动态模型、用于刻画收益率特征的 FIGARCH 模型和盖沃龙斯基、克雷洛夫和范德韦斯特（Gaivoronski, Krylov and Van der Wijst, 2005）的情景生成框架，构造所需要的情景。具体过程阐述如下：

第一步，笔者选取包含通胀惯性、学习型预期和波动性特征的通胀动态模型生成目标指数情景。该模型从均值和波动项两个方面反映了我国通胀水平的动态变化趋势和特征，表示如下：

$$cpi_t = \alpha + \beta cpi_{t-1} + \sum_{k=1}^{n-1} \theta_k \Delta cpi_{t-k} + \chi E_t(cpi_{t+1}) + \delta\sigma_t + \varepsilon_t ,$$

式（7.1）

$$\varepsilon_t | \Omega_{t-1} \sim GED(0, \sigma_t^2, v),$$ 式（7.2）

$$\sigma_t^2 = \mu + \varphi\varepsilon_{t-1}^2 + \gamma\varepsilon_{t-1}^2 \Gamma_{t-1} + \lambda\sigma_{t-1}^2,$$ 式（7.3）

其中，均值方程式（7.1）从三个方面反映了我国通胀水平：其一是通胀

惯性 $\beta cpi_{t-1} + \sum_{k=1}^{n-1} \theta_k \Delta cpi_{t-k}$；其二是通胀预期 $\chi E_t(cpi_{t+1})$，参数 χ 反映了通胀预期对通胀水平影响程度（具体过程可参考何启志和范从来，2011）；其三是通胀水平波动性 $\delta \sigma_t$，参数反映了通胀波动性对通胀水平影响程度。方差方程式（7.2）采用 TGARCH 模型，Γ_{t-1} 是一个指示变量（当 $\varepsilon_{t-1} < 0$ 时 $\Gamma_{t-1} = 1$，否则 $\Gamma_{t-1} = 0$），以反映不同性质残差对方差的影响，一般来说，若称 $\varepsilon_{t-1} < 0$ 为负冲击，当参数 $\gamma > 0$，称之为杠杆效应。

　　实证研究时，根据式（7.1）计算出基于市场参与者学习能力的通胀预期 $E_t(cpi_{t+1})$，作为进一步生成目标指数情景的基准 I_t^A。接下来定义目标指数变动的上下限。给定过去 k 个月的目标指数数值，对 $\forall t = \hat{i} - k$，其中 $\hat{i}$ 为当前时刻，设

$$\omega_t = \frac{I^t - I^{t-1}}{I^{t-1}} + 1, \qquad \text{式（7.4）}$$

则目标指数变动的上限和下限分别定义为：

$$I_t^U = \max\{\omega^t + Q, \ \forall t \in [\hat{i} - k, \ \hat{i}]\}, \qquad \text{式（7.5）}$$

$$I_t^D = \min\{\omega^t - Q, \ \forall t \in [\hat{i} - k, \ \hat{i}]\}, \qquad \text{式（7.6）}$$

其中，$0 < Q \leqslant \dfrac{1}{2}$ 为用于刻画波动大小的参数。这样便完成了目标指数最小情景集的定义。若生成 3 个情景（即某个节点有 3 个紧邻下游子节点），则：

$$I_1^t = I_t^A, \quad I_2^t = I_t^A I_t^U, \quad I_3^t = I_t^A I_t^D. \qquad \text{式（7.7）}$$

图 7－1 具体展现了基于最小情景集生成更多情景的步骤。

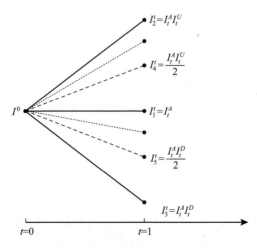

图 7－1　基于最小情景集生成更多情景示意

第二步，笔者依然选取 FIGARCH 模型生成各大宗商品期货资产情景。具体方法与生成目标指数情景类似，差别在于基准 ϕ_i^{tA} 的产生。

特别地，考虑到自商品期货指数化投资兴起以来，大宗商品市场金融化程度日益增强的事实（Tang and Xiong, 2012；Silvennoinen and Trorp, 2013），笔者在 FIGARCH 模型中加入 3 个外部冲击来源，基于如下条件均值方程生成大宗商品资产预期价格 ϕ_i^{tA}：

$$R_{i,t} = \eta + \lambda R_{i,t-1} + f_{i,1}\Delta\log(VIX)_{t-1} + f_{i,2}\Delta\log(USDX)_{t-1}$$
$$+ f_{i,3}TBILL_{t-1} + f_{i,4}SPRD_{t-1} + \zeta_{i,t}, \qquad\text{式（7.8）}$$

其中，R_i 是某大宗商品期货 i 的收益率，VIX 是 CBOE 市场股票市场隐含波动率，$USDX$ 是美元指数，$TBILL$ 是 3 个月美国国债收益率，$SPRD$ 是 10 年美国国债收益率与 3 个月美国国债收益率的利差，$\zeta_{i,t}$ 是误差项，满足 $\zeta_{i,t}|I_{t-1} \sim N(0, \sigma_{i,t}^2)$，$I_{t-1}$ 为 $t-1$ 时刻信息集。

7.3.3 模型建立

首先将上述六个方面要求转化为模型化语言描述。

第一，关于最小化跟踪误差。假设被用于构建商品期货投资组合的大宗商品资产有 m 个，各大宗商品资产 i 在时刻 t 的价格为 ϕ_i^t，$i=1, 2, \cdots, m$，目标指数在时刻 t 的水平值为 I^t，在投资决策的时间起点 $t=0$ 投资者对各大宗商品资产的初始禀赋为 x_i，$i=1, 2, \cdots, m$，在各决策节点 t 各大宗商品资产 i 的配置数量为 y_i^t，则最小化追踪误差可以表示为：

$$\min\left|\sum_{i=1}^{m}\phi_i^0 x_i - I^0\right| + \sum_{t=1}^{T}\left|\sum_{i=1}^{m}\phi_i^t y_i^t - I^t\right|。\qquad\text{式（7.9）}$$

考虑到当 $\sum_{i=1}^{m}\phi_i^t y_i^t - I^t > 0$，$\forall t=1, 2, \cdots, T$ 或 $\sum_{i=1}^{m}\phi_i^0 x_i - I^0 > 0$ 时，即时刻 t 投资组合的收益率高于基准指数的收益率，这是笔者构建投资组合所期望出现的情形，笔者更关注投资组合的收益率低于基准指数的收益率的情形，即 $\sum_{i=1}^{m}\phi_i^t y_i^t - I^t < 0$，$\forall t=1, 2, \cdots, T$ 或 $\sum_{i=1}^{m}\phi_i^0 x_i - I^0 < 0$ 的情形。因此笔者将目标修改为：

$$\min\left\{\max\left[-\left(\sum_{i=1}^{m}\phi_i^0 x_i - I^0\right), 0\right] + \sum_{t=1}^{T}\max\left[-\left(\sum_{i=1}^{m}\phi_i^t y_i^t - I^t\right), 0\right]\right\}。$$

$$\text{式（7.10）}$$

第二，关于实现多阶段动态指数追踪。将所考察的投资区间平均分为 $t=0, 1, \cdots, T$，在每一个决策节点投资者都可以调整大宗商品资产组合结构。两个决策节点之间需建立资金动态平衡约束方程，即在决策过程中不再追加投资：

$$B^1 = \sum_{i=1}^{m} \phi_i^1 x_i - \sum_{i=1}^{m} \phi_i^1 y_i^1, \quad \forall i=1, 2, \cdots, m, \ t=1,$$

式（7.11）

$$B^t = B^{t-1} + \sum_{i=1}^{m} \phi_i^t y_i^{t-1} - \sum_{i=1}^{m} \phi_i^i y_i^t, \quad \forall i=1, 2, \cdots, m, \ t=2, 3, \cdots, T,$$

式（7.12）

$$B^t \geqslant 0, \quad \forall t=1, 2, \cdots, T。$$ 式（7.13）

如果 $B^t=0$，则上一阶段投资组合资产将全部用于下一阶段资产组合再调整，如果 $B^t>0$，则允许上一阶段投资组合资产有剩余，该剩余可用于后续阶段资产组合再调整。

第三，关于商品期货投资组合中所选取的大宗商品资产尽可能分散化。设 $Q(i, s) = \begin{cases} 1 & if \ i \in s \\ 0 & if \ i \notin s \end{cases}$ 为二元变量，其中 $s=1, 2, \cdots, S$，S 为大宗商品资产行业个数。设 f_s^t 为时刻 t 行业 s 价值在商品期货投资组合中的权重，则 $\sum_{s=1}^{S} f_s^t = 1$，且 $f_s^t \geqslant 0$，$t=0, 1, \cdots, T$。那么，行业暴露头寸可以表示为：

$$\sum_{i=1}^{m} Q(i, s) \phi_i^0 x_i = f_s^0 I^0 + \xi_s^0, \quad \forall s=1, 2, \cdots, S, \ i=1, 2, \cdots, m, \ t=0,$$

式（7.14）

$$\sum_{i=1}^{m} Q(i, s) \phi_i^t y_i^t = f_s^t I^t + \xi_s^t, \quad \forall s=1, 2, \cdots, S, \ i=1, 2, \cdots, m, \ t=1, 2, \cdots, T,$$

式（7.15）

其中，ξ_s^t 是相对于某行业 s 的配置权重 f_s^t 使得上述两个方程成立的行业松弛变量。为了使商品期货投资组合尽可能分散化，应最小化行业松弛变量，即：

$$\min \sum_{t=0}^{T} \sum_{s=1}^{S} |\xi_s^t|。$$ 式（7.16）

第四，关于商品期货投资组合所选取的大宗商品资产数目尽可能少。

设 $g_i^t = \begin{cases} 1 & if \ x_i \ or \ y_i^t > 0 \\ 0 & otherwise \end{cases}$ 为二元变量，为使得模型线性化，笔者采用如下

约束来定义 g_i^t：

$$g_i^0 \leqslant x_i, \ x_i \leqslant Cg_i^0, \ \forall i=1, \ 2, \ \cdots, \ m, \ t=0, \qquad \text{式 (7.17)}$$

$$g_i^t \leqslant y_i^t, \ y_i^t \leqslant Cg_i^t, \ \forall i=1, \ 2, \ \cdots, \ m, \ t=1, \ 2, \ \cdots, \ T,$$

$$\text{式 (7.18)}$$

其中，C 是使得式（7.17）或式（7.18）满足 g_i^t 二元变量定义的参数。设 G^t 为时刻 t 商品期货投资组合所选取的大宗商品资产数目的上限，则为使商品期货投资组合所选取的大宗商品资产数目尽可能少，应满足：

$$\sum_{i=1}^{m} g_i^t \leqslant G^t, \ \forall i=1, \ 2, \ \cdots, \ m, \ t=0, \ 1, \ \cdots, \ T。$$

$$\text{式 (7.19)}$$

第五，关于最小化交易成本。因为交易费率固定，因此最小化交易成本等价于最小化资产组合调整数量。规定资产组合调整数量由下式表示：

$$z_i^1 = |y_i^1 - x_i|, \ \forall i=1, \ 2, \ \cdots, \ m, \ t=1, \qquad \text{式 (7.20)}$$

$$z_i^t = |y_i^t - y_i^{t-1}|, \ \forall i=1, \ 2, \ \cdots, \ m, \ t=2, \ 3, \ \cdots, \ T,$$

$$\text{式 (7.21)}$$

则最小化交易成本可以表示为：

$$\min \sum_{t=1}^{T} \sum_{i=1}^{m} z_i^t, \ \forall i=1, \ 2, \ \cdots, \ m, \ t=1, \ 2, \ \cdots, \ T。$$

$$\text{式 (7.22)}$$

第六，纳入关于未来不确定性的刻画。考虑未来不确定性因素后，在随机环境下构建商品期货投资组合的动态随机混合规划模型即为在确定性动态混合整数规划模型基础上加入情景因素，具体模型表示如下。

关于目标函数设定。目标函数包括：（1）最小化追踪误差；（2）商品期货投资组合所选取的大宗商品资产尽可能分散化；（3）最小化交易成本，即：

$$\min \left\{ \max \left[-\left(\sum_{i=1}^{m} \phi_i^0 x_i - I^0 \right), 0 \right] + \sum_{t=1}^{T} \sum_{n=1}^{|N_t|} \left(p_n \max \left[-\left(\sum_{i=1}^{m} \phi_{in}^t y_{in}^t - I_n^t \right), 0 \right] \right) \right.$$

$$\left. + \sum_{s=1}^{S} \xi_s^0 + \sum_{t=1}^{T} \sum_{n=1}^{|N_t|} p_n \sum_{s=1}^{S} \xi_{sn}^t + \sum_{t=1}^{T} \sum_{n=1}^{|N_t|} p_n \sum_{i=1}^{m} z_{in}^t \right\},$$

$$\forall i=1, \ 2, \ \cdots, \ m, \ n=1, \ 2, \ \cdots, \ |N_t|, \ t=1, \ 2, \ \cdots, \ T,$$

$$\text{式 (7.23)}$$

关于约束条件设定，具体表示如下：

（1）资金动态平衡约束方程：

$$B_n^1 = \sum_{i=1}^m \phi_{in}^1 x_i - \sum_{i=1}^m \phi_{in}^1 y_{in}^1 , \quad \forall i=1, 2, \cdots, m, \ n=1, 2, \cdots, |N_t|, \ t=1,$$

式（7.24）

$$B_n^t = B_n^{t-1} + \sum_{i=1}^m \phi_{in}^t y_{in}^{t-1} - \sum_{i=1}^m \phi_{in}^i y_{in}^t , \quad \forall i=1, 2, \cdots, m,$$
$$n=1, 2, \cdots, |N_t|, \ t=2, 3, \cdots, T, \quad 式（7.25）$$

$$B_n^t \geqslant 0, \ B_n^t \in \mathbb{R}, \quad \forall n=1, 2, \cdots, |N_t|, \ t=1, 2, \cdots, T,$$

式（7.26）

（2）商品期货投资组合所选取的大宗商品资产数目限制：

$$\sum_{i=1}^m g_i^0 \leqslant G^0 , \quad \forall i=1, 2, \cdots, m, \quad 式（7.27）$$

$$\sum_{i=1}^m g_{in}^t \leqslant G^t , \quad \forall i=1, 2, \cdots, m, \ n=1, 2, \cdots, |N_t|, \ t=1, 2, \cdots, T,$$

式（7.28）

（3）变量定义及变量类型约束。

$$z_{in}^1 = |y_{in}^1 - x_i| , \quad \forall i=1, 2, \cdots, m, \ n=1, 2, \cdots, |N_t|, \ t=1,$$

式（7.29）

$$z_{in}^t = |y_{in}^t - y_{in}^{t-1}| , \quad \forall i=1, 2, \cdots, m, \ n=1, 2, \cdots, |N_t|, \ t=2, 3, \cdots, T,$$

式（7.30）

$$\sum_{i=1}^m Q(i, s)\phi_i^0 x_i = f_s^0 I^0 + \xi_s^0 , \quad \forall s=1, 2, \cdots, S, \ i=1, 2, \cdots, m, \ t=0,$$

式（7.31）

$$\sum_{i=1}^m Q(i, s)\phi_{in}^t y_{in}^t = f_{sn}^t + I^t \xi_{sn} , \quad \forall s=1, 2, \cdots, S, \ i=1, 2, \cdots, m,$$
$$n=1, 2, \cdots, |N_t|, \ t=1, 2, \cdots, T, \quad 式（7.32）$$

$$\xi_s^0 \in \mathbb{R}, \ \xi_{sn}^t \in \mathbb{R}, \quad \forall s=1, 2, \cdots, S, \ i=1, 2, \cdots, m,$$
$$n=1, 2, \cdots, |N_t|, \ t=1, 2, \cdots, T, \quad 式（7.33）$$

$$g_i^0 \leqslant x_i, \ x_i \leqslant Cg_i^0 , \quad \forall i=1, 2, \cdots, m, \ t=0, \quad 式（7.34）$$

$$g_{in}^t \leqslant y_{in}^t, \ y_{in}^t \leqslant Cg_{in}^t , \quad \forall i=1, 2, \cdots, m,$$
$$n=1, 2, \cdots, |N_t|, \ t=1, 2, \cdots, T, \quad 式（7.35）$$

$$g_i^0 \in \mathbb{B}, \ g_{in}^t \in \mathbb{B}, \quad \forall i=1, 2, \cdots, m,$$

$$n = 1, 2, \cdots, |N_t|, \quad t = 1, 2, \cdots, T, \qquad \text{式 (7.36)}$$

（4）卖空限制条件。

$$x_i \geqslant 0, \; x_i \in \mathrm{II}, \; \forall i = 1, 2, \cdots, m, \qquad \text{式 (7.37)}$$

$$y_{in}^t \geqslant 0, \; y_{in}^t \in \mathrm{II}, \; \forall i = 1, 2, \cdots, m,$$

$$n = 1, 2, \cdots, |N_t|, \quad t = 1, 2, \cdots, T。 \qquad \text{式 (7.38)}$$

7.4 实证结果和分析

7.4.1 数据选择和参数设置

本书选择的目标指数为全国居民消费价格指数（CPI），数据来源于国家统计局。用于构建追踪指数的投资组合的资产来源于 53 种全球最具代表性的商品期货及 10 个分行业大宗商品指数基金，数据来源于各商品期货交易所网站和国际货币基金组织（IMF）数据库。在大宗商品资产价格情景生成中，分别选取 CBOE 的 Volatility Index（VIX）、美元指数（US-DX）对数收益率、美国 3 个月国债收益率（TBILL）和美国 10 年国债收益率与 3 个月国债收益率之差（SPRD）作为代表股票市场隐含波动率、美元指数变动、货币政策效应的代理变量，数据来源于美联储网站。数据频率为月度，范围从 2001 年 1 月至 2012 年 6 月，涵盖 2008 年金融危机前后。

构造和调整指数跟踪组合的参数设置如下：

（1）初始跟踪组合包括全部 53 种全球最具代表性的商品期货及 10 个分行业大宗商品指数基金共 63 种资产，即 $G^0 = 63$，而后续调整的指数跟踪组合最多包含 15 种资产，即 $G^t \leqslant 15$，$t = 1, 2, \cdots, T$；

（2）设定交易成本比例为 0.3%，管理费和托管费按日计提比例为 0.002%，并且在跟踪组合调整时支付；

（3）63 种资产的行业分类参考 IMF 分类标准（2012 版），各行业 s 的配置权重 f_s^t 设定如下，10 个分行业大宗商品指数基金投资比例占 20%，石油类商品期货投资比例占 42.88%，天然气和煤类商品期货投资比例占 7.6%，金属类商品期货投资比例占 8.56%，农业原材料类商品期货投资比例占 6.16%，食物类商品期货投资比例占 13.36%，软饮料类商品期货投资比例占 1.44%；

（4）在实证中，笔者仅考虑对称情景树情形，且各个节点具有相同数量的子节点，并通过设定不同数目的情景来检验追踪效果的稳健性，即假

设 $|S_n| = l$，$S_n \in N$，$n \in N \setminus \{N_T\}$，$l$ 分别取 3、5、9、17、33 和 51；

（5）为了考量对追踪组合进行动态调整相对于静态持有追踪组合的优势，在实证中，笔者分别采取二～五阶段随机规划模型进行样本外检验，即 $T = 2$，3，4，5。

7.4.2 样本外追踪效果

在实证中，笔者选用2010年1月至2012年6月共30个月作为样本外动态检验期间，2001年1月至2009年12月作为首次情景生成的样本内期间。情景生成时采用逐次向后迭代的方法：如果生成未来一个阶段情景，如生成2010年1月的情景采用2001年1月至2009年12月的数据，而生成2010年2月的情景则利用2010年2月之前所有信息；如果生成未来若干个阶段情景，比如第3个阶段，则生成2010年1月的情景采用2009年10月之前的数据，生成2010年2月的情景采用2009年11月之前的数据，以此类推。

为充分考虑情景数目和投资规划期参数设置的影响，笔者采用各阶段情景数目分别为3、5、9、17、33和51的两阶段随机规划模型和各阶段情景数目为3的单至五阶段随机规划模型检验该模型的样本外追踪效果，结果如图7－2和图7－3所示。对基金管理者和投资者而言，除了考虑投资组合追踪误差尽可能小之外，也希望同时能够获得更高的超额收益。从图中可以看出，对两阶段随机规划模型，当情景数目设置超过9时，得到的追踪组合指数跟踪效果明显优于目标指数。或者，情景数目不变，增加投资规划期，也可以获得更好的追踪效果。

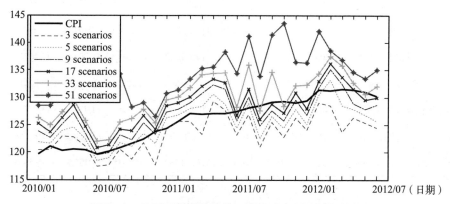

图7－2 基于不同情景数的两阶段动态随机混合整数
规划模型的追踪组合样本外追踪效果图

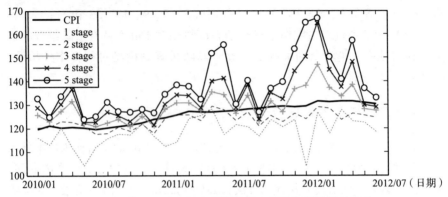

图7-3　基于不同阶段动态随机混合整数规划模型的追踪
组合样本外追踪效果图（情景数为3）

为了进一步考察大宗商品期货组合的追踪效果，本书从与目标指数的相关系数、跟踪误差和负偏离跟踪误差、收益率均值与标准差、累计收益率、月均交易成本和管理费用等方面对指数跟踪效果进行评价，结果如表7-1和表7-2所示。

表7-1　　　　基于不同情景数的两阶段动态随机混合整数规划
模型的追踪组合实际跟踪值的统计指标

	目标值	$l=3$	$l=5$	$l=9$	$l=17$	$l=33$	$l=51$
与目标值相关系数	1	0.7217	0.7577	0.7593	0.7680	0.7954	0.6880
月均跟踪误差	0	-2.3982	-0.52494	1.115474	2.395585	4.123094	8.367581
月均负偏离跟踪误差	0	-2.70624	-1.44471	-0.70207	-0.30136	-0.0747	0.0000
月均收益率（%）	0.3033	0.1847	0.2096	0.2922	0.3244	0.3926	0.4691
月均标准差（%）	0.5524	2.6931	2.3866	2.4568	2.5181	3.0053	3.0457
累积收益率（%）	9.4637	4.5920	5.6072	8.2000	9.1986	11.0186	13.5578
月均管理费用占比	NA	0.0378%	0.0378%	0.0379%	0.0379%	0.0380%	0.0380%
月均交易成本占比	NA	0.0168%	0.0162%	0.0158%	0.0157%	0.0157%	0.0156%

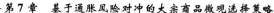

表 7-2 　　　　基于不同阶段动态随机混合整数规划模型的
追踪组合实际跟踪值的统计指标

	目标值	单阶段实际跟踪值	两阶段实际跟踪值	三阶段实际跟踪值	四阶段实际跟踪值	五阶段实际跟踪值
l = 3						
与目标值相关系数	1	0.4976	0.7217	0.6862	0.6326	0.6625
月均跟踪误差	0	-7.4003	-2.3982	3.4353	7.6604	12.7569
月均负偏离跟踪误差	0	-7.4420	-2.7062	-0.5984	-0.3011	0.0000
月均收益率（%）	0.3033	0.2120	0.1847	0.3411	0.4965	0.6510
月均标准差（%）	0.5524	6.9791	2.6931	4.7289	6.7812	7.4740
累积收益率（%）	9.4637	-0.5417	4.5920	7.2174	8.4460	11.9561
月均管理费用占比	NA	0.0380%	0.0378%	0.0395%	0.0382%	0.0396%
月均交易成本占比	NA	0.0152%	0.0168%	0.0107%	0.0135%	0.0102%
l = 5						
与目标值相关系数	1	0.5058	0.7577	0.7130	0.6586	0.6885
月均跟踪误差	0	-5.5872	-0.5249	5.3988	9.6840	14.8532
月均负偏离跟踪误差	0	-5.9154	-1.4447	-0.2578	-0.1042	0.0000
月均收益率（%）	0.3033	0.2483	0.2096	0.3599	0.5042	0.6560
月均标准差（%）	0.5524	7.0443	2.3866	4.4234	6.3973	7.0653
累积收益率（%）	9.4637	0.4237	5.6072	8.2581	9.4986	13.0427
月均管理费用占比	NA	0.0379%	0.0376%	0.0384%	0.0380%	0.0389%
月均交易成本占比	NA	0.0150%	0.0164%	0.0106%	0.0114%	0.0104%
l = 9						
与目标值相关系数	1	0.5139	0.7593	0.7197	0.6682	0.6696
月均跟踪误差	0	-4.0090	1.1155	7.1187	11.4587	14.5741
月均负偏离跟踪误差	0	-4.7262	-0.7021	-0.0694	-0.0198	0.0000
月均收益率（%）	0.3033	0.3331	0.2922	0.4453	0.5862	0.7363
月均标准差（%）	0.5524	7.0900	2.4568	4.5235	6.4096	7.5071
累积收益率（%）	9.4637	2.8892	8.2000	10.9160	12.1870	14.7048
月均管理费用占比	NA	0.0373%	0.0375%	0.0387%	0.0378%	0.0382%
月均交易成本占比	NA	0.0147%	0.0162%	0.0105%	0.0110%	0.0107%

　　从表 7-2 中可以看出：其一，不同参数设置的追踪组合都与目标指数具有高度的相关性。而且随着情景数目的增加和投资规划期的增加，更多的信息可以提高对应的指数跟踪组合与目标指数之间的相关系数。其二，当情景数目设置大于或等于 9 或投资规划期大于等于三阶段时，指数

跟踪组合与目标指数相比均具有正向月均跟踪误差，且当情景数目设置为51 或投资规划期大于等于五阶段时，指数跟踪组合与目标指数相比在样本外检测各阶段均具有正向跟踪误差，可以认为跟踪效果非常好。其三，当情景数目设置大于或等于 17 或投资规划期大于等于三阶段时，指数跟踪组合均具有比目标指数更高的收益率和累积收益率，且随着情景数目的增加和投资规划期的增加，在月均标准差保持相对稳定的情况下，指数跟踪组合的月均收益率和累积收益率都显著优于目标指数，在情景数目为 9 投资规划期为五阶段的参数设置下，指数跟踪组合累积收益率比目标指数累积收益率增加约为 55.38%。其四，从整个跟踪期间看，交易成本和管理费用较低。

上述样本外检验结果表明，基于多阶段随机规划模型所构建的大宗商品期货投资组合在较长期的投资过程中，在充分考虑各种实际约束的同时，能够以较低成本跑赢 CPI 指数，从而保证获得高于市场通胀率的较稳定的超额投资收益。

7.4.3 通胀保护能力实证检验

费舍尔（Fisher，1930）指出，同种货币计价的资产预期名义收益率也应该随预期通货膨胀率变化，而资产的实际收益率应该由资本的生产力、投资者偏好以及风险等因素决定，与预期通货膨胀无关。这种关系可以表述为：

$$1 + E(R_{jt}) = [1 + E(r_{jt})][1 + E(i_t)], \qquad 式（7.39）$$

其中，$E(R_{jt})$ 表示资产 j 的预期名义收益率，$E(r_{jt})$ 表示资产 j 的预期实际收益率，$E(i_t)$ 表示预期通货膨胀率。式（7.39）整理后可得：

$$E(R_{jt}) = E(r_{jt}) + E(i_t) + E(r_{jt})E(i_t), \qquad 式（7.40）$$

由于最后一项很小可以忽略不计，因此式（7.40）可以写为：

$$E(R_{jt}) = E(r_{jt}) + E(i_t)。 \qquad 式（7.41）$$

法马和施沃特（Fama and Schwert，1977）提出了更具实践意义的定义，这个定义在实证研究中经常被使用（Choudhry，2001；Engsted and Tanggaard，2002）。即当且仅当一项资产的名义收益率与预期通货膨胀以及未预期通货膨胀具有一一对应关系时，它方能对通胀提供完全保护。在检验方法上，法马和施沃特（Fama and Schwert，1977）采用了费舍尔（Fisher，1930）的假设，将资产名义收益率写为实际收益率与通货膨胀率

的函数，并将通货膨胀率拆分成预期和未预期两部分，即

$$E(R_{jt}|\Omega_{t-1}, i_t) = E(r_{jt}|\Omega_{t-1}) + E(i_t|\Omega_{t-1}) + [i_t - E(i_t|\Omega_{t-1})],$$

$$式（7.42）$$

其中，$E(R_{jt}|\Omega_{t-1}, i_t)$ 表示在 $t-1$ 时刻的信息集 Ω_{t-1} 下的预期名义收益率，预期通胀率 $E(i_t|\Omega_{t-1})$ 表示在期初所预期的购买力变化，而未预期通胀率 $[i_t - E(i_t|\Omega_{t-1})]$ 即实际通胀率和预期通胀率间的差项。这个关系可由如下回归方程进行检验：

$$R_{jt} = \alpha_j + \beta_j E(i_t|\Omega_{t-1}) + \gamma_j[i_t - E(i_t|\Omega_{t-1})] + \varepsilon_{jt}, \quad 式（7.43）$$

其中，常数项 α_j 代表资产 j 的实际收益率，β_j 和 γ_j 分别是待估参数，ε_{jt} 是残差项。检验资产 j 的通胀保护能力原理如下：若 $\beta_j = 1$，则表明资产 j 能够对冲预期通胀，若 $\gamma_j = 1$，则表明资产 j 能够对冲未预期通胀，若 $\beta_j = \gamma_j = 1$，则表明资产 j 具有完全的通胀保护能力，若 $\beta_j < 1$ 且 $\beta_j \neq 0$，则表明资产 j 仅能够部分地对冲预期通胀，若 $\beta_j > 1$，则表明资产 j 能够对预期通胀提供额外的保护。β_j 和 γ_j 的符号揭示了资产 j 是提供正向规避还是负向规避效果。

巴克姆、沃德和亨利（Barkham，Ward and Henry，1996）进一步将资产通胀保护能力检验分为长期和短期，采用约翰森（Johansen，1988）协整分析进行长期检验，采用法马和施沃特（Fama and Schwert，1977）框架进行短期检验。

首先基于协整分析对商品期货投资组合通胀保护能力进行长期检验。表 7-3 的协整关系检验结果表明，目标指数与跟踪组合的水平价格时间序列在 1% 的显著性水平下均存在协整关系，表明追踪组合目标指数之间存在长期均衡关系。

表 7-3　　大宗商品投资组合与目标指数协整关系检验结果

	特征值	迹统计量	最大特征根统计量	原假设的协整向量个数
两阶段 $l=3$	0.57944	32.73079	24.25290	None ***
	0.26124	8.47788	8.47788	At most 1 ***
两阶段 $l=5$	0.54092	29.68946	21.79883	None ***
	0.24558	7.89063	7.89063	At most 1 ***
两阶段 $l=9$	0.53595	29.40233	21.49729	None ***
	0.24597	7.90504	7.90504	At most 1 ***
两阶段 $l=17$	0.54159	29.94237	21.83946	None ***
	0.25128	8.10292	8.10292	At most 1 ***

	特征值	迹统计量	最大特征根统计量	原假设的协整向量个数
两阶段 $l=33$	0.56224	31.24772	23.13042	None ***
	0.25166	8.11730	8.11730	At most 1 ***
两阶段 $l=51$	0.58845	30.84514	24.85937	None ***
	0.19247	5.98577	5.98577	At most 1 **

注：①检验形式是含截距但无趋势项；②** 和 *** 分别表示在 5% 和 1% 的显著性水平下拒绝原假设，即在相应的显著性水平下认为至少有一个协整关系存在。

上述结果表明：当情景数目比较小（小于 9）时，商品期货投资组合对已预期的通货膨胀的套保效果不突出。但是只要随机规划的阶段数在两阶段以上，就可以显著对冲未预期的通货膨胀风险。商品期货投资组合之所以不能有效对冲预期通货膨胀的风险，是由于公开的宏观经济的基本面信息已经通过市场参与者的预期反映到短期资产价格中，因此随后的资产价格波动将不再包含市场已经预期到的部分，而更多的来源于新信息驱动。然而，只要基于更多信息，当情景数目比较大（大于等于 9）时，基于两阶段及其多阶段随机规划所构建的商品期货投资组合不仅可以对冲预期通胀，而且可以对未预期通胀有更为显著的对冲效果。由此可见，只要信息充分，多阶段动态调整的商品期货投资组合就具有良好的通胀保护功能，基于盯住通胀率的大宗商品战略性配置能够实现有效对冲通胀风险，有助于建立长期价格稳定机制。

接下来，采用法马和施沃特（Fama and Schwert，1977）框架对本书所构建的大宗商品投资组合对冲通胀风险的性质进行实证分析。研究中利用居民消费价格总指数（CPI）来定义通胀，年度实际通货膨胀率 i_t 由 CPI 同比数据计算。关于预期通货膨胀率的度量，目前有很多重要文献。法马和施沃特（Fama and Schwert，1977）使用滞后 1 期的 3 个月期的国库券收益率来估计预期通货膨胀率，部慧和汪寿阳（2010）将滞后 1 期的 1 年期国债的到期收益率作为预期通货膨胀率的代理指标，陈彦斌（2008）采用调查问卷方式获取预期数据，杨继生（2009）将 t 期的通胀预期用 $t+1$ 期的实际通胀率来代替，何启志和范从来（2011）基于学习模型生成通胀预期。学习型预期可以克服上述预期方法的局限性，即大众根据过去的知识形成对将来通胀的预期，并且伴随着新信息的获取增强学习能力，并不断更新通胀预期。因此，本书基于递归型学习算法（Milani，2005）形成通胀预期。从而将通货膨胀率分解为预期通货膨胀率和未预期通货膨胀率两部分，其中未预期通胀率由实际通胀率减去预期通胀率获得。经 ADF 检验，实际通胀率和预期通货膨胀率均不是平稳序列，都是 Ⅰ（1）序列，未预期通胀率是平稳序列。检验结果如表 7-4 所示。

表 7-4 　　大宗商品投资组合的收益率规避通货膨胀风险的检验结果

投资组合	α_j	β_j	γ_j	R^2	Durbin - Watson 统计量
单阶段 $l=3$	-1.651700 (2.002600)	0.462600 (0.389300)	1.366200 (1.009200)	0.187577	2.700233
单阶段 $l=5$	0.735100 (2.144800)	-0.080200 (0.424400)	1.725100 (1.254800)	0.066053	2.431031
单阶段 $l=9$	0.487900 (2.147700)	0.011400 (0.434800)	0.865100 (1.262200)	0.017346	2.502856
两阶段 $l=3$	0.486629 (0.307639)	-0.104081 (0.089778)	0.330198 (0.391885)	0.054093	2.789654
两阶段 $l=5$	0.074678 (0.362330)	0.049832 (0.081729)	0.696704 * (0.351717)	0.167609	2.669269
两阶段 $l=9$	1.121860 *** (0.391908)	-0.179323 * (0.107531)	0.815519 ** (0.411757)	0.11194	2.480075
两阶段 $l=17$	0.863077 ** (0.319476)	-0.201422 ** (0.079890)	1.042382 *** (0.272270)	0.35548	2.522396
两阶段 $l=33$	1.317717 * (0.681615)	-0.229147 * (0.141408)	1.593772 *** (0.174452)	0.767006	2.331905
两阶段 $l=51$	1.257731 ** (0.544556)	-0.266872 * (0.111682)	1.761278 *** (0.117023)	0.894192	2.414027
三阶段 $l=3$	0.631700 (0.999200)	-0.116700 (0.311400)	2.012200 * (1.064800)	0.320562	2.65991
三阶段 $l=5$	0.797800 (0.542500)	-0.162700 (0.144400)	1.816200 *** (0.575100)	0.370696	2.531311
三阶段 $l=9$	0.807600 (0.921300)	-0.188800 * (0.109700)	1.231300 *** (0.480100)	0.197005	2.593685
四阶段 $l=3$	0.220500 (0.937300)	0.422800 (0.302900)	4.423600 *** (1.014100)	0.885289	1.80665
四阶段 $l=5$	-0.670300 (0.771400)	0.180100 (0.188700)	1.386200 *** (0.425400)	0.384304	2.521679

投资组合	α_j	β_j	γ_j	R^2	Durbin – Watson 统计量
四阶段 $l=9$	1.234800 (1.242100)	– 0.194100 * (0.125200)	1.602500 *** (0.266300)	0.604997	2.579393
五阶段 $l=3$	– 1.069700 (1.497000)	0.269700 (0.324100)	2.192300 *** (0.614500)	0.328074	2.080999
五阶段 $l=5$	– 0.526100 (1.681700)	0.226300 (0.344500)	1.657200 ** (0.724500)	0.166813	2.044944
五阶段 $l=9$	– 0.338900 (0.512300)	– 0.243900 ** (0.095100)	2.770800 *** (0.388200)	0.654673	2.185566

注：*、**、*** 分别表示在10%、5%和1%置信水平下显著，（）表示标准误。

7.5 本 章 小 结

针对长期存在的通货膨胀风险，我们要做出战略安排，形成长效机制。对此，本章以盯住通胀率为目标，在充分考虑未来大宗商品期货收益和CPI指数变动不确定性的情况下，基于随机混合整数规划模型构建了具有通胀保护功能的大宗商品期货动态投资组合。通过设定下偏跟踪误差、资产配置比例、交易限制、交易成本和管理费用等约束条件，动态调整大宗商品资产配置，实时跟踪目标指数CPI，实现对通货膨胀率的有效对冲。如此形成了通胀风险对冲的微观对策。

样本外追踪效果检验结果表明，基于多阶段随机混合整数规划模型所构建的大宗商品期货投资组合在较长期的投资过程中，能够以较低成本跑赢CPI，从而保证获得高于通胀率的较稳定的超额投资收益。对通胀保护能力的检验结果表明，商品期货投资组合不仅可以对冲预期通胀，而且可以对未预期通胀提供更大的保护，能够有效对冲通胀风险，有助于建立长期价格稳定机制。

控制通胀是中国未来十年经济发展过程中的战略目标，因此要有战略视角和长期安排，尤其是要形成优化的微观机制。一方面，以主权财富基金等国有控股的机构投资者，应带头开展商品期货的战略性投资，带动其他微观主体主动构建对冲通胀的防御体系；另一方面，应当建立关键商品的具有动态调整能力的藏富于民的战略储备体系，在必要时影响国际大宗商品的交易行情，平抑其价格的过度波动。

结论与展望

在战略思维的引导下，本书多角度有重点地研究了大宗商品资产战略配置的模型方法与运作策略。运用理论分析与实证分析相结合的方法论，在以下方面获得新的认识：

第一，大宗商品资产配置应当具有战略视角，形成以战略性、安全性、流动性和收益性为原则的投资指导思想。主权财富基金和其他长期机构投资者不应当仅仅作为财务投资者，而应当是面向实体经济需求的战略投资者，应当通过国际资产的长期动态配置获取战略价值。

第二，商品资产应当成为国际资产战略配置的重心。所建立的理论模型从逻辑上证明了国际投资中商品资产特别是资源类商品与证券类投资并重对于经济增长的长期可持续性具有决定意义。本书建立了金融类资产与商品资产的混合动态配置模型，从短期需求、长期需求和跨期需求的角度经验论证了商品资产的战略配置对于提升国民效用的长期价值。

第三，丰富了对商品资产价格演化影响因素的认识。2004年实行指数化投资以来，大宗商品金融化趋势明显，其价格指数受单纯供需及库存因素的影响并不显著。从长期来看，实体经济和金融市场状况是影响国际大宗商品价格的主要因素，即经济基本面因素与商品期货价格指数具有长期动态均衡关系；供需及库存因素仍发挥作用，但影响较小。就短期而言，在实体经济因素、投机因素和供需及库存因素同时存在的条件下，投机因素是造成大宗商品市场价格波动的最主要原因；商品期货指数化投资直接加剧了市场波动，其冲击的后果具有持续性；而后危机时期美元的量化宽松是加强投机力量推动价格波动的主要外部因素，对商品期货投机行为起到推波助澜的作用。此外，中国因素不是大宗商品价格上涨与波动的主导力量，投机力量借助中国因素炒作掩盖其自身是大宗商品价格波动推手的事实。事实上，中国更是大宗商品价格波动的风险承担者。

第四，提出宏观层面的商品指数行业配置动态组合优化模型。作为第一步，运用以商品综合指数收益率和外部市场信息作为解释变量的分整自回归条件异方差模型（FIGARCH）模型刻画商品行业指数收益率及其变动特征，获得投资者对于各行业指数的收益率观点及其置信程度。作为第二步，在B—L框架中，将所获得的投资者观点与均衡收益融合，形成行业指数配置。针对DJ—UBS商品指数及其分类行业指数日度数据的组合优化和稳健性检验表明行业配置策略长期来看能够获得稳定的超额收益。

第五，提出对冲通胀风险的微观选择机制。建立盯住CPI的商品投资组合整数随机规划模型，设定下偏跟踪误差、资产配置比例、交易限制、交易成本和管理费用等约束条件，动态调整大宗商品资产配置，实时跟踪目标指数CPI。对通胀保护能力的检验结果表明，商品期货投资组合不仅可以对冲预期通胀，而且可以对未预期通胀提供更大的保护能够有效对冲通胀风险，有助于建立长期价格稳定机制。

本书的主要创新点是：

第一，提出了大宗商品资产战略配置的思路与模型框架。阐述了国际资产配置的战略性属性，构建了一个国际资产在金融资产与大宗商品之间实现混合战略配置的理论框架；从战略价值的高度、从国民效用提升和通胀风险对冲的角度分析了我国国际资产的配置领域，提出发展旨在对冲国际经济风险和服务国内经济安全的战略型国际资产配置的思路。

第二，提出了传统金融资产与商品资产混合配置的国际资产动态配置模型。针对具有不同消费偏好和不同风险厌恶水平的长期投资者在效用最大化目标下实现了国际资产的长期战略最优配置结构。

第三，提出了大宗商品资产行业配置策略和通胀风险对冲的微观选择机制。基于随机混合整数规划模型构建了具有通胀保护功能的大宗商品期货投资组合，为机构或个人投资者在既定通胀水平下应对通胀风险的微观行为提供实践支持和经验手段，填补了大宗商品资产战略配置策略的缺失。

基于上述结论，笔者提出如下政策建议：

第一，对主权财富基金和国有控股的海外长期投资基金确立战略性、安全性、流动性和收益性的指导思想，对于外汇储备的组合投资也要考虑战略性配置。从国家长期目标出发，发布资源类商品配置重点的指南和对冲通胀风险的指标。应当建立实物储备、实体投资和金融投资互补的多层次战略商品储备体系。

第二，应当从战略的高度形成防御性与主动性相结合的应对策略。以保障经济安全和稳定大宗商品价格为目标，实施国际商品指数化投资；配合产业升级的资源保障，实施商品投资的行业配置。对于行业领先的大型国有企业，结合其国际业务开展对冲输入性通胀的商品组合海外投资，并实施动态调整以保证行业运行的稳定。包括商业银行在内的金融机构应当大力研发含商品资产和金融衍生品资产的海外组合投资产品，开展具有动态调整特性的策略创新。

第三，需要完善国际资产价格波动监测体系，形成动态预警机制和加快中国商品期货市场体系建设，以获得重要资源类商品的与中国经济发展规模相适应的国际定价权份额。

大宗商品资产的战略配置是一个有研究价值的新方向。在经济不确定性的刻画、情景树生成技术改进、衍生产品的对冲效率评估、动态调整的时机选择、国际市场系统性风险的综合控制等方面需要更深入的研究，而伴随中国经济增长模式转型和人民币国际化的历史进程，我们也将面临新的挑战。

参 考 文 献

[1] Abken P A. The Economics of Gold Price Movements [J]. Federal Reserve Bank of Richmond, 1980, 3 – 13.

[2] Acharya, V. , Lochstoer, L. , Ramadorai, T. "Limits to arbitrage and hedging: Evidence from commodity markets". Working paper, NYU Stern, 2009.

[3] Allen, F. and Carletti, E. Credit Risk Transfer and Contagion [J]. Journal of Monetary Economics, 2006 (53): 89 – 111.

[4] Aloui, C. , Mabrouk, S. , 2010. Value-at-risk estimations of energy commodities via long-memory, asymmetry and fat-tailed GARCH models. Energy Policy, 38, 2326 – 2339.

[5] Akram Q. F. Commodity prices, interest rates and the dollar [J]. Energy Economics, 2009, 31 (6): 838 – 851.

[6] Aloui C. , Mabrouk S. Value-at-risk estimations of energy commodities via long-memory, asymmetry and fat-tailed GARCH models [J]. Energy Policy, 2010, 38 (5): 2326 – 2339.

[7] Anzuini, A, Lombardi, M J, Pagano, P. The impact of monetary policy shocks on commodity prices. Bank of Italy Temi di Discussione, Working Paper, 2012, No. 851.

[8] Arshanapalli B. , Doukas J. , Lang L. H. P. Common volatility in the industrial structure of global capital markets [J]. Journal of Interactional Money and Finance, 1997, 16 (2): 189 – 209.

[9] Baffes J. Oil spills on other commodities [J]. Resources Policy, 2007, 32 (3): 126 – 134.

[10] Baillie R. T. , Han Y. W. , Myers R. J. , Song J. Long memory models for daily and high frequency commodity futures returns [J]. Journal of Futures Markets, 2007, 27 (7): 643 – 668.

[11] Baillie R. T. , Bollerslev T. , Mikkelsen H. O. Fractionally integrated generalized autoregressive conditional heteroskedasticity [J]. Journal of Econometrics, 1996, 74 (1), 3 – 30.

[12] Baker S, Bloom N, Davis S. Measuring Economic Policy Uncertainty [EB/OL]. Working paper, Chicago Booth Research Paper, 2013, No. 13 – 02.

[13] Balduzzi P. , Lynch A. Transaction cost and predictability: some utility cost calculations [J]. Journal of Financial Economics, 1999, 52 (1): 47 – 78.

[14] Banerjee, S. , Heshmati, A. and Wihlborg, C. The Dynamic of Capital Structure [J]. Research in Banking and Finance, 2004 (4): 275 – 297.

[15] BanseM. , VanMeijl H. , Tabeau A. Will EU biofuel policies affect global agricultural markets? [J]. European Review of Agricultural Economics, 2008, 2: 117 – 141.

[16] Barberis N. C. Investing for the long run when returns are predictable [J]. The Journal of Finance, 2000, 55 (1): 225 – 264.

[17] Barkoulas J. , Labys W. , Onochie J. Fractional dynamics in international commodity prices [J]. Journal of Futures Markets, 1997, 17 (2): 161 – 189.

[18] Barkham R. J. , Ward, C. W. R. , Henry, O. T. The Inflation Hedging Characteristics of U. K. Property [J]. Journal of Property Finance, 1996, 7 (1): 62 – 76.

[19] Barro, R J, Gordon D. B. Rules, discretion, and reputation in a model of monetary policy [J]. Journal of Monetary Economics, 1983, 12, pp. 101 – 121.

[20] Barsky R, Kilian L. Oil and the macroeconomy since the 1970s. Working paper, National Bureau of Economic Research, 2004, No. 10855.

[21] Barsky R B, Kilian L. Do we really know that oil caused the great stagflation? A monetary alternative [J]. NBER Macroeconomics Annual 2001, 16. MIT Press, 2002, pp. 137 – 198.

[22] Batten J. A. , Ciner C. , Lucey B. M. The macroeconomic determinants of volatility in precious metals markets [J]. Resources Policy, 2010, 35

(2): 65 –71.

[23] Bauer M D, Neely C J. International channels of the Fed's unconventional monetary policy [J]. Journal of International Money and Finance, 2014, 44, pp. 24 –46.

[24] Baur D G, Lucey B M. Is Gold a Hedge or a Safe Haven? An Analysis of Stocks, Bonds and Gold [J]. Financial Review, 2010, 45 (2): 217 – 229.

[25] Baur D G, McDermott T K. Is Gold a Safe Haven? International Evidence [J]. Journal of Banking & Finance, 2010, 34 (8): 1886 –1898.

[26] Beach S. L. , Orlov, A. G. An application of the Black – Litterman model with EGARCH – M – derived views for international portfolio management [J]. Financial Markets and Portfolio Management, 2007, 21 (2): 147 –166.

[27] Bekaert G. , Harvey C. R. , Ng A. Market Integration and Contagion [J]. The Journal of Business, 2005, 78 (1): 39 –69.

[28] Belke A. , Bordon I. G. , Hendricks T. W. Global liquidity and commodity prices: A cointegrated VAR approach for OECD countries [J]. Applied Financial Economics, 2009, 20 (3): 227 –242.

[29] Beller K. R. , Kling J. L. , Levinson M. J. Are industry stock returns predictable? [J]. Financial Analysts Journal, 1998, 54 (5): 42 –57.

[30] Bernanke B. S. , Kuttner, K. N. What explains the stock market's reaction to Federal Reserve policy? [J]. The Journal of Finance, 2005, 60 (3): 1221 –1257.

[31] Bernanke B. , Boivin J. , Eliasz P. Measuring monetary policy: A factor augmented vector autoregressive (FAVAR) approach [J]. Quarterly Journal of Economics, 2005, 120 (1): 387 –422.

[32] Bhar R. , Hammoudeh S. Commodities and financial variables: Analyzing relationships in a changing regime environment [J]. International Review of Economics & Finance, 2011, 20 (4): 469 –484.

[33] Black F. , Litterman R. Asset allocation: Combining investor views with market equilibrium [J]. The Journal of Fixed Income, 1991, 1 (2): 7 – 18.

[34] Black F. , Litterman R. Global portfolio optimization [J]. Financial Analysts Journal, 1992, 48 (5): 28 –43.

[35] Blamont D. , Firoozye N. Asset allocation model [J]. Global Market Research: Fixed Income Research. Deutsche Bank, 2003, 7: 15 – 23.

[36] Bodie Z. , Rosansky V. I. Risk and return in commodity futures [J]. Financial Analysts Journal, 1980, 36 (3): 27 – 39.

[37] Boivin J. , Giannoni M. P. , Mihov I. Sticky prices and monetary policy: Evidence from disaggregated US data [J]. The American Economic Review, 2009, 99 (1): 350 – 384.

[38] Browne F. , Cronin D. Commodity prices, money and inflation [J]. Journal of Economics and Business, 2010, 62 (4): 331 – 345.

[39] Bullard J, Mitra K. Learning about monetary policy rules [J]. Journal of Monetary Economics, 2002, 49, pp. 1105 – 1129.

[40] Büyükşahin B. , Robe M. Speculators, commodities and cross – market linkages [EB/OL]. http: //ssrn. com/abstract = 1707103, 2012.

[41] Büyükşahin B. , Haigh M. S. , Robe M. A. Commodities and equities: Ever a "Market of one"? [J]. Journal of Alternative Investments, 2010, 12 (3): 76 – 95.

[42] Büyükşahin B. , Harris J. H. The role of speculators in the crude oil futures market [R]. Working Paper, US Commodity Futures Trading Commission, Washington, DC, 2009.

[43] Cai J, Cheung Y L, Wong M. What Moves the Gold Markets? [J]. Journal of Future Markets, 2001, 21 (3): 257 – 278 .

[44] Campa J. M. , Fernandes N. Sources of gains from international portfolio diversification [J]. Journal of Empirical Finance, 2006, 13 (4 – 5): 417 – 443.

[45] Campbell J. Y. Stock returns and the term structure [J]. Journal of Financial Economics, 1987, 18 (2): 373 – 399.

[46] Campbell J. Y. A variance decomposition for stock returns [J]. Economic Journal, 1991, 101: 157 – 179.

[47] Campbell J. Y. Understanding risk and return [J]. Journal of Political Economy, 1996, 104: 298 – 345.

[48] Campbell, J. Y. , Chan, Y. L. , Viceira, L. M. A multivariate model of strategic asset allocation [J]. Journal of Financial Economics, 2003, 67 (1): 41 – 80.

［49］ Campbell J. Y. , Shiller, R. J. The dividend-price ratio and expectations of future dividends and discount factors ［J］. Review of Financial Studies, 1988, 1 （3）: 195 – 228.

［50］ Campbell J. , Shiller, R. J. Yield spreads and interest rate movements: a bird's eye view ［J］. Review of Economic Studies, 1991, 57 （3）: 495 – 514.

［51］ Campbell J. Y. , Viceira L. M. Strategic asset allocation: Portfolio choice for long-term investors ［M］. New York: Oxford University Press, 2002.

［52］ Campbell J. Y. , Yogo M. Efficient tests of stock return predictability ［J］. Journal of Financial Economics, 2006, 81 （1）: 27 – 60.

［53］ Campiche J. L. , Bryant H. L. , Richardson J. W. , Outlaw J. L. Examining the evolving correspondence between petroleum prices and agricultural commodity prices ［C］. The American Agricultural Economics Association Annual Meeting, Portland, OR. July 29 – August 1, 2007.

［54］ Capie F, Mills T C, Wood G. Gold as a Hedge against the Dollar ［J］. Journal of International Financial Markets, Institutions and Money, 2005, 15 （4）: 343 – 352.

［55］ Cavaglia S. , Brightman C. , Aked M. The increasing importance of industry factors ［J］. Financial Analysts Journal, 2000, 56 （5）: 41 – 54.

［56］ Cavaglia S. M. F. G. , Cho D. , Singer B. D. Risks of sector rotation strategies ［J］. The Journal of Portfolio Management, 2001, 27 （4）: 35 – 44.

［57］ Caballero R. J. , Farhi E. , Gourinchas P. O. Financial crash, commodity prices and global imbalances ［R］. National Bureau of Economic Research, 2008.

［58］ Chan L. K. C. , Jegadeesh N. , Lakonishok J. Momentum strategies ［J］. The Journal of Finance, 1996, 51 （5）: 1681 – 1713.

［59］ Chan K. F. , Treepongkaruna S. , Brooks R. , et al. Asset market linkages: Evidence from financial, commodity and real estate assets ［J］. Journal of Banking & Finance, 2011, 35 （6）: 1415 – 1426.

［60］ Chng M. T. Economic linkages across commodity futures: hedging and trading implications ［J］. Journal of Banking & Finance, 2009, 33 （5）: 958 – 970.

［61］ Chong J. , Miffre J. Conditional correlation and volatility in commodity futures and traditional asset markets [J]. Journal of Alternative Investments, 2010, 12 (13): 61 –75.

[62] Choudhry T. Inflation and rates of return on stocks: Evidence from high inflation countries [J]. Journal of International Financial Markets, Institutions & Money, 2001, 11 (1): 75 –96.

[63] Christie – David R, Chaudhry M, Koch T W. Do Macroeconomics News Releases affect Gold and Silver Prices? [J]. Journal of Economics and Business, 2000, 52 (5): 405 –421.

[64] ChuK. Y. , Morrison T. K. The 1981 –82 recession and non-oil primary commodity prices [J]. Staff Papers-International Monetary Fund, 1984, 31 (1): 93 –140.

[65] Chu K. Y. , Morrison T. K. World non-oil primary commodity markets: A medium-term framework of analysis [J]. Staff Papers-International Monetary Fund, 1986, 33 (1): 139 –184.

[66] Clarida R, Gal J, Gertler M. The science of monetary policy: anew Keynesian perspective [J]. Journal of Economic Perspectives, 1999, 37, pp. 1661 –1707.

[67] Cochran S. , Mansur I. , Odusami B. Volatility persistence in metal returns: A FIGARCH approach [J]. Journal of Economics and Business, 2012, 64 (4): 287 –305.

[68] Conover C. M. , Jensen G. R. , Johnson, R. R. , Mercer J. M. Sector rotation and monetary conditions [J]. The Journal of Investing, 2008, 17 (1): 34 –46.

[69] Conover C. M. , Jensen G. R. , Johnson R. R. , Mercer J. M. Is now the time to add commodities to your portfolio? [J]. Journal of Investing, 2010, 19 (3): 10 –19.

[70] Crato N. , Ray B. Memory in Returns and Volatilities of Futures Contracts [J]. Journal of Futures Markets, 2000, 20: 525 –543.

[71] DeBondt W. F. M. , Thaler H. Does the stock market overreact? [J]. The Journal of Finance, 1985, 40 (3): 793 –805.

[72] DeBondt W. F. M. , Thaler H. Further evidence on investor overreaction and stock market seasonality [J]. The Journal of Finance, 1987, 42 (3): 557 –581.

［73］Deaton A. , Laroque G. On the behavior of commodity prices ［J］. Review of Economic Studies, 1992, 59 (1): 1 – 23.

［74］Deaton A. , Laroque G. Competitive storage and commodity price dynamics ［J］. Journal of Political Economy, 1996, 104 (5): 896 – 923.

［75］Domanski D. , Heath A. Financial investors and commodity markets ［J］. BIS Quarterly Review, March, 2007.

［76］Dornbusch R. Expectations and exchange rate dynamics ［J］. Journal of Political Economy, 1976, 84 (6): 1161 – 1176.

［77］Dornbusch R. Exchange Rate Economics: 1986 ［J］. Economic Journal, 1986, 97 (385): 1 – 18.

［78］Drobetz W. How to avoid pitfalls in portfolio optimization? Putting the Black – Litterman approach at work ［J］. Financial Markets and Portfolio Management, 2001, 15 (1): 59 – 75.

［79］Einloth J. T. Speculation and recent volatility in the price of oil ［EB/OL］. http: //dx. doi. org/10. 2139/ssrn. 1488792, August 1, 2009.

［80］Elder J. , Jin H. J. Long memory in commodity futures volatility: A wavelet perspective ［J］. Journal of Futures Markets, 2007, 27 (5): 411 – 437.

［81］Elder J, Miao H, Ramchander S. Impact of Macroeconomic News on Metal Futures ［J］. Journal of Banking & Finance, 2012, 36 (1): 51 – 65.

［82］Engsted T. , Tanggaard C. The relation between asset returns and inflation at short and long horizons ［J］. Journal of International Financial Markets, Institutions and Money, 2002, 12 (2): 101 – 118.

［83］Epstein L. , Zin S. Substitution, risk aversion, and the temporal behavior of consumption and asset returns: A theoretical framework ［J］. Econometrica, 1989, 57: 937 – 969.

［84］Epstein L. , Zin S. Substitution, risk aversion, and the temporal behavior of consumption and asset returns: An empirical investigation ［J］. Journal of Political Economy, 1991, 99: 263 – 286.

［85］Erb C B, Harvey C R. The Golden Dilemma ［EB/OL］. Working paper, National Bureau of Economic Research, 2013, No. 18706.

［86］Erb C. B. , Harvey C. R. The strategic and tactical value of commodity futures [J]. Financial Analysts Journal, 2006, 62: 69 –97.

[87] Evans, GW, McGoughB. Monetary policy, stable indeterminacy and inertia [J]. Economics Letters, 2005, 87, pp. 1 –7.

[88] Fama E. F. The information in the term structure [J]. Journal of Financial Economics, 1984, 13: 509 –528.

[89] Fama E. F. , French K. Dividend yields and expected stock returns [J]. Journal of Financial Economics, 1988, 22: 3 –27.

[90] Fama E. F. , French K. Business conditions and expected returns on stocks and bonds [J]. Journal of Financial Economics, 1989, 25: 23 –49.

[91] Fama E. F. , Schwert G. W. Asset returns and inflation [J]. Journal of Financial Economics, 1977, 5 (2): 115 –146.

[92] Figuerola – Ferretti I. , Gilbert C. L. Commonality in the LME aluminum and copper volatility processes through a FIGARCH lens [J]. Journal of Futures Markets, 2008, 28: 935 –962.

[93] Fisher, I. The theory of interest [M]. New York: MacMillan, 1930.

[94] Forbes K. J. , Rigobon R. No contagion, only interdependence: Measuring stock market co movements [J]. The Journal of Finance, 2002, 57: 2223 –2261.

[95] Frankel J. A. The effect of monetary policy on real commodity prices [M]. Asset prices and monetary policy, InJ. Campbell, ed, University of Chicago Press, 2008, 291 –327.

[96] Frankel J A. The effect of monetary policy on real commodity prices. Working paper, National Bureau of Economic Research, 2006, No 12713.

[97] Frankel J. A. Expectations and commodity price dynamics: the overshooting model [J]. American Journal of Agricultural Economics, 1986, 68 (2): 344 –348.

[98] Frankel J A. Commodity prices and money: lessons from international finance [J]. American Journal of Agricultural Economics, 1984, 66 (5), 560 –566.

[99] Frankel J. A. , Hardouvelis G. A. Commodity prices, money surprises and fed credibility [J]. Journal of Money, Credit and Banking, 1985, 17

(4): 425 – 438.

[100] Fuertes A. M. , Miffre J. , Rallis G. Tactical allocation in commodity futures markets: combining momentum and term structure signals [J]. Journal of Banking & Finance, 2010, 34: 2530 – 2548.

[101] Gagnon J, Raskin M, Remache J, et al. Large-scale asset purchases by the Federal Reserve: did they work? . Working paper, FRB of New York Staff Report, 2010 (441).

[102] Gaivoronski, A. A. , Krylov, S. , Van der Wijst, N. Optimal portfolio selection and dynamic benchmark tracking [J]. European Journal of Operational Research, 2005, 163: 115 – 31.

[103] Geman H. , Kharoubi C. WTI crude oil futures in portfolio diversification: The time-to-maturity effect [J]. Journal of Banking & Finance, 2008, 32: 2553 – 2559.

[104] Georgiev G. Benefits of commodity investment [J]. Journal of Alternative Investments, 2001, 4: 40 – 48.

[105] Gilbert C. L. The impact of exchange rates and developing country debt on commodity prices [J]. Economic Journal, 1989, 99 (397): 773 – 784.

[106] Gilbert C. L. Speculative influences on commodity futures prices 2006 – 2008 [C]. United Nations Conference on Trade and Development, 2009.

[107] Gilbert C. L. How to understand high food prices [J]. Journal of Agricultural Economics, 2010, 61: 398 – 425.

[108] Glick R, Leduc S. Central bank announcements of asset purchases and the impact on global financial and commodity markets [J]. Journal of International Money and Finance, 2012, 31 (8): 2078 – 2101.

[109] Glosten L. R. , Jagannathan R. , Runkle D. On the relation between the expected value and the volatility of the nominal excess return on stocks [J]. The Journal of Finance, 1993, 48: 1779 – 1801.

[110] Gohin A. , Chantret F. The long-run impact of energy prices on world agricultural markets: the role of macro-economic linkages [J]. Energy Policy, 2010, 38: 333 – 339.

[111] Gorton, G. , Hayashi, F. , Rouwenhorst, G. The fundamentals

of commodity futures returns. Working paper, Yale University, 2007.

[112] Gorton G. B. , Rouwenhorst G. K. Facts and fantasies about commodity futures [J]. Financial Analysts Journal, 2006, 62: 47 – 68.

[113] Gospodinov N, Jamali I. 2013. Monetary policy surprises, positions of traders, and changes in commodity futures prices [W]. Federal Reserve Bank of Atlanta working paper, No. 2013 – 12.

[114] Greely D, Currie J. Speculators, Index Investors, and Commodity Prices [J]. Goldman Sachs Commodities Research, 2008, June 29th.

[115] Gupta R. , Jurgilas M. , Kabundi A. The effect of monetary policy on real house price growth in South Africa: A factor augmented vector autoregression (FAVAR) approach [J]. Economic Modeling, 2010, 27: 315 – 323.

[116] Hamilton, J. Causes and consequences of the oil shock of 2007 – 2008. Working paper, UC San Diego, 2009.

[117] Hammoudeh S. , Sari R. , Ewing B. T. Relationships among strategic commodities and with financial variables: A new look [J]. Contemporary Economic Policy, 2008, 27: 251 – 264.

[118] Harrison J. M. , Kreps D. M. Martingales and arbitrage in multiperiod securities markets [J]. Journal of Economic Theory, 1979, 20 (3): 381 – 408.

[119] Harri A. , Nalley L. , Hudson D. The relationship between oil, exchange rates, and commodity prices [J]. Journal of Agricultural and Applied Economics, 2009, 41 (2): 501 – 510.

[120] Harvey, C. R. Time-varying conditional covariances in tests of asset pricing models [J]. Journal of Financial Economics, 1989, 22: 305 – 334.

[121] Harvey, C. R. The world price of covariance risk [J]. The Journal of Finance, 1991, 46: 111 – 157.

[122] He G. , Litterman R. The intuition behind Black – Litterman model portfolios. Working paper, Investment Management Research, Goldman Sachs, 1999.

[123] Hess D. , Huang H. , Niessen A. How do commodity futures respond to macroeconomic news? [J]. Journal of Financial Markets and Portfolio Management, 2008, 22 (2): 127 – 146.

[124] Heston S. L. , Rouwenhorst K. G. Does industrial structure explain

the benefits of international diversification? Journal of Financial Economics, 1994, 36 (1): 3 – 27.

[125] Hodrick R. J. Dividend yields and expected stock returns: Alternative procedures for inference and measurement [J]. Review of Financial Studies, 1992, 5: 357 – 386.

[126] Hong H., Yogo M. What does futures market interest tell us about the macroeconomy and asset prices? [J]. Journal of Financial Economics, 2012, 105 (3): 473 – 490.

[127] Hong, H., Yogo, M. Digging into commodities. Working paper, Princeton University, 2009.

[128] Honga H., Torousb W., Valkanovb R. Do industries lead stock markets? [J] Journal of Financial Economies, 2007, 83 (2): 367 – 396.

[129] Hua P. On primary commodity prices: The impact of macroeconomic monetary shocks [J]. Journal of Policy Modeling, 1998, 20 (6): 767 – 790.

[130] Hwang H. Two-step estimation of a factor model in the presence of observable factors [J]. Economics Letters, 2009, 105 (3): 247 – 249.

[131] Hyun – Joung J. A long memory conditional variance model for international grain markets [J]. Journal of Rural Development, 2008, 31: 81 – 103.

[132] Idzorek T. A step-by-step guide to the Black – Litterman model: Incorporating user-specified confidence levels. Working paper, Duke University, 2004.

[133] Idzorek T. M. Commodities and strategic asset allocation. In: Till, H., Eagleeye, J. (Eds.), Intelligent Commodity Investing. Risk Books, London, 2007.

[134] Idzorek T. M. Strategic asset allocation and commodities. Ibboston Associates Reports, 2008.

[135] IFSWF (The International Forum of Sovereign Wealth Funds). Sovereign Wealth Funds and Recipient Country Policies: Report by the Investment Committee, April 2008.

[136] Inamura Y., Kimata T. Recent surge in global commodity prices [J]. Bank of Japan Review, March, 2011.

[137] Jegadeesh N. Evidence of predictable behavior of security returns [J]. The Journal of Finance, 1990, 45 (3): 881 –898.

[138] Jegadeesh N. , Titman S. Returns to buying winners and selling losers: Implications for stock market efficiency [J]. The Journal of Finance, 1993, 48 (1): 65 –91.

[139] Jegadeesh N. , Titman, S. Profitability of momentum strategies: an evaluation of alternative explanations [J]. The Journal of Finance, 2001, 56 (2): 699 –720.

[140] Jennings, R. H. and Brown, D. P. On Technical Analysis [J]. The Review of Financial Studies, 1989, 2 (4): 527 –551.

[141] Jensen G. R. , Johnson R. R. , Mercer J. M. Efficient use of commodity futures in diversified portfolios [J]. Journal of Futures Markets, 2000, 20: 489 –506.

[142] Jensen G. R. , Johnson R. R. , Mercer J. M. Tactical asset allocation and commodity futures [J]. The Journal of Portfolio Management, 2002, 28 (4): 100 –111.

[143] Ji F. , Fan Y. How does oil price volatility affect non-energy commodity markets? [J]. Applied Energy, 2012, 89: 273 –280.

[144] Jin H. J. , Frechette D. L. Fractional integration in agriculture future price volatilities [J]. American Journal of Agriculture Economics, 2004, 86 (2): 432 –443.

[145] Johannsen, B K. When are the Effects of Fiscal Policy Uncertainty Large? [EB/OL]. Working Paper, Northwest University, 2013.

[146] Johansen S. Statistical analysis of cointegration vectors [J]. Journal of Economic Dynamics and Control, 1988, 12 (2): 231 –254.

[147] Johnson T C, Lee J. On the Systematic Volatility of Unpriced Earnings [J]. Journal of Financial Economics, 2014, 114 (1): 84 –104.

[148] Jondeau E. , Rockinger M. Are practitioners right? On the relative importance of industrial factors in international stock returns [J]. Journal of Real Estate Research, 2004, 26 (2): 161 –201.

[149] Jones P M, Olson E. The Time-varying Correlation between Uncertainty, Output, and Inflation: Evidence from a DCC – GARCH model [J]. Economics Letters, 2013, 118 (1): 33 –37.

[150] Joy M. Gold and the US Dollar: Hedge or Haven [J]? Finance Research Letters, 2011, 8 (3): 120 – 131.

[151] Kandel S. , Stambaugh R. F. On the predictability of stock returns: an asset-allocation perspective. The Journal of Finance, 1996, 51 (2): 385 – 424.

[152] Kilian L. Not all oil price shocks are alike: Disentangling demand and supply shocks in the crude oil market [J]. American Economic Review, 2009, 99: 1053 – 1069.

[153] Kim T. S, Omberg E. Dynamic nonmyopic portfolio behavior [J]. Review of financial studies, 1996, 9 (1): 141 – 161.

[154] King B. F. Market and industry factors in stock price behavior [J]. The Journal of Business, 1966, 39 (1): 139 – 190.

[155] Krichene N. Recent inflationary trends in world commodities markets [M]. International Monetary Fund, 2008.

[156] Krishnamurthy A, Vissing – Jorgensen A. The ins and outs of LSAPs. In Federal Reserve Bank of Kansas City's Jackson Hole Symposium on the Global Dimensions of Unconventional Monetary Policy, Jackson Hole, Wyoming, August. 2013.

[157] Krishnamurthy A, Vissing – Jorgensen A. The effects of quantitative easing on interest rates: channels and implications for policy. NBER Working Paper, 2011, No 17555.

[158] Krishnan H. , Mains N. The two-factor Black – Litterman model. Risk – London – Risk Magazine Limited, 2005, 18 (7): 69.

[159] Krugman P. 2008. Fuels on the hill. The New York Times, June 27.

[160] Kydland F E, Prescott E C. Rules rather than discretion: the inconsistency of optimal plans [J]. Journal of Political Economy, 1977, 85, pp. 473 – 491.

[161] Lebo M J, Box – Steffensmeier J M. Dynamic Conditional Correlations in Political Science [J]. American Journal of Political Science, 2008, 52 (3): 688 – 704.

[162] LeeW. Theory and methodology of tactical asset allocation [M]. Wiley, 2000.

［163］ Lessard D. R. World, national, and industry factors in equity returns ［J］. The Journal of Finance, 1974, 29 (2): 379 – 391.

［164］ Lewellen J. Predicting returns with financial ratios ［J］. Journal of Financial Economics, 2004, 74 (2): 209 – 235.

［165］ Lien D, Yang L. 2009. Intraday Return and Volatility Spill-over across International Copper Futures Markets ［J］. International Journal of Managerial Finance, 2009, 5 (1): 135 – 149.

［166］ Lynch A. W. Portfolio choice and equity characteristics: Characterizing the hedging demands induced by return predictability. Journal of Financial Economics, 2001, 62 (1): 67 – 130.

［167］ Lynch A. W. , Balduzzi P. Transaction costs and predictability: the impact on portfolio choice. The Journal of Finance, 2000, 55 (5): 2285 – 2310.

［168］ Mankert C. The Black – Litterman model: Mathematical and behavioral finance approaches towards its use in practice ［Z］. KTH, Industrial Economies and Management, 2006.

［169］ Marshall B. R. , Cahan R. H. , Cahan J. M. Can commodity futures be profitably traded with quantitative market timing strategies? ［J］. Journal of Banking & Finance, 2008, 32 (9): 1810 – 1819.

［170］ McAleer M. , Chang C. L. , Tansuchat R. Modelling long memory volatility in agricultural commodity futures returns. KIER Discussion Paper, Institute of Economic Research, Kyoto University, 2012.

［171］ McCalla A F. World food prices: Causes and consequences ［J］. Canadian Journal of Agricultural Economics/Revue canadienned'agroeconomie, 2009, 57 (1): 23 – 34.

［172］ McCallum BT, NelsonE. An optimizing IS – LM specification for monetary policy and business cycle analysis ［J］. Journal of Money, Credit, and Banking, 1999, 31, pp. 296 – 316.

［173］ Meyers S. A re-examination of market and industry factors in stock price behavior ［J］. The Journal of Finance, 1973, 28 (3): 695 – 705.

［174］ Miffre J. , Rallis G. Momentum strategies in commodity futures markets ［J］. Journal of Banking & Finance, 2007, 31: 1863 – 1886.

［175］ Milani F. Adaptive Learning and Inflation Persistence. Working Paper, University of California-Irvine, 2005.

[176] Milani F. Expectaions, learning and macroeconomic persistence. Working Paper, University of California-Irvine, 2005.

[177] Moskowitz T. J. , Grinblatt M. Do industries explain momentum? [J]. The Journal of Finance, 1999, 54 (4): 1249 – 1290.

[178] OECD. Sovereign wealth funds and recipient country policies. Investment Committee Report, 4, April, 2008.

[179] O'Neal, E. S. Institute industry momentum and sector mutual funds [J]. Financial Analysts Journal, 2000, 56 (4): 37 – 49.

[180] Orensztein E. , Reinhar C. The macroeconomic determinants of commodity prices [J]. Staff Papers-International Monetary Fund, 1994, 41 (2): 236 – 261.

[181] Orphanides A, Williams J C. The decline of activist stabilization policy: Natural rate misperceptions, learning, and expectations [J]. Journal of Economic Dynamics and Control, 2005, 29 (11), pp. 1927 – 1950.

[182] Parks R. W. Inflation and relative price variability [J]. The Journal of Political Economy, 1978, 86 (1): 79 – 95.

[183] Pindyck R. S. , Rotemberg J. J. The excess co-movement of commodity prices [J]. Economic Journal, 1990, 100 (403): 1173 – 1189.

[184] Weiss R. Global sector rotation: New look at an old idea. Financial Analysts Journal, 1998, 54 (3): 6 – 8.

[185] Rapach D. E. , Wohar M. E. Multi-period portfolio choice and the intertemporal hedging demands for stocks and bonds: International evidence [J]. Journal of International Money and Finance, 2009, 28 (3): 427 – 453.

[186] Reboredo J C. Is gold a Hedge or Safe Haven against Oil Price Movements? [J]. Resources Policy, 2013, 38 (2): 130 – 137.

[187] Roache S. Commodities and the market price of risk. IMF Working Paper, 2008.

[188] Roache S. , Rossi M. The effects of economic news on commodity prices [J]. The Quarterly Review of Economics and Finance, 2010, 50 (3): 377 – 385.

[189] Roache S K, Rossi M. The Effects of Economic News on Commodity Prices: Is Gold Just Another Commodity? [EB/OL]. Working paper, Inter-

national Monetary Fund, 2009.

[190] Roache, S K, Rousset, M M V. Unconventional monetary policy and asset price risk [J]. International Monetary Fund, 2013, No. 13 – 190.

[191] Rogoff K. The optimal degree of commitment to an intermediate monetary target [J]. Quarterly Journal of Economics, 1985, 4 (12), pp. 1169 – 1189.

[192] Roll R. Industrial structure and the comparative behavior of international stock market indices [J]. The Journal of Finance, 1992, 47 (1): 3 – 41.

[193] Sanders D. R. , Irwin S. H. , Merrin R. P. Smart money: The forecasting ability of CFTC large traders in agricultural futures markets [J]. Journal of Agricultural and Resource Economics, 2009, 34 (2): 276 – 296.

[194] Sanders D. R. , Irwin S. H. , Merrin R. P. The adequacy of speculation in agricultural futures markets: Too much of a good thing? [J]. Applied Economic Perspectives and Policy, 2010, 32 (1): 77 – 94.

[195] Sari R. , Hammoudeh S. , Soytas U. Dynamics of oil price, precious metal prices, and exchange rate [J]. Energy Economics, 2010, 32 (2): 351 – 362.

[196] Satchell S. , Scowcroft A. A demystification of the Black – Litterman model: Managing quantitative and traditional construction [J]. Journal of Asset Management, 2000, 1 (2): 138 – 150.

[197] Scherer B. , He L. The diversification benefits of commodity futures indices: A mean variance spanning test. In: Fabozzi, F. J. , Füss, R. , Kaizer, D. G. (Eds.), The Handbook of Commodity Investing. John Wiley & Sons Inc. , Hoboken, New Jersey, 2008.

[198] Schiereck D. , DeBondt W. , Weber M. Contrarian and momentum strategies in Germany. Financial Analysts Journal, 1999, 55 (6): 104 – 116.

[199] Scrimgeour, D. Commodity Price Responses to MonetaryPolicy Surprises. Mimeo, Colgate University, New York, 2010.

[200] Sephton P. Fractional integration in agricultural futures price volatilities revisited [J]. Agricultural Economics, 2009, 40 (1): 103 – 111.

[201] Shafiee, S, Topal, E. An Overview of Global Gold Market and Gold Price Forecasting [J]. Resources Policy, 2010, 35 (3): 178 – 189.

[202] Shen Q. , Szakmary A. C. , Sharma S. C. An examination of momentum strategies in commodity futures markets [J]. Journal of Futures Markets, 2007, 27 (3): 227 –256.

[203] Shiller R. J. , Campbell J. Y. , Schoenholtz K. L. Forward rates and future policy: interpreting the term structure of interest rates. Brookings Papers on Economic Activity, 1983, 1: 173 –217.

[204] Silvennoinen A. , Trorp S. Financialization, crisis and commodity correlation dynamics [J]. Journal of International Financial Markets, Institutions and Money, 2013, 24: 42 –65.

[205] Sorensen E. , Burke T. Portfolio returns from active industry group rotation [J]. Financial Analysts Journal, 1986, 42 (5): 43 –50.

[206] Souček, M. Crude Oil, Equity and Gold Futures Open Interest Co – Movements [J]. Energy Economics, 2013, 40: 306 –315.

[207] Soytas U. , Sari R. , Hammodeh S. , Hacihasanoglu E. World oil prices, precious metal prices and macro economy in Turkey [J]. Energy Policy, 2009, 37 (12): 5557 –5566.

[208] Stock J. , Watson M. Forecasting using principal components from a large number of predictor [J]. Journal of the American Statistical Association, 2002, 97 (460): 1167 –1179.

[209] Stoll H. R. , Whaley R. E. Commodity index investing and commodity futures prices [J]. Journal of Applied Finance, 2010, 20 (1): 7 – 46.

[210] Swanson E T, Reichlin L, Wright J H. Let's Twist Again: A High – Frequency Event – Study Analysis of Operation Twist and Its Implications for QE2 [with Comments and Discussion]. Brookings Papers on Economic Activity, 2011, pp. 151 –207.

[211] Szakmary A. C. , Shen Q. , Sharma S. C. Trend-following trading strategies in commodity futures: A re-examination [J]. Journal of Banking & Finance, 2010, 34 (2): 409 –426.

[212] Tang K. , Xiong W. Index investment and financial of commodities [J]. Financial Analyst Journal, 2012, 68: 54 –74.

[213] Till H. Has there been excessive speculation in the US oil futures markets? What can we (carefully) conclude from new CFTC data? EDHEC Po-

sition Paper, EDHEC Risk Institute, November, 2009.

[214] Tokgoz S. The impact of energy markets on the EU agricultural sector. Working paper, Center for Agricultural and Rural Development, Iowa State University, 2009.

[215] Trostle R. Global agricultural demand and supply: Factors contributing to the recent increase in food commodity price. Report of USDA Economic Research Service, WRS – 0801, May 2008.

[216] Tse, Y K. A Test for Constant Correlations in a Multivariate – GARCH Model [J]. Journal of Econometrics, 2000, 98: 107 – 27.

[217] Tully E. , Lucey B. A power GARCH examination of the gold market [J]. Research in International Business and Finance, 2007, 21 (2): 316 – 325.

[218] Vargas – Silva C. The effect of monetary policy on housing: A factor augmented vector autoregression (FAVAR) approach [J]. Applied Economics Letters, 2008, 15 (10): 749 – 752.

[219] Walsh, C. E. Optimal Contracts for Central Bankers [J]. American Economic Review, 1995, 85 (1), pp. 150 – 167.

[220] Wang Y S, Chueh Y L. Dynamic Transmission Effects between the Interest Rate, the US dollar, and Gold and Crude Oil Prices [J]. Economic Modelling, 2013, 30: 792 – 798.

[221] Wright J H. What does Monetary Policy do to Long-term Interest Rates at the Zero Lower Bound? [J] . The Economic Journal, 2012, 122 (564), pp. 447 – 466.

[222] You L. , Daigler R. T. Using four moment tail risk to examine financial and commodity instrument diversification [J]. Financial Review, 2010, 45 (4): 1101 – 1123.

[223] Yu T. E. , Bessler D. A. , Fuller S. Cointegration and causality analysis of world vegetable oil and crude oil prices [J]. The American Agricultural Economics Association Annual Meeting, Long Beach, California, July 23 – 26, 2006.

[224] Zagaglia P. Macroeconomic factors and oil futures prices: A data-rich model [J]. Energy Economics, 2010, 32 (2): 409 – 417.

[225] Zhang Z. , Lohr L. , Escalante C. , Wetzstein M. Food versus fu-

el：What do prices tell us？［J］. Energy Policy，2010，38（1）：445 – 4451.

［226］［美］本·伯南克. 美联储的信贷放松政策及其对资产负债表的影响［J］. 中国金融，2009a，7.

［227］［美］本·伯南克. 危机一年来的反思. 2009 年 8 月 21 日在堪萨斯联储银行经济研讨年会上的演讲，2009b.

［228］部慧，李艺，陈锐刚等. 商品期货指数的编制研究及功能检验［J］. 中国管理科学，2007，15（4）：1 – 8.

［229］部慧，李艺，王拴红. 商品指数的国际比较［J］. 管理评论，2007，19（1）：3 – 8，24.

［230］部慧，汪寿阳. 商品期货及其组合通胀保护功能的实证分析［J］. 管理科学学报，2010，13（9）：26 – 36.

［231］蔡伟宏. 我国股票市场行业指数超额联动的实证分析［J］. 南方经济，2006（2）：91 – 98.

［232］陈静. 量化宽松货币政策的传导机制与政策效果研究——基于央行资产负债表的跨国分析［J］. 国际金融研究，2013（2）：16 – 25.

［233］陈梦根，曹凤岐. 中国证券市场价格冲击传导效应分析［J］. 管理世界，2005，21（10）：24 – 33.

［234］陈彦斌. 中国新凯恩斯菲利普斯曲线研究［J］. 经济研究，2008，43（12）：50 – 64.

［235］程均丽. 异质预期下的货币政策：相机还是承诺［J］. 国际金融研究，2010（3）：18 – 26.

［236］范龙振，张处. 中国债券市场债券风险溢酬的宏观因素影响分析［J］. 管理科学学报，2009，12（6）：116 – 124.

［237］范为，房四海. 金融危机期间黄金价格的影响因素研究［J］. 管理评论，2012，3（3）：8 – 16.

［238］范志勇. 成本推动型通货膨胀的含义、甄别和反通货膨胀政策：一个文献研究［J］. 世界经济，2010，33（1）：123 – 140.

［239］顾国达，方晨靓. 中国农产品价格波动特征分析——基于国际市场因素影响下的局面转移模型［J］. 中国农村经济，2010（6）：67 – 76.

［240］韩立岩，熊菲，蔡红艳. 基于股市行业市盈率的资本配置评价研究［J］. 管理世界，2003，19（1）：43 – 50.

［241］韩立岩和尹力博. 投机行为还是实际需求？——国际大宗商品

价格影响因素的广义视角分析 [J]. 经济研究, 2012 (12): 83 - 96.

[242] 何启志, 范从来. 中国通货膨胀的动态特征研究 [J]. 经济研究, 2011, (7): 91 - 101.

[243] 何正全. 美国量化宽松货币政策对中国通货膨胀的影响分析 [J]. 财经科学, 2012 (10): 1 - 11.

[244] 胡援成, 张朝洋. 美元贬值对中国通货膨胀的影响: 传导途径及其效应 [J]. 经济研究, 2012 (4): 101 - 112.

[245] 黄益平. 债务风险、量化宽松与中国通胀前景 [J]. 国际经济评论, 2011 (1): 32 - 39.

[246] 黄益平, 王勋, 华秀萍. 中国通货膨胀的决定因素 [J]. 金融研究, 2010, 42 (6): 46 - 59.

[247] 金蕾, 年四伍. 国际黄金价格和美元汇率走势研究 [J]. 国际金融研究, 2011, 5: 81 - 86.

[248] 劳兰珺, 邵玉敏. 行业股票价格指数波动特征的实证研究 [J]. 南开管理评论, 2005 (5): 4 - 8.

[249] 李昊, 王少平. 我国通货膨胀预期和通货膨胀粘性 [J]. 统计研究, 2011, 28 (1): 43 - 48.

[250] 李建伟, 杨琳. 美国量化宽松政策的实施背景、影响与中国对策 [J]. 改革, 2011 (1): 83 - 106.

[251] 李敬辉, 范志勇. 利率调整和通货膨胀预期对大宗商品价格波动的影响——基于中国市场粮价和通货膨胀关系的经验研究 [J]. 经济研究, 2005, 40 (6): 61 - 68.

[252] 刘克崮, 翟晨曦. 调整五大战略, 应对美量化宽松政策 [J]. 管理世界, 2011 (4): 1 - 5.

[253] 刘仁和. 通货膨胀与中国股票价格波动——基于货币幻觉假说的解释 [J]. 数量经济技术经济研究, 2009, 26 (6): 149 - 160.

[254] 刘曙光, 胡再勇. 黄金价格的长期决定因素稳定性分析 [J]. 世界经济研究, 2008 (2): 35 - 41.

[255] 卢锋, 李远芳, 刘鎏. 国际商品价格波动与中国因素——我国开放经济成长面临新问题 [J]. 金融研究, 2009, 41 (10): 38 - 56.

[256] 罗贤东. 汇率与大宗商品、黄金和石油价格的关系研究 [J]. 财政研究, 2011 (1): 20 - 22.

[257] 罗孝玲, 张杨. 工业原材料期货价格指数研制与功能的实证分

析 [J]. 中国管理科学, 2004, 12 (12): 27 – 31.

[258] 梅松, 李杰. 超额外汇储备的宏观风险对冲机制 [J]. 世界经济, 2008, 31 (6): 27 – 38.

[259] 孟勇. 对 Black – Litterman 模型加入主观收益方法的改进 [J]. 统计研究, 2012, 29 (2): 94 – 99.

[260] 孟勇. B—L 模型的保险资金投资多元化问题研究——从行为投资组合角度 [J]. 保险研究, 2011 (8): 52 – 56.

[261] 潘成夫. 量化宽松货币政策的理论、实践与影响 [J]. 国际金融研究, 2009 (8): 4 – 9.

[262] 彭艳, 张维. 我国股票市场的分板块投资策略及其应用 [J]. 数量经济技术经济研究, 2003, 20 (12): 148 – 151.

[263] 盛夏. 美国量化宽松货币政策对中国宏观金融风险的冲击 [J]. 管理世界, 2013 (4): 174 – 177.

[264] 覃森, 秦超英, 陈瑞欣. 考虑通货膨胀率影响下的最优资产组合模型 [J]. 系统工程理论方法应用, 2004 (4): 316 – 319.

[265] 谭旭东. 中国货币政策的有效性问题——基于政策时间不一致性的分析 [J]. 经济研究, 2008 (9): 46 – 57.

[266] 王春峰, 吴启权, 李晗虹. 资产配置中如何管理通货膨胀和随机利率风险: 一种中长期投资问题 [J]. 系统工程, 2006, 24 (4): 60 – 64.

[267] 王少平, 涂正革, 李子奈. 预期增广的菲利普斯曲线及其对中国适用性检验 [J]. 中国社会科学, 2001 (4): 76 – 84.

[268] 王树同, 刘明学, 栾雪剑. 美联储"量化宽松"货币政策的原因、影响与启示 [J]. 国际金融研究, 2009 (11): 39 – 44.

[269] 王孝松, 谢申祥. 国际农产品价格如何影响了中国农产品价格? [J]. 经济研究, 2012, 47 (3): 141 – 153.

[270] 温琪, 陈敏, 梁斌. 基于 Black – Litterman 框架的资产配置策略研究 [J]. 数理统计与管理, 2011, 30 (4): 741 – 751.

[271] 徐亚平. 货币政策有效性与货币政策透明制度的兴起 [J]. 经济研究, 2006 (8): 24 – 34.

[272] 杨继生. 通胀预期、流动性过剩与中国通货膨胀的动态性质 [J]. 经济研究, 2009, 44 (1): 106 – 117.

[273] 杨楠, 方茜. 黄金抗美元贬值避险能力的动态分析 [J]. 国际

金融研究，2013（3）：58-67.

[274] 杨小军. 中国新凯恩斯主义菲利普斯曲线的经验研究 [J]. 统计研究，2011，28（2）：13-18.

[275] 殷波. 中国经济的最优通货膨胀 [J]. 经济学季刊，2011，10（3）：821-844.

[276] 尹力博，韩立岩. 国际大宗商品资产行业配置研究 [J]. 系统工程理论与实践，2014，34（3）：560-574.

[277] 曾利飞，徐剑刚，唐国兴. 开放经济下中国新凯恩斯混合菲利普斯曲线 [J]. 数量经济技术经济研究，2006，23（3）：76-84.

[278] 张成思. 全球化与中国通货膨胀动态机制模型 [J]. 经济研究，2012，47（6）：33-45.

[279] 张成思，李颖. 全球化与通货膨胀动态机制研究：基于新兴市场国家的经验分析与启示 [J]. 世界经济，2010，33（11）：24-36.

[280] 张成思. 中国通货膨胀惯性特征及其货币政策启示 [J]. 经济研究，2008，43（2）：33-43.

[281] 张礼卿. 量化宽松、冲击和中国的政策选择 [J]. 国际经济评论，2011（1）：50-56.

[282] 张利庠，张喜才. 外部冲击对我国农产品价格波动的影响研究——基于农业产业链视角 [J]. 管理世界，2011，27（1）：71-81.

[283] 张凌翔，张晓峒. 通货膨胀率周期波动与非线性动态调整 [J]. 经济研究，2011，46（5）：17-30.

[284] 张晓慧，纪志宏，李斌. 通货膨胀机理变化及政策应对 [J]. 世界经济，2010，33（3）：56-70.

[285] 张燕生，张岸元，姚淑梅. 现阶段外汇储备的转化与投资策略研究 [J]. 世界经济，2007，30（7）：3-11.

[286] 张屹山，张代强. 我国通货膨胀率波动路径的非线性状态转换——基于通货膨胀持久性视角的实证检验 [J]. 管理世界，2008，24（12）：43-50.

[287] 中国经济增长与宏观稳定课题组. 外部冲击与中国的通货膨胀 [J]. 经济研究，2008，43（5）：4-18.

后　　记

　　本书是节选自笔者博士论文的部分内容以及后续相关的工作论文辑集而成的。本书的成稿交付就像是把一片荒芜的"戈壁滩"改造成了满眼苍翠的"沙漠绿洲"。之所以这样说，是因为本书的终成是由笔者在毫无思绪的基础上经由一点一滴的思考凝聚而成的，并非有着马踏平原般的气势一蹴而就的。最初，笔者并不知道走出"戈壁滩"的道路究竟在何方，悲凉之余更多的是困难重重。后来，无数个日日夜夜里搜集资料与伴灯苦读，茅塞顿开之下，想着学习三五九旅开垦南泥湾的精神，把"艰苦奋斗、自力更生"的优良作风充分发扬出来。于是，糅合多方面的思考与论证，才在这片贫瘠的大地上筑造了一处新的"家园"。当然，这个"家园"是属于你我共同拥有的，笔者希望广大读者能给予更多、更好的反馈。

　　从选题、搜集资料、撰文、修改到定稿，每一桩往事都显得历久弥新。定稿时的高兴、激动自然不能免去，但曾经的努力、执着却更为常态。书中的每一个章节都带有着特殊时事的印记，这也见证着笔者对国际大宗商品市场发展的思考。这种思考不仅有着笔者的身影，更是有着恩师的引领、各位前辈同仁的关心与支持以及亲朋好友们的鼓励。

　　本书的完成离不开韩立岩老师的悉心指导与帮助，无数次的设想、论证与完善都有着恩师的领航与纠偏。在此，谨以本书表达我对您无尽的感谢！本书的定稿还离不开师门里兄弟姐妹们的鼓励与支持，特在此一并谢过。

　　本书的出版还离不开中央财经大学金融学院各位前辈同仁们的鼎力支持，很感谢你们在我困惑时帮我解疑，在我踟蹰时给予鼓励。在今后的工作与生活中，我将继续以严谨的态度治学、以宽容的态度待人、以积极的态度生活。

　　在结稿之际，笔者还要衷心地感谢国家自然科学基金面上项目（71671193）、青年项目（71401193）对我的科研工作的大力资助以及中央财经大学对本书出版的倾力支持。

在这里还要特别感谢我的父母！女儿在外读书、工作多年，给你们徒增了无数的烦恼与担忧。没有你们的理解和支持，我也难以坚定地走下去。养育之恩实在难以回报，就暂且让我用这本书来表达感恩的心意吧。

最后，用笔者很喜欢的一句话来做总结——"光荣在于平淡、艰巨在于漫长"。它激励了我，希望它也能激励你。谢谢！

尹力博

2016 年 11 月 24 日于中央财经大学